Die fetten Jahre

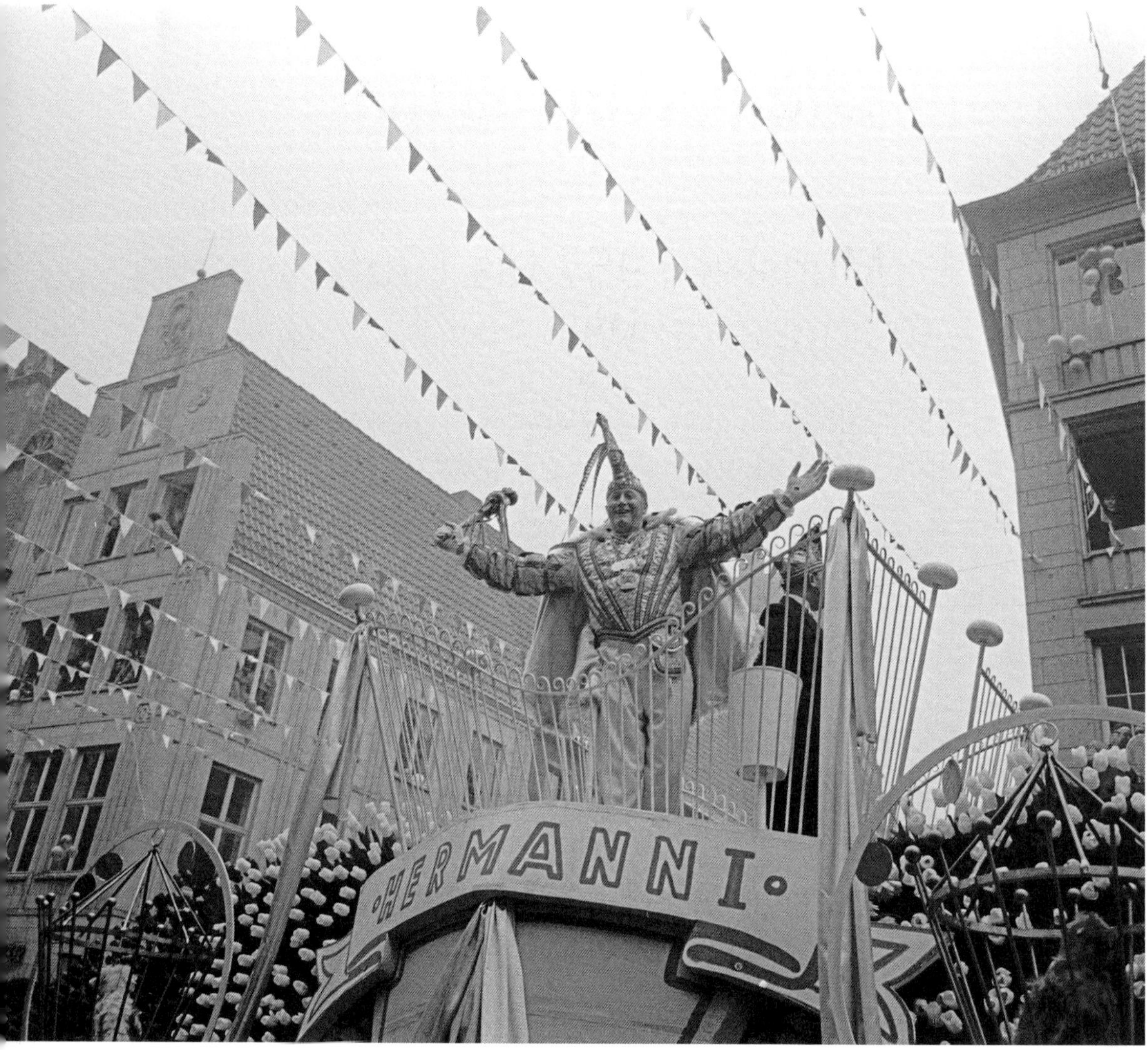

Karneval 1959: Alles hört auf das Kommando von Prinz Hermann I., mit bürgerlichem Namen Hermann Schmidt, Inhaber eines Heizungsbaubetriebs.

Bernd Haunfelder und Axel Schollmeier

Die fetten Jahre

Münster 1957 bis 1968
in Fotos von Willi Hänscheid

Herausgegeben vom
Stadtmuseum Münster

Aschendorff

Inhalt

Vorwort

Fotografie ist nicht nur die umfangreichste Gattung, die im Stadtmuseum Münster bewahrt wird, sondern auch ein wesentliches Präsentationsmittel in der Schausammlung des Hauses sowie eine herausragende Quelle für die münsterische Stadtgeschichte des 19. und 20. Jahrhunderts. Deshalb finden Sie nicht nur historische Originale in der Schausammlung, in der die Stadtgeschichte Münsters von 793 bis zur Gegenwart dargestellt wird, sondern auch Fotovergrößerungen als wesentliches Element unserer Inszenierungen zur Verdeutlichung von historischen Ereignissen.

In den letzten Jahren hat das Stadtmuseum Münster sein Augenmerk vermehrt auf Fotografien aus der jüngeren und jüngsten Vergangenheit gerichtet. So entstand die umfangreiche Sammlung von 500.000 historischen Glasplatten, Negativen und Abzügen, die uns Verpflichtung sind, die Fotografie der Vergangenheit und der Gegenwart zu erschließen. In zahlreichen Sonderausstellungen haben wir Teile dieses Bestands der Öffentlichkeit präsentiert und sogar der zeitgenössischen Fotografie nicht nur aus Münster Raum zur Verfügung gestellt.

Über den Erwerb der umfangreichen Negativ-Sammlung von Willi Hänscheid, ein in vielen Teilen noch zu hebender Schatz, sind wir im Stadtmuseum Münster besonders froh. Mit diesem Band legen wir eine erste Auswahl aus diesem umfangreichen Archiv vor und bereichern damit das Bildgedächtnis Münsters. Es handelt sich bei den Aufnahmen von Willi Hänscheid nicht um Kunstwerke oder aufwändig inszenierte Atelieraufnahmen; ihre Besonderheit und ihr Wert für die Stadtgeschichte liegen im Umfang und der fast lückenlosen Dokumentation der Zeit von den frühen 50er bis in die frühen 70er Jahre des vergangenen Jahrhunderts.

Wir sind glücklich, dass sich in wirtschaftlich schwierigen Zeiten der Aschendorff-Verlag in Münster bereit erklärt hat, diesen Gang durch Münster in den „fetten Jahren" zu publizieren. So können sich die Leserinnen und Leser einen Eindruck vom Leben in der westfälischen Metropole – vom Alltagsleben bis hin zum hohen Staatsbesuch – machen.

Besonderen Dank möchte ich Herrn Dr. Bernd Haunfelder aussprechen, der nicht nur wesentlich beim Zustandekommen dieses Buches beteiligt war, sondern vor allen Dingen 1998 die Anregung zur Übernahme des Archivs von Willi Hänscheid in die Bestände des Stadtmuseums gegeben hat. Seine wertvollen inhaltlichen Anregungen sowie sein großes Engagement verdienen besondere Anerkennung.

Zu diesem Buch haben zahlreiche Personen beigetragen, denen ich meinen Dank ausspreche: Die Praktikantinnen Frau Julia Diekämper, Frau Constanze Jaekel und Frau Helen Steinweg haben bei der Fotoauswahl und bei der Anfertigung der Scans mitgeholfen. Herr Tomasz Samek und Herr Andreas Reimer, Fotoabteilung des Stadtmuseums Münster, haben die Scans in mühevoller Arbeit und anspruchsvoller Weise aufgearbeitet und für den Druck aufbereitet. Herrn Amtsleiter Michael Tegtmeier, Vermessungs- und Katasteramt der Stadt Münster, sei für die bewährte Unterstützung gedankt; Herr Christian Sestendrup und Herr Stefan Deitmar vom Repro-Service der Stadt Münster haben vielfältige Hilfestellung bei der Vorbereitung der Druckvorlagen geleistet. Nicht zuletzt möchte ich Frau Ottilie Hänscheid und ihrer Familie für die gute Zusammenarbeit und die zahlreichen „Nachlieferungen" danken. In den Händen von Herrn Dr. Axel Schollmeier, dem stellvertretenden Leiter des Stadtmuseums Münster, hat die Organisation und die Planung des Buchprojektes gelegen. Für seine engagierte und wie immer ausgezeichnete Arbeit möchte ich mich an dieser Stelle ebenfalls bedanken.

Ich wünsche allen Leserinnen und Lesern viel Spaß beim Stöbern und zahlreiche neue Einblicke in die nun langsam doch ferner rückenden „fetten Jahre".

Dr. Barbara Rommé
Leiterin des Stadtmuseums Münster

Deutschland und Münster: Die 50er Jahre

Von Bernd Haunfelder

Die 50er Jahre nahmen – rückblickend gesehen – eigentlich schon 1948 ihren Anfang und endeten erst 1968. Einmal in voller Blüte, nach der politischen und wirtschaftlichen Stabilisierung der Bundesrepublik, knüpften sie allerdings nur sehr bedingt an die Zeit des Grauens an – diese Epoche wurde, obwohl im Alltag sehr präsent, regelrecht ausgeblendet. Die 50er Jahre waren zugleich von einem Vorwärtsdrang der jungen wie einer merkwürdig diffusen Rückwärtsgewandtheit der älteren Generation gekennzeichnet, und diese Epoche wurde erst unsanft durch das Heraufziehen einer neuen Zeit beendet. Das unterschied sie wesentlich von den 20er Jahren mit deren zeitlicher Nähe zum verlorenen Ersten Weltkrieg, wiewohl auch jene erst 1933 zu Ende gingen und überdies mit einem folgenschweren Paukenschlag.

Die eigentlichen 50er Jahre, die Zeit zwischen der endgültigen Abschaffung der Lebensmittelmarken und der sich andeutenden Überflussgesellschaft, zwischen Verharren, Aufbruch und Ablehnung der Moderne, waren von tiefer Widersprüchlichkeit gekennzeichnet. Dazu hat nicht zuletzt das Epoche übergreifende individuelle Zeitempfinden mehrerer Generationen beigetragen, wie es in dieser Ausformung unbekannt und beispiellos war. Zwischen der Proklamation des totalen Krieges, die geradewegs in die für die Masse des Volkes nicht vorstellbare Niederlage führte, und dem Abtritt des prägenden Nachkriegsgestalters Konrad Adenauer nach der Festigung einer demokratischen Friedensgesellschaft lagen gerade einmal zwanzig Jahre – Welten – politische und ökonomische sowieso, dazwischen Not, Elend, Chaos und endlich Stabilisierung.

Bei aller augenscheinlichen Gemächlichkeit und dem Hang zur „Heilen-Welt-Idylle" der Nachkriegszeit sah sich die Gesellschaft der langen 50er Jahre doch einem Schwindel erregenden Tempo ausgesetzt. Sie löste sich angesichts einer weit verbreiteten Aufbruchstimmung gedanklich rasch von den Notjahren. Man wollte unbedingt zur Normalität zurückkehren, strebte nach individuellem Wohlstand, dem „kleinen Glück", und erfreute sich an den ersten Segnungen des Konsums. Keiner Generation Deutscher sollte es bald so gut gehen wie jener seit Mitte der 50er

Jahre. Politische Stabilität, Vollbeschäftigung, ein funktionierendes, wenn auch bescheiden anmutendes Sozialsystem und dazu eine stabile Währung, das alles hatte die Gedankenwelt der Deutschen auf den Kopf gestellt und dazu geführt, die 50er Jahre im geschönten Licht der Tütenlampen zu sehen. Die nahe Vergangenheit wich aber nicht von der Seite. Die Folgelasten des Kriegs, das nicht gelöste Problem der Kriegsgefangenen und nicht zuletzt – sichtbar im Alltag – die Trümmergrundstücke, die vielen Kriegsversehrten in der Öffentlichkeit gemahnten doch an Leid und nicht überwundenes Trauma.

Den Erfolg der Nachkriegsjahre prägten viele Faktoren: Führungsstärke des Kanzlers Konrad Adenauer, Vertrauen in dessen Politik im In- wie im Ausland, die Schutz gebende Rolle Amerikas für den deutschen Weststaat, dazu die scharfe Trennung gegenüber dem kommunistischen Lager und, was zumeist in den Hintergrund gedrängt wird, die große Erfahrung deutscher Firmen und ihrer Manager beim Aufbau wirtschaftlicher Strukturen nach einem verlorenen Krieg – mit fatalen Folgen im eigenen Land –, sozusagen der Übergang von der Kriegs- zur Friedenswirtschaft. Dass das Land nur dann wieder auf die Füße kommen würde, wenn der neue Staat Teile der alten Eliten aus der nationalsozialistischen Ära integrieren konnte, wusste keiner besser als Adenauer. Die Berufung des in hohem Maße belasteten Juristen Hans Globke 1953 zum Staatssekretär im Bundeskanzleramt bezeichnete der SPD-Politiker Egon Bahr später einmal zu Recht als Versöhnungsgeste gegenüber alten und vor allem einflussreichen Parteigenossen. Aber ohne diese Eliten ging es wohl nicht. Nach 1953 tauchten die ersten Abgeordneten mit einschlägiger Vergangenheit im Bundestag auf, wurden gar Minister, wie etwa Theodor Oberländer, oder besetzten zahlreiche bedeutende Posten in Verwaltung und Justiz. Typisch hierfür war das Auswärtige Amt, in dem es nur so von belasteten Karrierediplomaten wimmelte. Daran störte sich kaum jemand, es sei denn, ihnen konnte Beteiligung an Verbrechen nachgewiesen werden. Die Gesellschaft wurde aber, gerade durch die vielen NS-Prozesse in den 60er Jahren – auch in Münster –, mehr und mehr sensibilisiert. Dies bekam auch Kurt Georg Kiesinger 1966 zu spüren, als er das Amt des Bundeskanzlers antrat und seine Rolle im „Dritten Reich" ein öffentliches Thema wurde.
Die Gesellschaft der 50er Jahre, in der Idole wie Rudolf Prack und Sonja Ziemann genauso ihren Platz hatten wie Bill Haley und Elvis Presley, wollte sich am Ende des Jahrzehnts ihres Übervaters Adenauer entledigen. Die moralisierende Strenge eines noch unter dem Kaiser zu Macht und Einfluss gelangten Politikers passte nicht mehr in die Zeit. Seine nach vorne drängende Partei stürzte ihn recht unsanft und setzte Ludwig Erhard auf den Thron.

Der Übergangskanzler am Ende der Nachkriegszeit, die er 1965 richtigerweise allerdings nur für den Wiederaufbau gekommen sah, der die formierte Gesellschaft einforderte, also die freien gestalterischen Kräfte in Staat und Wirtschaft zu fördern suchte, scheiterte an der Realität, vereinfacht gesagt, an den ersten Krisenerscheinungen nach den Boomjahren. Erhard griff nicht hart genug durch, aber ein Machtpolitiker vom Schlage eines Adenauer wollte er nicht sein. Mit Erhards Abtritt 1966 ging die Epoche der großen Gestalter der Nachkriegszeit zu Ende, deren politischer Erfahrungshorizont zumeist noch aus den Tagen von Weimar stammte. Das galt auch für die Länder, in denen, wie etwa in Rheinland-Pfalz mit Helmut Kohl, die junge Politikergarde nach vorne drängte.

Mit Kiesinger, 1966 im 62. Lebensjahr stehend, kam nach Erhard jene Politikergeneration an die Macht, die nachhaltig durch das NS-System geprägt war, oder, im Falle Willy Brandts oder Herbert Wehners, ihm als politischer Feind gegenüber gestanden hatte. Obwohl heute zumeist nur mit restriktiven Maßnahmen wie der Verabschiedung der Notstandsgesetze in Verbindung gebracht, eilte der Großen Koalition der Ruf einer zupackenden Reformregierung voraus. Vor allem ihre finanzpolitischen Leistungen schufen die neue stabile Grundlage des Wachstums. Der sich nahezu zeitgleich aus der schlechten Ausbildungssituation seit 1966 herausbildende Studentenprotest drängte die erschreckte Regierung jedoch in die Defensive. Kiesinger, noch nie mit derlei Gebaren konfrontiert, wirkte sichtlich überfordert. Dass der sich seit 1968 manifestierende Studentenprotest in großen Teilen ein Generationenkonflikt auf dem Hintergrund der jüngeren deutschen Vergangenheit war, konnte und wollte der Kanzler nicht erkennen. Die Epoche der rein subjektiv lang erscheinenden 50er Jahre war endgültig zu Ende.

Das Beispiel Münster

Prophezeiungen vieler Münsteraner, eine Wiederherstellung der zerstörten Stadt werde sich über Jahrzehnte hinziehen, wurden von der Realität der Aufbruchjahre nach 1948 rasch verdrängt. Als 1950 der Grundstein zur Errichtung des historischen Rathauses gelegt wurde, erstrahlte der Prinzipalmarkt, wenn auch in vereinfachter Formensprache, wieder in altem Glanz. Trotzdem waren die Wunden des Kriegs noch allenthalben sichtbar, aber wer als Fremder Mitte der 60er Jahre die Stadt besuchte, musste trotz zahlreicher Freiflächen nicht den Eindruck gewinnen, sich in einer einst stark zerstörten Stadt aufzuhalten.

Dass sich der Wiederaufbau in dieser und nicht in einer anderen Ausdrucksform vollzog, hing eng mit stadttypischen Strukturen zusammen, deren Grundlegung weit zurückreicht und in abgeschwächter Form bis in die Gegenwart fortdauert. Münster hatte schon immer etwas von einer „Bürgerrepublik" an sich, durchaus vergleichbar den freien Hansestädten, in denen eine engagierte Kaufmannschaft über die Geschicke der Stadt wachte. Das galt schon vor und erst recht nach Preußens Zeiten und eben wieder nach dem Zusammenbruch 1945.

Die einflussreichen Kaufleute des Prinzipalmarkts, ihrem Herkommen nach im münsterländisch-bodenständigen Milieu verhaftet, zum Teil aktiv in der seit den beginnenden 20er Jahren die Region erfassenden

Heimatbewegung, die erstaunlicherweise auch die Zeit des Nationalsozialismus schadlos überstand, konnten sich für Münster nur diesen einen, ihnen vertrauten Baustil vorstellen. Ohne weiterreichende Planungen oder Vorgaben der Stadt errichteten sie schon 1946 ihre Häuser wieder im Stil althergebrachter Architekturformen. Dieser Vorgabe widersetzten sich die städtischen Planer nicht, sie wurden ohnehin vor vollendete Tatsachen gestellt und achteten danach lediglich auf Stilwahrung.

So war es nur nahe liegend, dass das Rathaus wieder in der Weise entstehen sollte, wie es die Einwohner kannten. Es war eine Kopie, aber auf die Idee, etwas gänzlich anderes zu errichten, wären die Verantwortlichen, in diesem Falle einflussreiche Bürger aus dem Verein der Kaufmannschaft, nicht gekommen. So erstaunlich es klingen mag, aber in der Behauptung, dass viele moderne Stadtplaner 1945/46 noch in Kriegsgefangenschaft waren und deshalb auf den Wiederaufbau, gerade in einer so bodenständigen Stadt wie Münster, keinen Einfluss nehmen konnten, liegt viel Wahrheit. Dass die Besucher der Stadt den Wiederaufbau als gelungen empfanden, erfüllte die Münsteraner verständlicherweise mit Stolz und mit einem Anflug von Hochmut. Münster blickte ganz gelassen auf die nach 1945 hastig hochgezogenen, seelenlosen Innenstädte anderenorts herab.

Das Wiedererstehen der Stadt, auch abseits des Prinzipalmarkts, war Ausdruck einer Rückbesinnung auf ferne Zeiten. Dieser Lebensstil beeinflusste naturgemäß Denken und Handeln maßgeblicher Kreise der Bürgerschaft, die der wenig erbaulichen Gegenwart kaum und der jüngeren Vergangenheit vor 1933 eigentlich auch nie etwas abgewinnen konnten. Münster war deshalb nach 1933 im wesentlichen Münster geblieben, und die zumeist von außerhalb stammenden Führungskräfte der lokalen NS-Partei vermochten das katholisch-konservative und heimatbewusste Milieu nicht zu brechen.

Als beispielsweise der in der Stadt einflussreiche „Verein der Kaufmannschaft zu Münster von 1835" Ende 1954 einen wertvollen Schiffspokal erwarb, der bei dem zwei Jahre später erstmals veranstalteten Kramermahl zeremoniell eine zentrale Rolle spielen sollte, wurde dieser mit Trinksprüchen „begrüßt", wie man sie wohl seit Kaisers Zeiten in der Kaufmannschaft nicht mehr gehört hatte. Gerade in den Jahren des Aufbruchs, der Neuerungen und des Wandels klang solcherlei Gebaren fremd. Dies drang nicht nach außen, aber das Erfolgsprinzip des Wiederaufbaus beförderte natürlich intern Reden dieser Art. Ein Spalt zwischen konservativem Beharren und Modernismus um jeden Preis tat sich in Münster zu dieser Zeit trotzdem nicht auf.

Dass der Wiederaufbau in der Innenstadt in diesem und keinem anderen Stil für das neue Münster das Richtige sein müsse, darüber herrschte auch unter den Ratsparteien, unter CDU, Zentrum und SPD, kein Dissens, wie es überhaupt in Münster bis weit in die 70er Jahre hinein keine scharfe Trennung in Mehrheits- und Minderheitspartei im Rat gab, im Grunde genommen regierte der Konsens die Stadt. Aber spätestens bei der Diskussion über den Neubau des Theaters vollzog sich endgültig die Abkehr vom historisierenden Baustil westfälischer Prägung, zuvor bereits schon angedeutet durch die moderne Linienführung des neuen Gebäudes der Landwirtschaftskammer. Dass im Falle des Theaters nicht jene retrospektiv behafteten Entwürfe zum Zuge kamen, an welchen der im Spandauer Gefängnis einsitzende Albert Speer seine wahre Freude gehabt hätte, markiert die Abkehr vom Hergebrachten und die Hinwendung zur Moderne. Die Vorstellungen der jungen Architekten Deilmann, von Hausen, Rave und Ruhnau griffen weit über einen reinen Bauplan hinaus, sie bereiteten der Gegenwart den Weg und leiteten eine erste Wende in der Nachkriegszeit ein.

Das politische Münster verharrte indes im überkommenen Milieu – parteiübergreifend. Die wenigen Ratsfrauen und ihre männlichen Kollegen waren zumeist fortgeschrittenen Alters. Politischer Nachwuchs, wie der 1964 in das Amt des Oberbürgermeisters gewählte und seit 1961 in der Kommunalpolitik aktive Albrecht Beckel, die Betriebswirtin Hildegard Graf oder der Regierungsassessor Werner Pierchalla, traten erst zu Beginn der 60er Jahre politisch in Erscheinung, sollten aber dann die Kommunalpolitik über Jahrzehnte hinweg prägen. Mit ihnen zog auch ein neues Politikverständnis in den Rat ein, sprich eine nachhaltige Stärkung der mehrheitsgebietenden CDU-Fraktion. Vorbei die Zeiten, in denen Telefongespräche zwischen Oberbürgermeister Busso Peus und Oberstadtdirektor Heinrich Austermann einen nach sich ziehenden Status einer Zweidrittel-Ratsmehrheit besaßen. 1964 vermittelte Münster daher mit seinem erst 39 Jahre alten Oberbürgermeister und einer Anzahl gleich gesinnter Ratsmitglieder in Reihen der CDU den Eindruck einer jungen, dynamischen Stadt mit einer schon damals über alle Maßen anwachsenden Universität und einer ausgeprägten Jugendkultur. Trotz allseits hochgelobter und bundesweit anerkannter moderner Kommunalpolitik wurde die Stadt 1968 durch die ersten Studentenproteste unsanft geweckt. Als Bundeskanzler Kiesinger 1969 Gast des traditionsreichen Kramermahls war, demonstrierten 2.000 Studenten vor dem Rathaus, beileibe nicht nur friedlich. Der überwiegend konservative Münsteraner verstand die Welt nicht mehr. Das ruhige und geordnete Nachkriegsidyll war unweigerlich zu Ende.

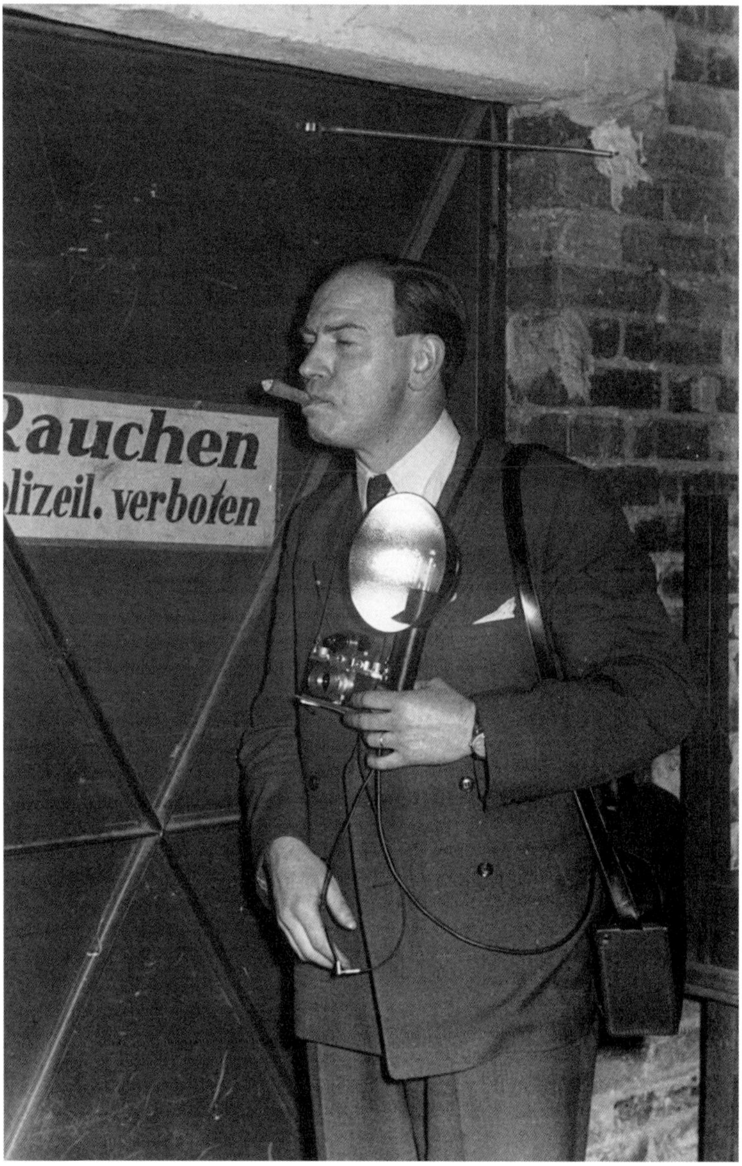

Willi Hänscheid

Der Pressefotograf Willi Hänscheid und sein Archiv

Von Axel Schollmeier

Im Jahr 1998 erwarb das Stadtmuseum Münster das umfangreiche Archiv des münsterischen Pressefotografen Willi Hänscheid. Dieser Ankauf gab schließlich auch den Anstoß für das Buch „Die fetten Jahre. Münster 1957 bis 1968 in Fotos von Willi Hänscheid", das diese Zeitspanne unter verschiedenen Aspekten in über 200 Fotos beleuchtet. Schon der Titel verdeutlicht, dass das Buch keine Chronik dieser Jahre darstellt, sondern vielmehr neben wichtigen Ereignissen vor allem das alltägliche Leben und Umfeld der Menschen in Münster veranschaulicht: Die ersten Jahre des mühsamen Wiederaufbaus waren gerade vergangen, und immer mehr Menschen begannen, die Früchte des „Wirtschaftswunders" zu genießen. Was wenige Jahre zuvor noch unvorstellbar schien wie etwa die Vorführung neuester Modekollektionen oder der Einkauf in großflächigen Supermärkten, war fast zur täglichen Gewohnheit geworden. Die Jahre von 1957 bis 1968 umreißen somit eine Zeitspanne, in der der Traum vom ewig steigenden Wohlstand wahr zu werden schien.

Der Pressefotograf Willi Hänscheid, 1919 in Mülheim an der Ruhr geboren und 1999 in Münster gestorben, kam einer lokalen Institution gleich. Über drei Jahrzehnte begleitete er mit seiner Kamera das münsterische Tagesgeschehen. Hänscheid begann seine Tätigkeit als Pressefotograf in den 40er Jahren. Seit Anfang 1955 war er in Münster für die „Westfälischen Nachrichten" tätig und wechselte 1963 zur „Münsterschen Zeitung", der er bis zu seinem Eintritt in den Ruhestand 1984 treu blieb. 1985 überreichte ihm Oberbürgermeister Dr. Jörg Twenhöven die Silberne Rathausgedenkmünze mit der Feststellung, dass er „Münsters Geschichte fotodokumentarisch mitgeschrieben" habe.

In der ersten Hälfte seiner münsterischen Tätigkeit als Pressefotograf hat Hänscheid nicht nur seine Ausrüstung, sondern vor allem sein tägliches Arbeitsmaterial in Form von Mittelformat- und Kleinbildfilmen wie auch deren Entwicklung selbst bezahlt. Die Negative verblieben daher in seinem Besitz, die Zeitungen erhielten von ihm erstellte Papierabzüge als Druckvorlagen. Dadurch entstand im Laufe der Zeit ein außerordentlich umfangreiches Negativarchiv, in dem die münsterische Stadtgeschichte in einer unglaublichen Dichte festgehalten ist. Die Zeitspanne der Aufnahmen reicht von den frühen 50er Jahren bis in die Mitte der

70er Jahre, am umfangreichsten ist die Überlieferung für die Jahre zwischen 1956 und 1968.

Hänscheid hat in seinen Fotos nahezu alles festgehalten, was in Münster in diesen Jahren passierte oder ihm wichtig und der Überlieferung wert erschien. Natürlich überwiegen dabei die Anlässe, die ihm durch den offiziellen Terminkalender vorgegeben waren. Nahezu lückenlos lassen sich so etwa Empfänge im Friedenssaal oder Besuche hochrangiger Persönlichkeiten in der Stadt dokumentieren. Weiterhin sind wesentliche öffentliche Ereignisse und Veranstaltungen festgehalten, der jährliche Karneval ebenso wie die Einweihung des Rathauses 1958 oder Wahlkundgebungen prominenter Bundespolitiker. Auch der lokale Sport ist in großem Umfang überliefert. Daneben hat Hänscheid aber auch zwei weitere Aspekte in seinen Aufnahmen festgehalten, die heute besonders interessant erscheinen: Zum einen das sich beständig verändernde Stadtbild, das zunächst aus den Ruinen wieder entsteht und in der Folge durch Abbrüche und Neubauten eine kontinuierliche Wandlung erfährt; zum anderen hat er den Alltag der Menschen in der Stadt dokumentiert. Seiner Tätigkeit als Pressefotograf hingegen entspricht es, dass der nicht öffentliche Bereich – etwa Innenaufnahmen von Wohnungen oder private Feiern – vollständig fehlt.

Willi Hänscheid war Pressefotograf mit Leib und Seele. Einen künstlerischen Anspruch haben seine Aufnahmen in eher geringem Maße. Er hinterließ eine enorme Zahl hoch professioneller Aufnahmen, die mit sicherem Blick und ohne arrangiert wirkende Eingriffe die besondere Atmosphäre der jeweiligen Situation festhalten. Bei einigen wenigen „Schnappschüssen" spürt man den Zeitdruck, unter dem der Pressefotograf stand und der ihn von einem Termin zum nächsten hetzen ließ. Hänscheid war somit Bildchronist einer Zeit, die seine Fotos für spätere Generationen festhalten und auch – ein Kompliment für jeden Fotografen – nachempfindbar machen. Die Zahl seiner Aufnahmen ist um ein Vielfaches umfangreicher als das, was hinterher als Bild in den Zeitungen erschien, nicht nur hinsichtlich der Anzahl der Fotos eines einzelnen Ereignisses, sondern im Hinblick auf die Fülle der Themen überhaupt. Nur die wenigsten Fotos sind veröffentlicht worden, was mit dem damals noch überaus hohen technischen Aufwand für deren Druck zusammenhing.

Insgesamt hat Willi Hänscheid ein Archiv von rund 300.000 Aufnahmen in Negativen aufgebaut. Die meisten Filme sind durchnummeriert und teilweise beschriftet, einige auch mit Datumsangaben versehen. Hinzu kommen mehrere Kartons, in denen die Negative unsystematisch und häufig ohne Beschriftung und Datierung gesammelt wurden. Eine systematische Erschließung des Archivs fehlt, hilfreich ist jedoch eine vom Fotografen selbst erstellte Kartei und ein – allerdings bei weitem nicht vollständiges – Namenverzeichnis. Für dieses Buch wurde dieser umfangreiche Bestand gesichtet und eine kleine Auswahl getroffen, die erstmals einen Einblick in die aus damaliger wie vielleicht auch aus heutiger Sicht „fetten Jahre" zwischen 1957 und 1968 gibt.

„Die fetten Jahre" – Münster 1957 bis 1968 in Fotos von Willi Hänscheid

Von Axel Schollmeier

„Wohlstand für alle", so lautete 1957 der verheißungsvolle Titel eines äußerst erfolgreichen Buches mit Reden des Bundeswirtschaftsministers Ludwig Erhard. In der Tat sollten die folgenden zehn Jahre eine Zeitspanne werden, die den Bundesbürgern einen bis dahin unbekannten Wohlstand brachte und vielen erstmals ein Leben ohne tägliche Existenzsorgen ermöglichte. Es waren die „fetten Jahre" der Bundesrepublik, die den Traum vom ständig steigenden Wohlstand zumindest für einige Jahre wahr werden ließen.

Der in den Jahren und Jahrzehnten nach 1949 einsetzende anhaltende wirtschaftliche Aufschwung erlaubte es einer stetig wachsenden Zahl von Bundesbürgern, seit den ausgehenden 50er Jahren an den Errungenschaften der entstehenden „Wohlstandsgesellschaft" teilzuhaben. Der später in Münster lehrende Soziologe Helmut Schelsky sah bereits 1953 die junge Republik auf dem Weg zur „nivellierten Mittelstandsgesellschaft". Durch Gesetze und Sozialreformen gelang es auch verstärkt, bisherige Randgruppen wie Rentner und kinderreiche Familien, aber auch die Millionen von Vertriebenen und Flüchtlingen, die alles verloren hatten, stärker am Wirtschaftsaufschwung zu beteiligen. Zwischen 1950 und 1970 wuchs die deutsche Wirtschaft um heute unvorstellbare 300 Prozent, zwischen 1957 und 1968 jährlich im Durchschnitt um nahezu fünf Prozent. Vor allem seit Mitte der 50er Jahre stiegen die Reallöhne der Arbeitnehmer kontinuierlich an und erhöhten sich in den folgenden zehn Jahren allein um mehr als die Hälfte. Nicht zuletzt die zunehmende Erwerbstätigkeit von Frauen ermöglichte es breiten Schichten, heiß ersehnte Konsumgüter anzuschaffen, von denen man ein Jahrzehnt zuvor nur geträumt hatte. Kühlschränke, Fernsehgeräte und Waschmaschinen hielten ihren Einzug in bundesdeutsche Haushalte. An erster Stelle der Wunschliste stand allerdings das eigene Auto. Fuhren 1957 rund 2,4 Millionen Pkw auf bundesdeutschen Straßen, waren es am Ende des folgenden Jahrzehnts bereits mehr als 13 Millionen.
Parallel hierzu sank die Arbeitslosenquote kontinuierlich: Am Beginn der 60er Jahre war nicht nur die Vollbeschäftigung erreicht, Arbeitskräftemangel in der Industrie und auf dem Bau hatte sogar die Anwerbung von ausländischen Arbeitern – den so genannten Gastarbeitern – erfor-

derlich gemacht. Gleichzeitig führte die Reduzierung der wöchentlichen Arbeitszeit zu einem völlig neuen Freizeitverhalten der Bundesbürger. Von nahezu fünfzig Arbeitsstunden an sechs Werktagen hatte sich bis zum Ende der 60er Jahre die durchschnittliche Wochenarbeitszeit um rund fünf Stunden verringert und auch die Fünf-Tage-Woche mit dem langen Wochenende allgemein durchgesetzt. Ebenso war der tariflich vereinbarte Urlaubsanspruch beträchtlich gestiegen. Vier Wochen Jahresurlaub bildeten 1966 die Norm, und der Auslandsurlaub in Italien stellte längst keine Ausnahme mehr dar. Bereits zu Beginn der 60er Jahre hatte eine Wochenzeitung die Deutschen als „Weltmeister im Reisen" bezeichnet. Zu dieser Reisewelle trug auch die sich allmählich durchsetzende Zahlung von Urlaubsgeld bei.

Im Gegensatz zum ersten Nachkriegsjahrzehnt war am Ende der 60er Jahre nicht mehr der Kampf um das Überleben, sondern der Rausch des Erlebens zum zentralen Lebensinhalt geworden. Die Erlebnisgesellschaft entstand, in der sich nun allerdings auch der Konflikt zwischen den Generationen verstärkte. Die Jungen weigerten sich, traditionelle Vorstellungen, in denen Pflicht und Arbeit das Leben weitgehend bestimmten, zu übernehmen. Vielen wurde die Selbstentfaltung zum Maßstab des individuellen Lebensentwurfs. Während die mittlere und ältere Generation den steigenden Wohlstand genoss und zufrieden auf das Erreichte zurückblickte, stieg bei den Jüngeren – aber nicht nur dort – das Interesse an Politik und die Sensibilisierung für Fragen an die jüngste deutsche Vergangenheit. Die nationalsozialistischen Verbrechen und die Auschwitz-Prozesse wühlten seit den frühen 60er Jahren viele auf, und auch die Frage der gesellschaftlichen Mitsprache und Mitbestimmung sorgte für einen höheren Mobilisierungsgrad in Parteien, Gewerkschaften und anderen Organisationen.

Die Vorgeschichte von 1968 begann zunächst harmlos: Bei den ersten Studentendemonstrationen standen fast ausschließlich die schlechten räumlichen und personellen Zustände an den Universitäten im Zentrum der Kritik. Innerhalb erstaunlich kurzer Zeit kam es aber zur Explosion eines offenbar seit längerem aufgestauten politischen und gesellschaftlichen Protestpotentials, deren Auswirkungen einer „Kulturrevolution" gleichkamen und vieles von dem in Frage stellten, worauf die Bundesrepublik seit ihrer Gründung stolz war.

Die Bilder in diesem Buch zeigen Münster und das Leben in der Stadt in den Jahren von 1957 bis 1968. Die Aufnahmen halten den sich wandelnden Alltag ebenso fest wie das sich verändernde Gesicht der Stadt. Der rasche Wiederaufbau und die zunehmende Bedeutung waren angesichts der nahezu totalen Zerstörung Münsters im Krieg keineswegs selbstverständlich und erstaunen im Rückblick sicher auch viele Münsteraner. Trotz fehlender Industrie und des schmerzlichen Endes als Hauptstadt der Provinz Westfalen, die in dem neuen Bundesland Nordrhein-Westfalen aufgegangen war, gelang es Münster, seine Rolle als Dienstleistungsmetropole zu festigen und sogar zu verstärken. Der Ausbau Münsters als Verwaltungszentrum kann für die Geschichte der Stadt nach 1945 kaum hoch genug eingeschätzt werden und war die wesentliche Voraussetzung für ihre Entwicklung bis heute. Von großer Bedeutung für die Stadt blieb auch das Militär: Nach dem Krieg zunächst in Form der britischen Besatzungsmacht, die die meisten Kasernen der ehemaligen Wehrmacht und Luftwaffe übernahm. 1956 bezogen die ersten Soldaten der neu gegründeten Bundeswehr die Gebäude des I. Korps am Hindenburgplatz.

Hatte Münster mit Köln und Aachen zunächst den höchsten Bevölkerungsverlust in der Bundesrepublik nach dem Krieg zu verzeichnen, so war 1954 mit über 146.000 Einwohnern der Vorkriegsstand bereits wieder überschritten. 1966 wurde der 200.000 Bewohner Münsters geboren. Der Bevölkerungsanstieg bis zu diesem Jahr war in Nordrhein-Westfalen der zweithöchste seit Kriegsende. Nicht unerheblich daran beteiligt waren die zahlreichen Vertriebenen und Flüchtlinge. 1964 gehörten 50.000 Einwohner zu dieser Bevölkerungsgruppe, die damit über ein Viertel der gesamten Stadtbewohner stellte. Die Eingliederung der evangelischen Flüchtlinge und Vertriebenen, durch die sich der Anteil der Protestanten in der Stadt auf nahezu 30 Prozent erhöhte, gelang überraschend gut. Ein Indiz für diese Integration sind nicht zuletzt die zahlreichen gemischt konfessionellen Eheschließungen in diesen Jahren.

Die Wirtschaftsstruktur der Stadt hatte sich indessen nur wenig geändert. Der traditionell stark ausgeprägte Dienstleistungssektor erfuhr von 67 Prozent im Jahr 1950 einen weiteren Ausbau auf über 73 Prozent im Jahr 1970 und lag damit erheblich über dem Bundesdurchschnitt. Überdurchschnittliche Werte wies Münster auch im Bereich der Schulbildung auf. Der Anteil der männlichen und weiblichen Schüler, die Realschulen und Gymnasien besuchten, überragte die Durchschnittswerte für Land wie Bund in einem erstaunlichen Ausmaß. 1962 besuchten in Münster 25 Prozent aller Schüler der allgemeinbildenden Schulen das Gymnasium, 1968 waren es sogar 30 Prozent. Diese Werte waren doppelt so hoch wie die Nordrhein-Westfalens oder der ganzen Bundesrepublik. Bei der Realschule übertraf Münster 1962 den Durchschnitt Nordrhein-Westfalens um rund 75 Prozent, den der gesamten Republik um 100 Prozent. 1968 lag der Anteil der münsterischen Realschüler noch rund 50 Prozent über dem des Landes wie des Bundes. Eine weitgehende Übereinstimmung mit den landes- und bundesweiten Werten zeigte sich hingegen beim jeweiligen Mädchenanteil, der an Gymnasien nahezu 45 und an Realschulen über 50 Prozent betrug. Die in der Mitte der 60er Jahre von Pädagogen wie Kultusministern festgestellte „deutsche Bildungskatastrophe" und den „nationalen Bildungsnotstand" hat es in Münster nicht gegeben. Dass eine gute Schulausbildung die beste Voraussetzung für den sozialen Aufstieg bietet, war in der Beamtenmetropole offenbar keine Neuigkeit mehr. Allerdings blieb der Schulraummangel ein beständiges Thema der städtischen Schulpolitik.

Bis 1957 war die Phase des Wiederaufbaus der Stadt trotz noch vorhandener Trümmergrundstücke weitgehend abgeschlossen. Nun galt es,

Zukunftsfragen anzugehen und vorausschauend zu planen. Höchste Priorität besaß die Beseitigung der weiterhin bestehenden Wohnungsnot. Erst 1968 konnte die Wohnraumbewirtschaftung aufgehoben werden. Die Verwaltung begann mit der Planung und Realisierung neuer Stadtteile für Tausende von Einwohnern: Die Aaseestadt und Coerde wurden gebaut, die Trabantenstadt Kinderhaus war in Planung. Der neu geschaffene Wohnraum war zunächst äußerst begehrt, bot er doch im Gegensatz zu den meisten Altbauten für damalige Verhältnisse modernen Komfort. Nur hier gab es Badezimmer und Zentralheizung als selbstverständlichen Bestandteil jeder Wohnung. In den Jahren von 1950 bis 1968 entstanden weit über 40.000 neue Wohnungen, von denen ein erheblicher Teil im Rahmen des sozialen Wohnungsbaus mit öffentlichen Mittel gefördert wurde. Gleichzeitig konnte die Belegungsdichte je Wohnung von 5,4 auf 3,2 Bewohner verringert werden.

Seit Ende der 50er Jahre hielten auch Verwaltungs- und Wohnhochhäuser in Münster Einzug und sorgten in der Bevölkerung für breiten Diskussionsstoff. Sogar in der Innenstadt veränderte sich vieles. Gebäude, die den Krieg überstanden hatten, mussten dem vermeintlichen Fortschritt weichen. Beispiele hierfür sind etwa die alten Gebäude der Stadtkasse an der Klemensstraße oder der Regierung am Domplatz, an deren Stelle moderne Neubauten traten.

Wie nur wenige andere Dinge war der Besitz eines Autos zum Kennzeichen des erreichten Wohlstands geworden. Der Traum vom eigenen Auto verwirklichte sich zwischen 1957 und 1968 für mehr als 30.000 Münsteraner. Autohäuser, neue Automodelle, Gebrauchtwagenmessen und nicht zuletzt moderne Tankstellen waren ein beständiges Thema der Lokalpresse. Die in diesem Zeitraum um mehr als das Vierfache angestiegene Zahl an Kraftfahrzeugen bedeutete für die Stadt allerdings auch ein wachsendes Verkehrsproblem, zumal sich bis zur endgültigen Fertigstellung der Autobahn vom Ruhrgebiet nach Hamburg im Jahr 1968 der Fernverkehr durch die Straßen der Stadt quälen musste.

Einen vollständigen Wandel traditioneller Gewohnheiten bewirkte die Einführung von Supermärkten mit Selbstbedienung, die ebenso wie die Großmärkte am Stadtrand und viele andere Neuerungen dieser Zeit aus den Vereinigten Staaten übernommen wurden. Von Ketten betriebene Filialmärkte verdrängten allmählich die zahlreichen Spezialgeschäfte mit individuellem Service. Über die größten und modernsten Lebensmittelabteilungen verfügten natürlich die beiden Kaufhäuser in der Innenstadt. Geschäfte und die von ihnen angebotenen Waren sind das Spiegelbild des privaten Konsums. In einem immer umfangreicheren Maß hielten technische Geräte Einzug in die Haushalte. Trotz hoher Preise fanden Radio, Fernseher und Schallplattenapparat ebenso wie Waschmaschine, Kühlschrank und bald auch Tiefkühltruhe ihre durchaus zahlreichen Käufer. Die meisten der modernen Spezialgeschäfte dieser Jahre sind heute allerdings aus dem münsterischen Straßenbild verschwunden.

Ein Dauerthema war die Damenmode, die die ansässigen Kaufhäuser ebenso wie Einzelhändler in regelmäßigen Modeschauen präsentierten. Individuelle Veranstaltungen für die modebewusste Dame, für Hausfrauen und Sekretärinnen lockten die kaufwillige Kundschaft in Scharen an.

Öffentliche Großveranstaltungen zogen Tausende von Teilnehmern immer wieder in die „gute Stube" der Stadt, auf den Prinzipalmarkt. Dazu gehörte regelmäßig der Karneval, der die Bevölkerung damals noch weitaus stärker begeisterte als in späteren Jahren. Aber auch zu politischen Veranstaltungen wie den jährlichen Kundgebungen zum 17. Juni mit prominenten Bundespolitikern versammelten sich die Münsteraner vor dem Rathaus.

Die stetig steigende Zahl der Studenten prägte zunehmend das Erscheinungsbild der Stadt. Gab es 1957 gut 7.000 Studenten an der Westfälischen Wilhelms-Universität, so waren im Wintersemester 1968/69 bereits über 18.000 Studenten eingeschrieben, denen noch über 3.000 Studierende an den beiden Pädagogischen Hochschulen hinzu zu zählen sind. Seit Mitte der 60er Jahre gehörten Studentendemonstrationen aus verschiedenen Anlässen zum Alltag.

Gegenüber späteren Jahren sind Veränderungen der großen Sportveranstaltungen auffallend. Der Lokalfußball spielte natürlich immer die zentrale Rolle, vor allem als der FC Preußen Münster für ein kurzes Jahr der Bundesliga angehörte. Die Sportveranstaltungen in der Halle Münsterland mit dem Sechs-Tage-Rennen, den Boxwettkämpfen und den Catcherturnieren, damals im Mittelpunkt des Interesses, sind heute Kunde grauer Vorzeit – von Volleyball war noch keine Rede. Lediglich der Pferdesport scheint sich einer ungebrochenen Beliebtheit zu erfreuen.

Bundesweites Aufsehen erregte Münster mit einer Reihe spektakulärer Strafprozesse: 1957 begann der Rohrbach-Prozess, dessen später revidiertes Fehlurteil noch 2004 Anlass für eine eigene Fernsehdokumentation bot. Weitaus peinlicher für die politische Prominenz der Stadt war jedoch eine sich über Jahre hinziehende Gerichtsaffäre um den gewaltsamen Tod des Rechtsanwalts Paul Blomert, der mit Oberbürgermeister Dr. Busso Peus eine gemeinsame Kanzlei hatte: 1965 war der Prozess dem „Spiegel" sogar ein Titelblatt wert. Und im Mai 1968 endete vor dem münsterischen Landgericht einer der längsten und aufwändigsten NS-Prozesse mit der Verurteilung der Angeklagten zu Höchststrafen.

Stadtbild Alt und Neu

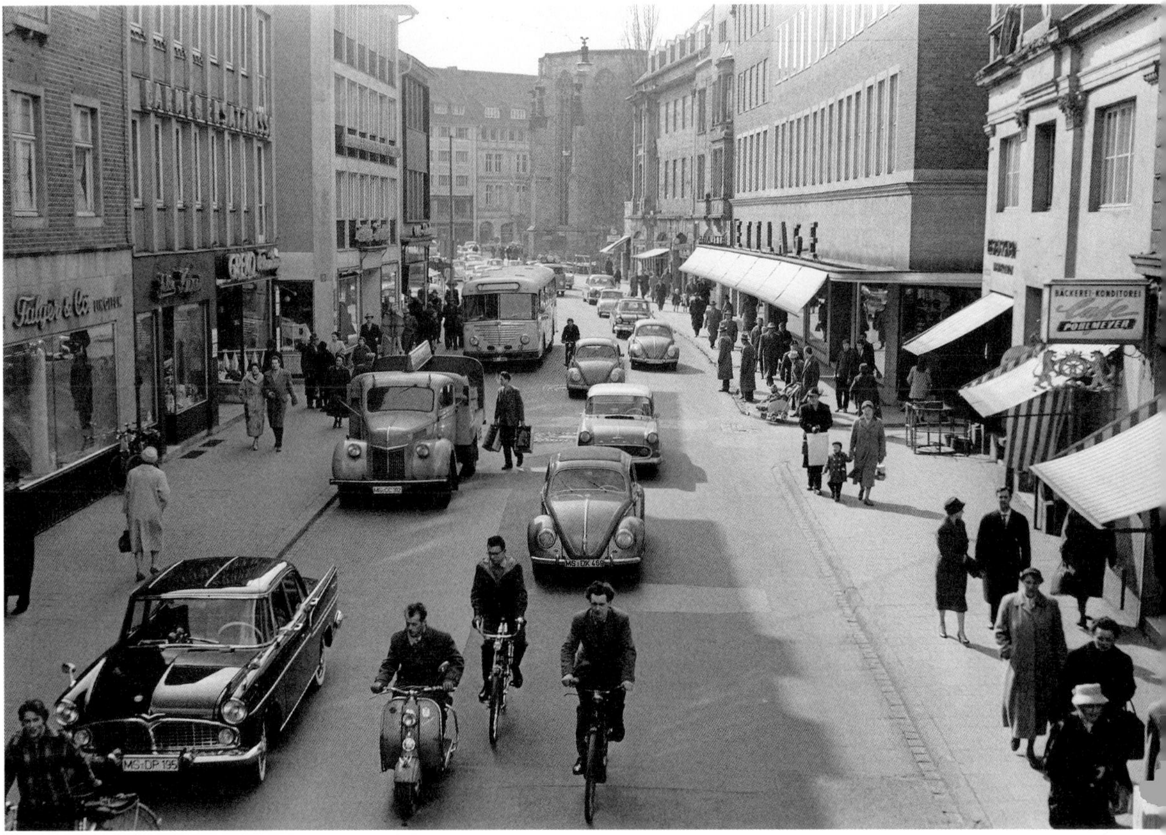

Ludgeristraße – kaum wiederzuerkennen im Jahre 1958. Dreizehn Jahre nach Kriegsende war von den Zerstörungen nichts mehr zu sehen. Die Geschäftsinhaber hatten ihre Häuser binnen kurzer Zeit wieder errichtet. Rechts im Hintergrund ist das Gebäude der Firma Hettlage zu sehen. Das Dach der Ludgerikirche wurde Ende 1958 fertig gestellt.

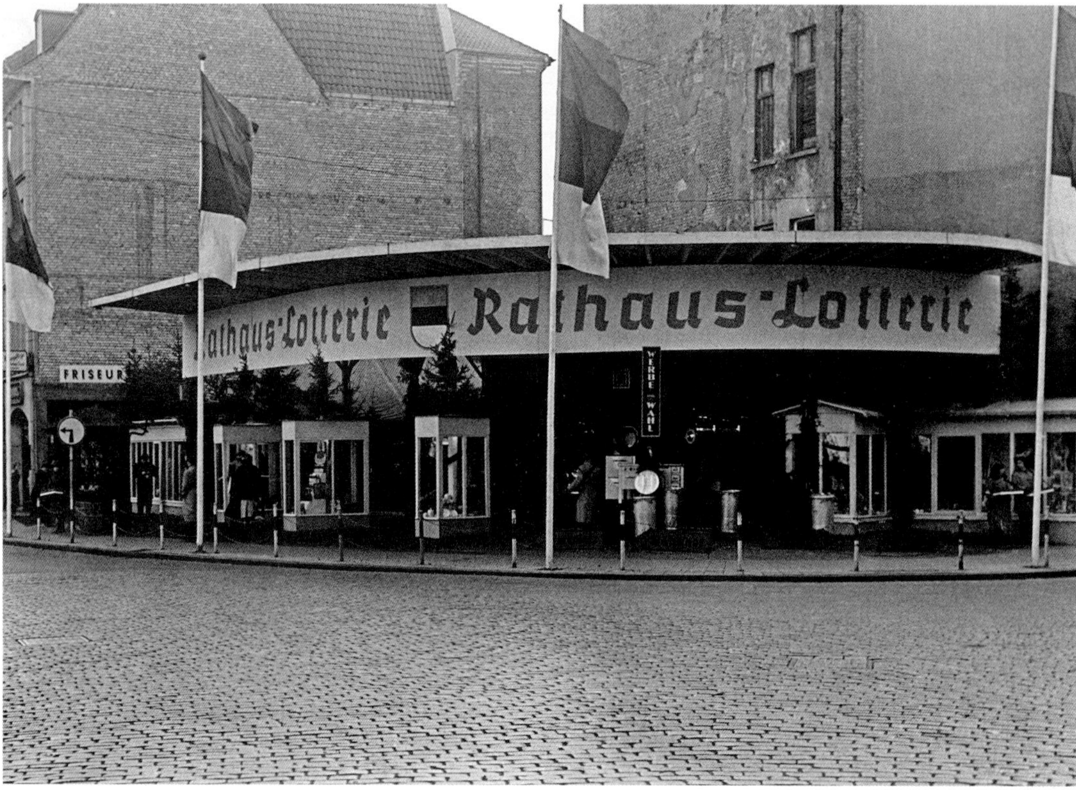

Längst in Vergessenheit geraten: Nicht die Stadt, sondern die Bürger Münsters haben durch Lotterie und Spenden die finanziellen Mittel zum Wiederaufbau ihres Rathauses aufgebracht. Werbung für die Rathauslotterie zwischen Ludgeristraße und Rothenburg, um 1957.

Acht Jahre nach der Grundsteinlegung übergab der Vorsitzende des „Vereins für den Wiederaufbau des Rathauses", der münsterische Verleger Friedrich Leopold Hüffer, das wieder errichtete Rathaus am 30. Oktober 1958 in die Obhut der Stadt. Das hauptsächlich mit Spenden und Einnahmen aus acht Lotterien finanzierte Haus unterschied sich kaum von seinem historischen Vorbild. Tausende Münsteraner nahmen an dem denkwürdigen Ereignis teil.

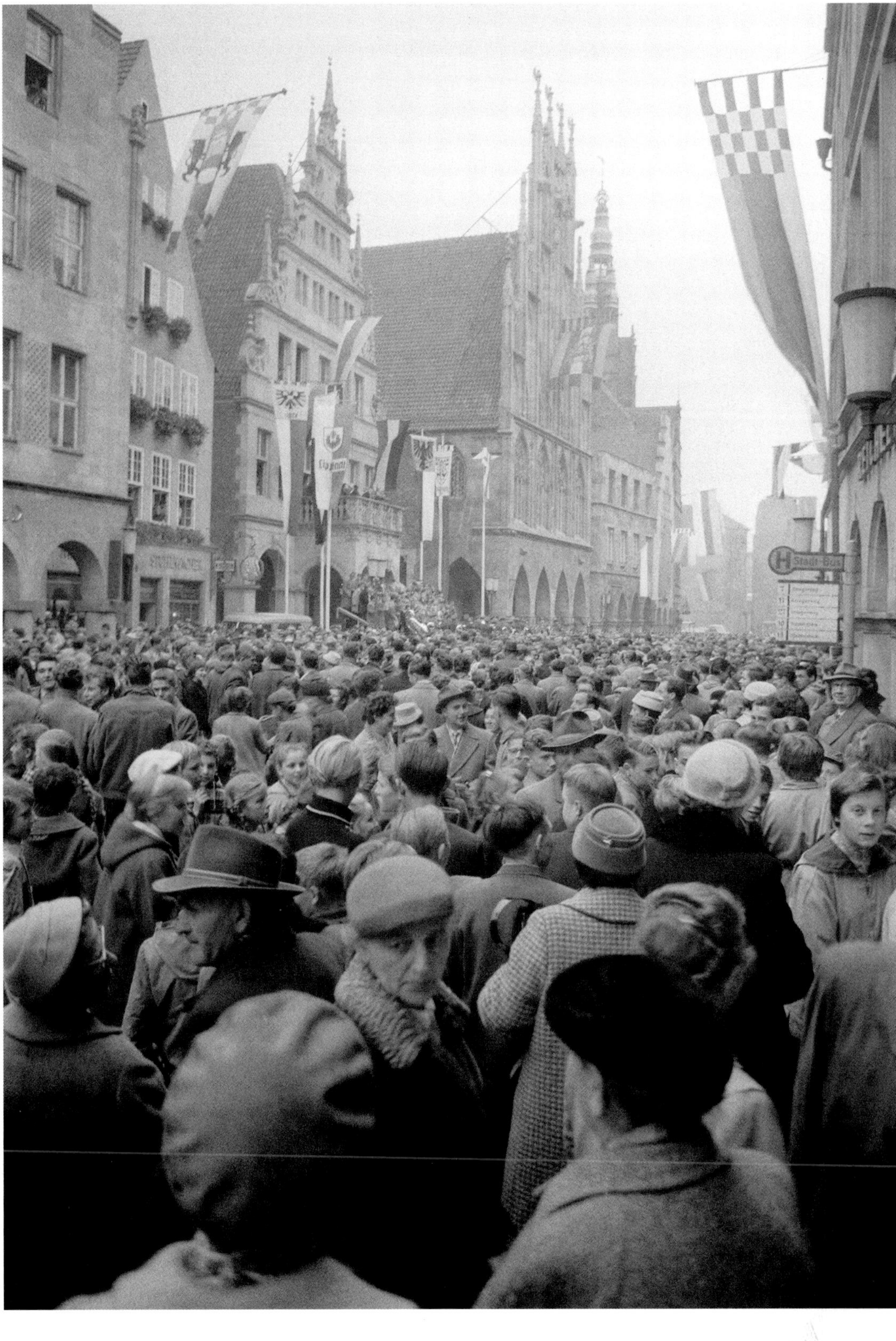

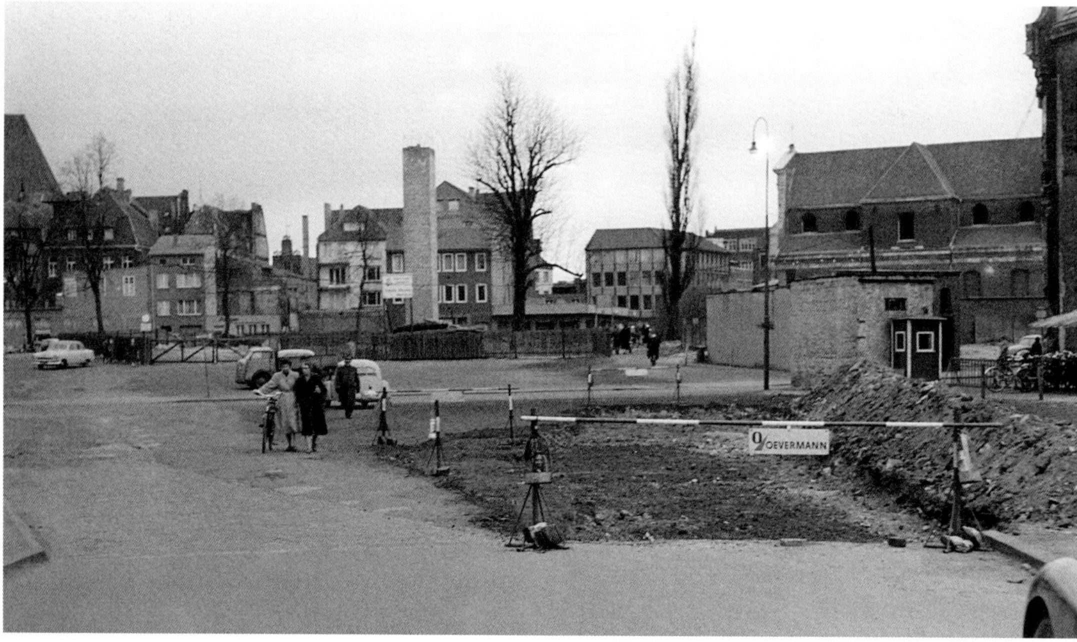

Blick vom Stubengassenparkplatz in Richtung Lamberti- bzw. Dominikanerkirche und Salzstraße. Auf der Freifläche im linken Vordergrund wurde 1956 mit dem Bau des Stadthauses für die städtische Verwaltung begonnen.

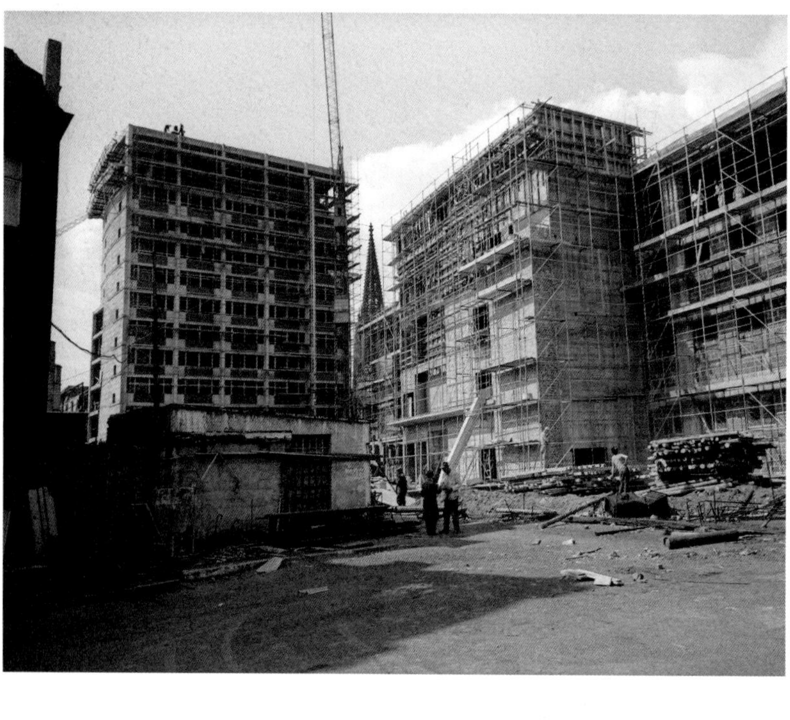

Ungewohnter Blickfang für viele Münsteraner, 1959. Nahezu zeitgleich wuchsen das Stadthaus I und das Kaufhaus Karstadt „in den Himmel". Nicht nur bei vielen Einheimischen, sondern auch bei Architekten und Städteplanern löste allerdings der Bau des städtischen Hochhauses Kopfschütteln aus. Im Frühjahr 1959 machte die Vollendung beider Gebäude große Fortschritte. Das Kaufhaus wurde im August eröffnet, schon 24 Jahre später allerdings für einen Neubau an gleicher Stelle abgerissen.

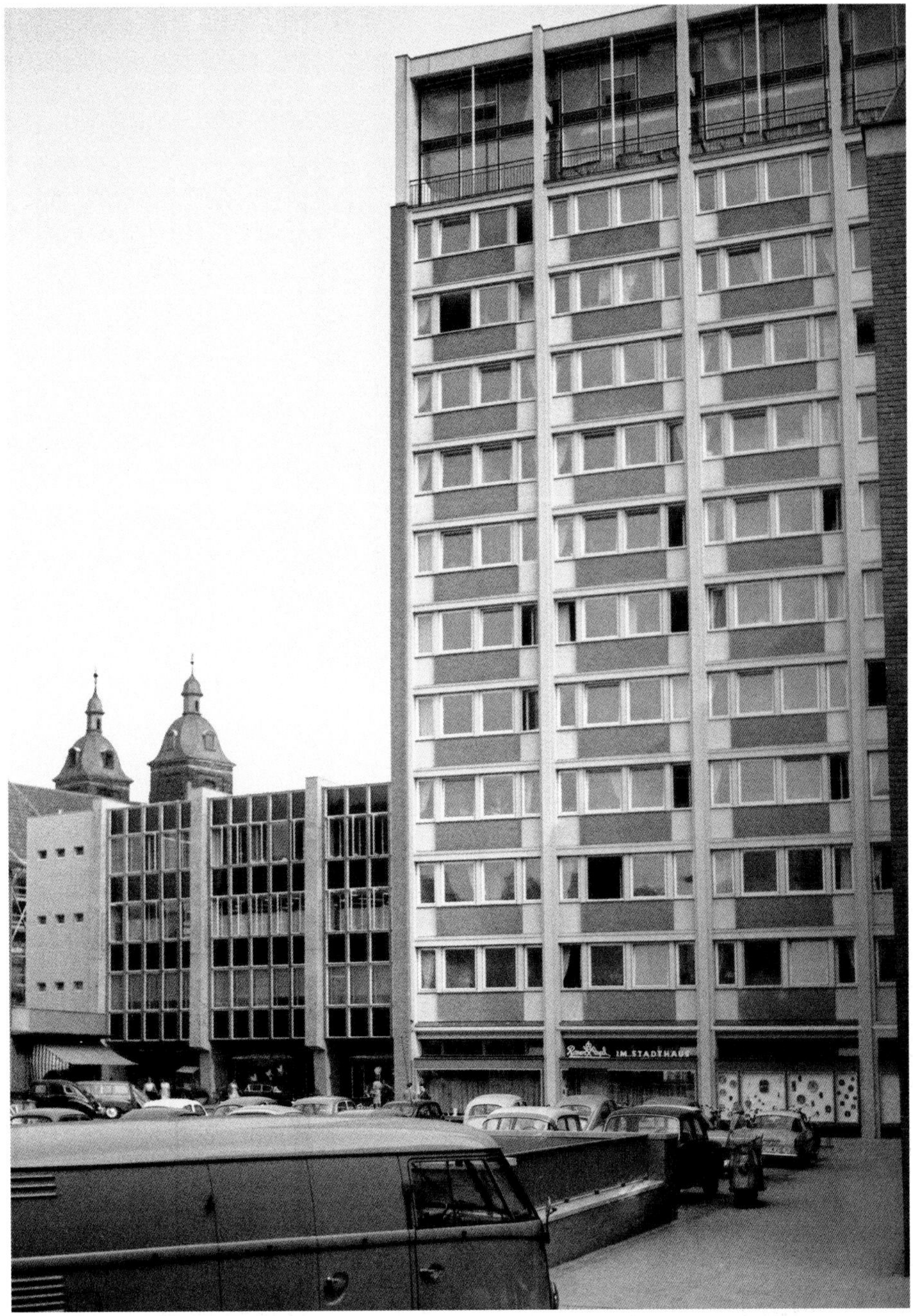

Nach langen Planungen und Diskussionen errichtete die Stadt selbst das erste und wohl bis heute umstrittenste Hochhaus Münsters, das spätere Stadthaus I. In der Öffentlichkeit erregte vor allem die Tatsache Verärgerung, dass der Bau mit elf Stockwerken und dem hohen aufgesetzten Kantinengeschoss an der damaligen Klemensstraße das gerade wieder aufgebaute Rathaus um viele Meter überragte: Die „Westfälischen Nachrichten" berichteten mehrfach kritisch über den „Giganten aus Stahl und Beton" hinter dem Rathaus, der 1961 bezogen wurde. Mitunter wurde das Stadthaus im Volksmund ironisch auch der „Lange Austermann" genannt, da sich der damalige Oberstadtdirektor für den Bau stark gemacht hatte.

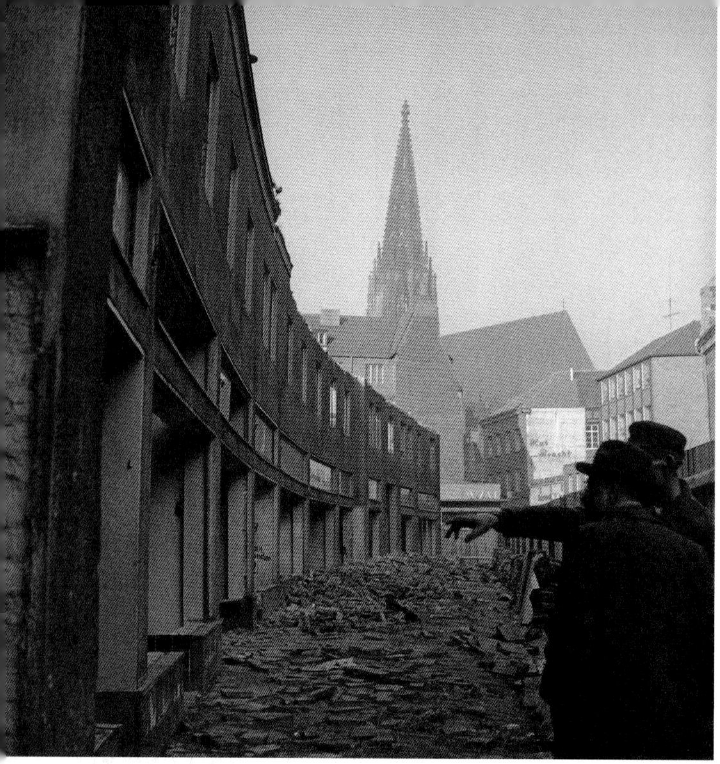

Ende Januar 1958 wurde die in der Salzstraße gelegene Ladenzeile gegenüber der Dominikanerkirche für den Neubau des Kaufhauses Karstadt abgerissen, fraglos ein Kuriosum, denn bereits ausgangs der 20er Jahre sollte an dieser Stelle ein Kaufhaus des Konzerns errichtet werden. Das Grundstück wurde indes nach heftigen Protesten der städtischen Kaufmannschaft nie bebaut. Lediglich ein Provisorium verdeckte danach für drei Jahrzehnte das so genannte Karstadt-Loch.

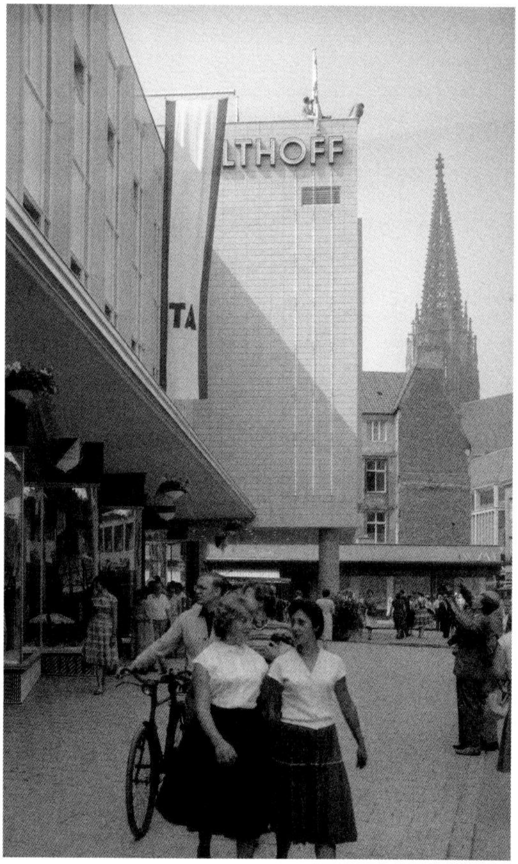

Staunend nahmen viele Münsteraner die Eröffnung des Kaufhauses „Althoff", besser bekannt unter dem Konzernnamen „Karstadt", zur Kenntnis. Das äußerlich wenig spektakuläre Gebäude wartete im Inneren mit einem bis dahin in Münster nicht gekannten Warenangebot auf und erfreute sich sogleich eines regen Kundenzustroms.

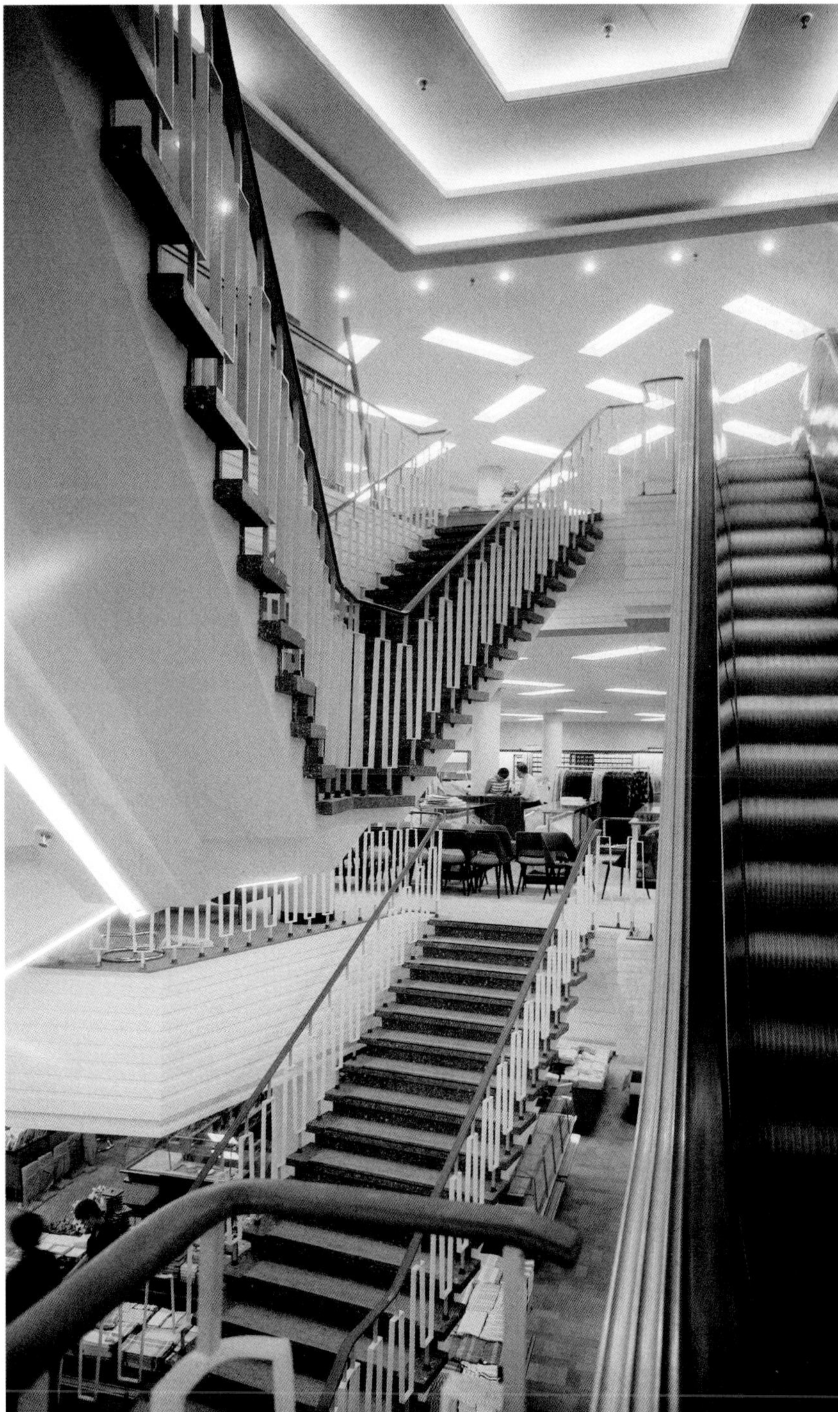

Vor allem mit den abseits der Großstädte noch kaum bekannten Rolltreppen, die ein bequemes Einkaufen über mehrere Etagen gewährleisten sollten, machte das Kaufhaus auf sich aufmerksam. Neu war auch Karstadts fortwährende Werbepräsenz in den Medien. Es verging kaum ein Tag, an dem die Kaufhauskette nicht mit günstigen Angeboten lockte.

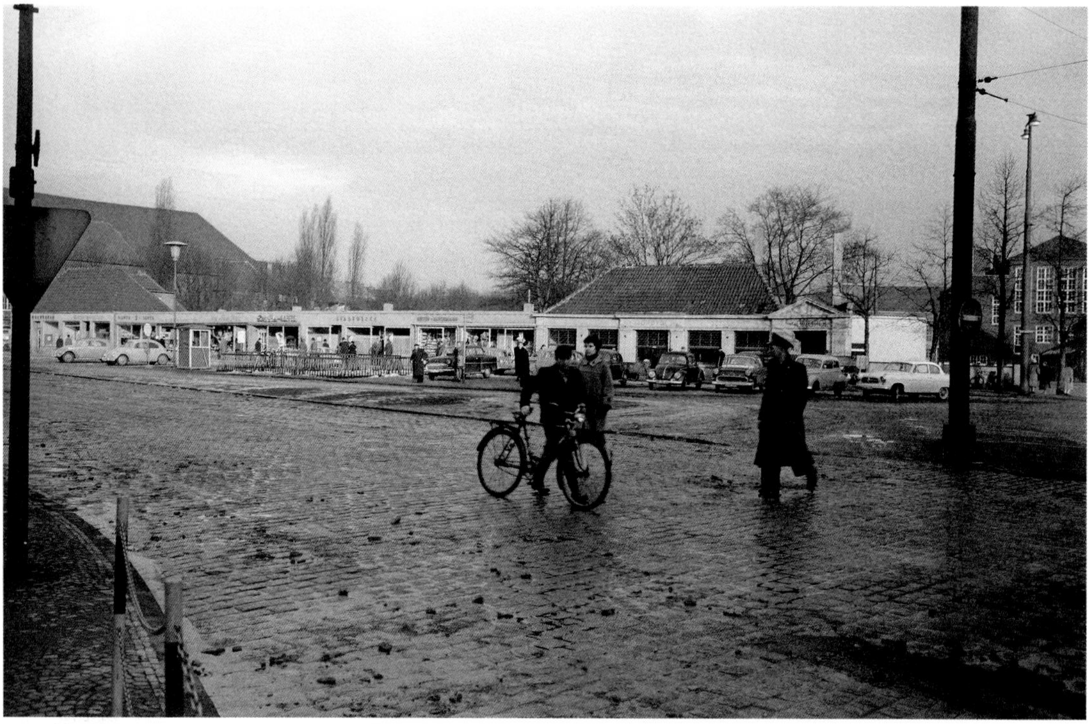

Unmittelbar nach dem Krieg entstand am Servatiiplatz am Beginn der Salzstraße eine behelfsmäßige Ladenzeile, die erst 1960 nach der Fertigstellung des Iduna-Hochhauses abgerissen wurde.

Dem Stadthaus I folgten – allerdings außerhalb der Promenade – weitere Bürohochhäuser. Nach damaliger Auffassung sollten sie markante Zeichen an den Eingängen zur Altstadt setzen. 1960 bis 1961 entstand das Gebäude der Iduna-Germania-Versicherung am Servatiiplatz, das deutlich seine moderne Konstruktionsform zeigte. Das ins Innere gelegte Stahlbetonskelett ermöglichte die weitgehend aus Glas bestehende transparente Fassadengestaltung. Typisch war auch die Anlage eines niedrigen Pavillons als Nebenbau.

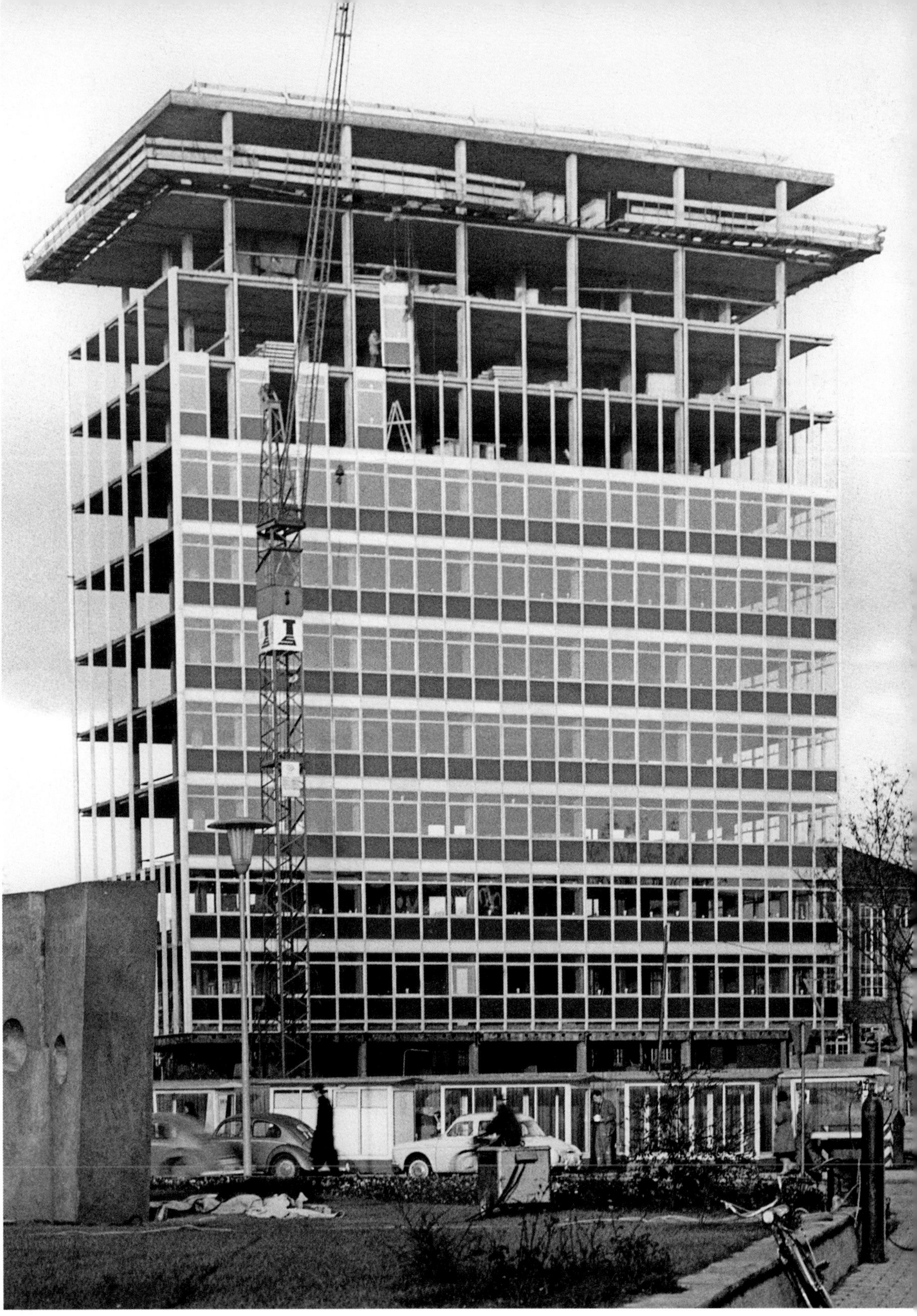

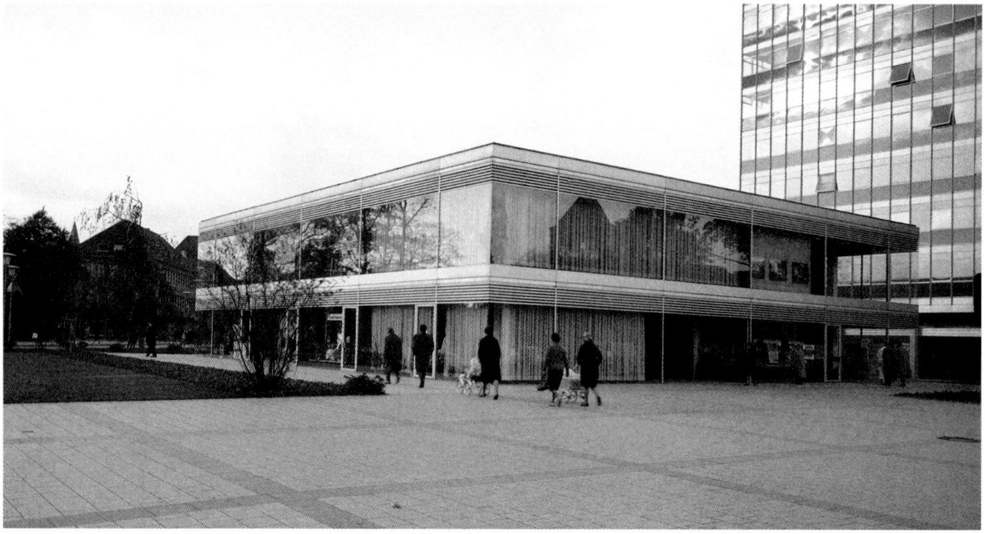

Das Servatiihochhaus mit dem vorgelagerten Pavillon gehörte Anfang der 60er Jahre zu den bedeutendsten architektonischen Neubauten Münsters. Die vorgehängte Glasfassade erzeugte im Inneren eine lichte und helle Wirkung. Zu der modernen Architektur und der zeitgemäß strengen Inneneinrichtung des Cafés im Pavillon schien allerdings der Name „Wiener Café" nicht recht zu passen. Dessen Attraktivität war nur von kurzer Dauer: Schon Mitte der 70er Jahre existierte das Café nicht mehr.

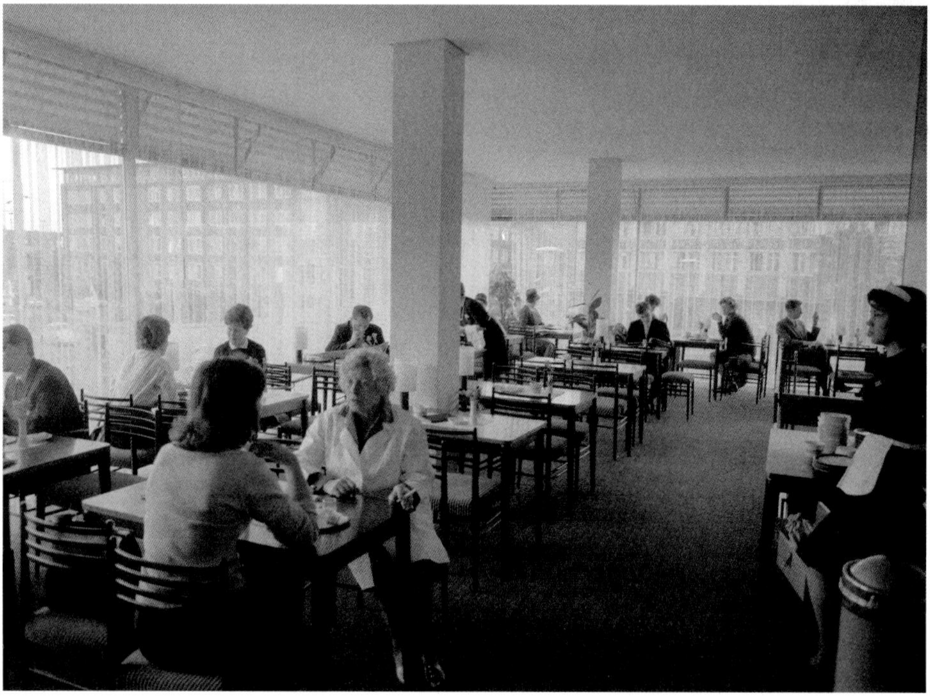

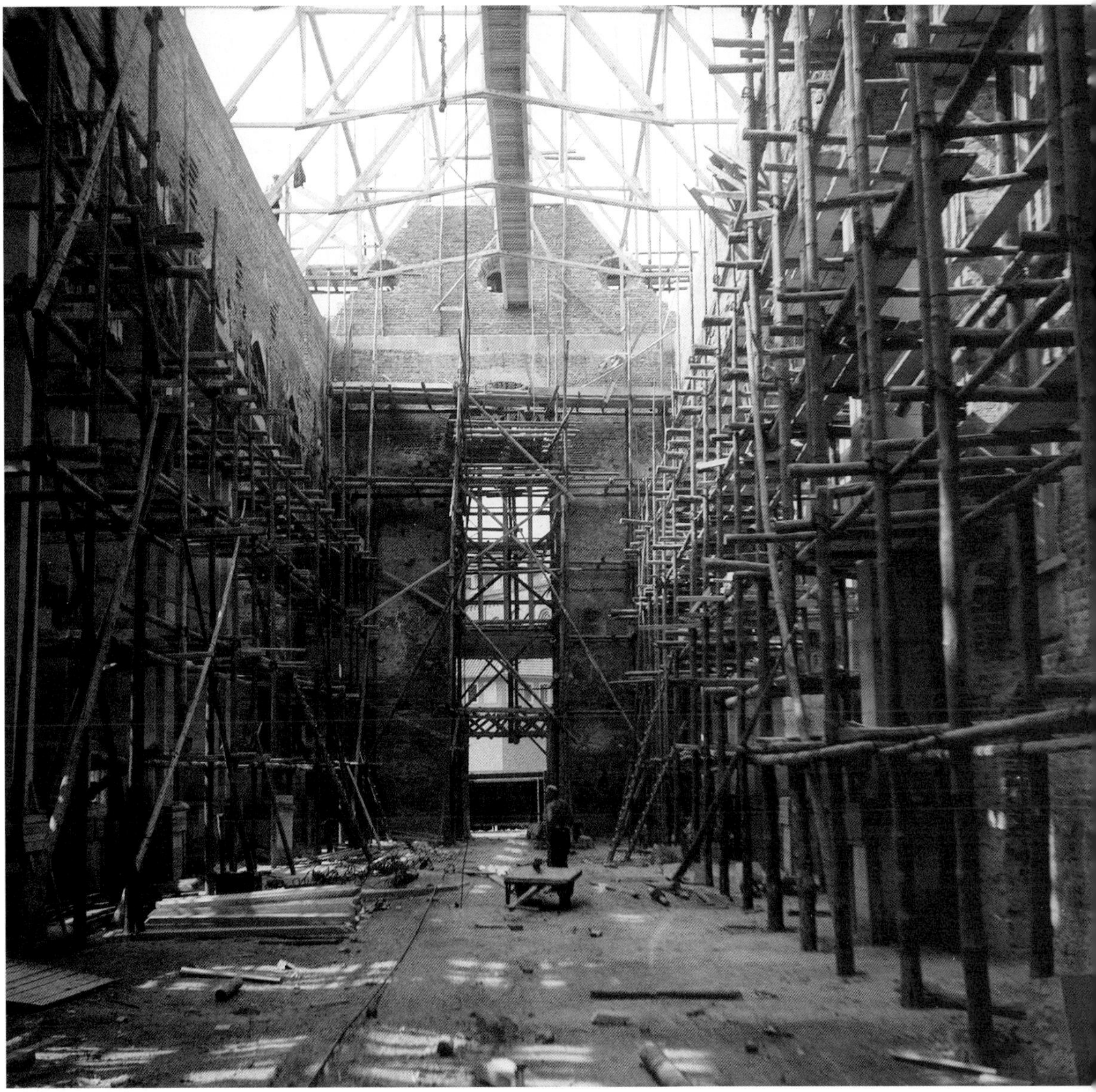

Wiederaufbau der Observantenkirche. Bis 1955 war das Gotteshaus, das seit 1815 für allerlei Gebrauch zweckentfremdet worden war, noch eine Ruine. Die Kirche ging in jenem Jahr von der Stadt auf das Land Nordrhein-Westfalen als Eigentum über, das nach dem Wiederaufbau für den symbolischen Betrag von einer Mark der Evangelischen Studentengemeinde übertragen wurde.

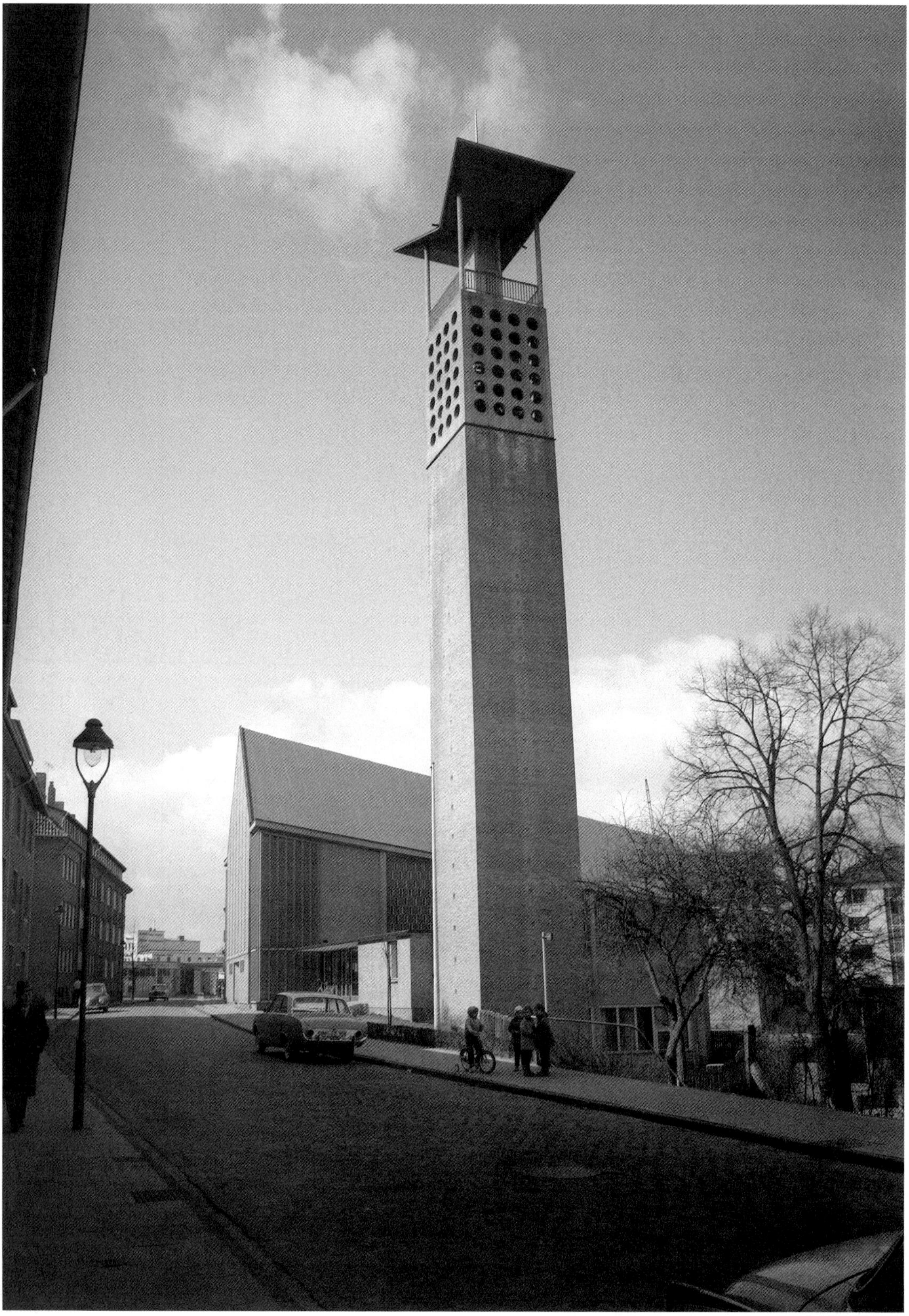

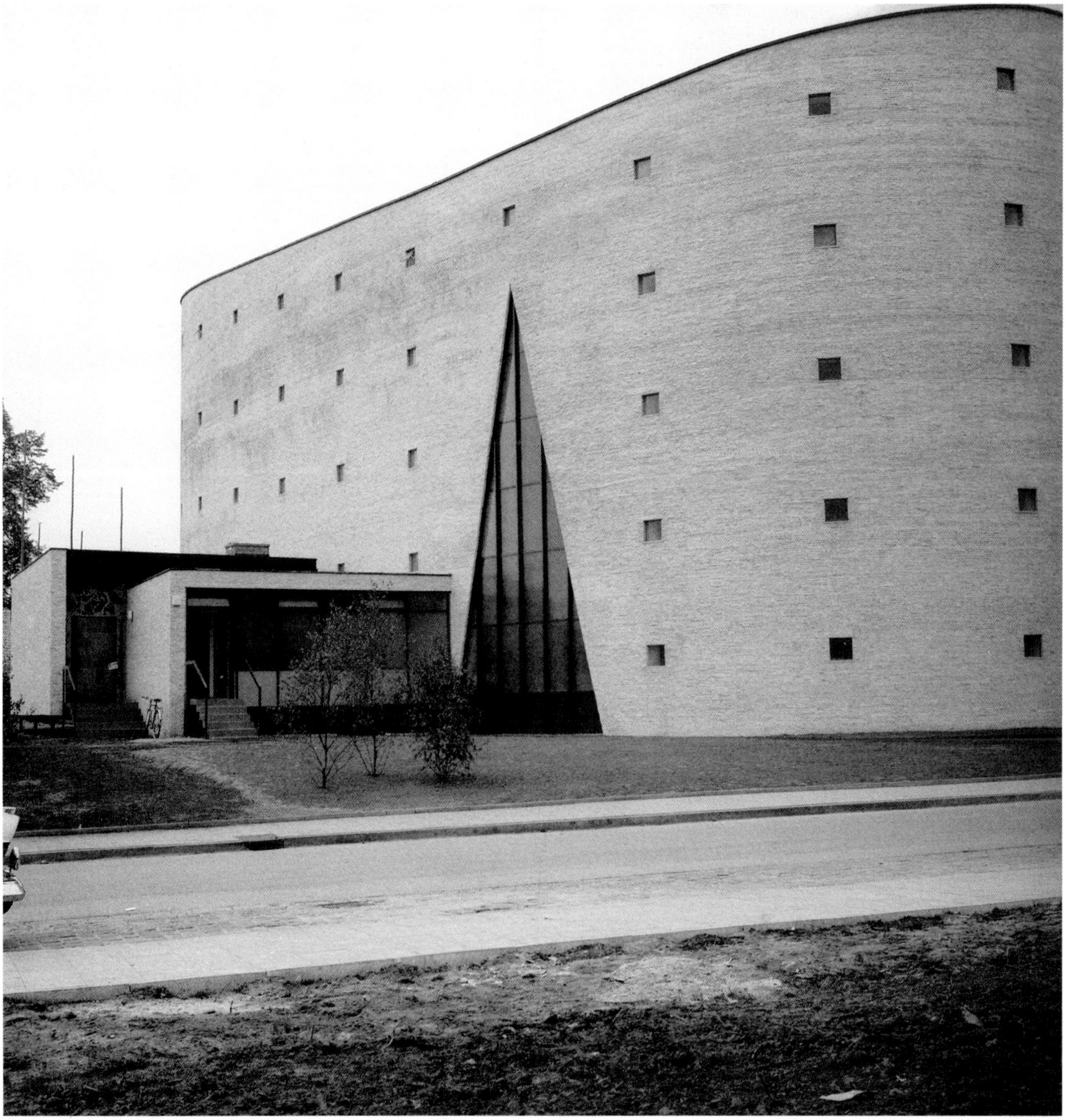

Die vor allem durch Vertriebene aus den ehemaligen Ostgebieten und Flüchtlinge aus der DDR stark gewachsene evangelische Gemeinde musste sich nach 1945 über Jahre hinweg vielfach mit Behelfsräumlichkeiten für Gottesdienste begnügen. Die Matthäuskirche in der Antoniusstraße im Südviertel gehörte zu den ersten neu erbauten evangelischen Kirchen in Münster nach dem Zweiten Weltkrieg. An dem im typischen Stil der Zeit errichteten Bau, der 1958 eingeweiht wurde, beeindruckt der schlanke 37 Meter hoch aufsteigende Turm.

Ebenfalls im Südviertel an der Hammer Straße entstand in den Jahren von 1960 bis 1962 die katholische Kirche St. Sebastian, die die Architekten als „Arche Gottes" verstanden wissen wollten, manche Münsteraner jedoch eher als überdimensionierte Badewanne ansahen. Auf den ursprünglich geplanten Kirchturm musste indes aus Geldmangel verzichtet werden. Der avantgardistische Bau machte nur ein Jahr nach der Weihe erneut Schlagzeilen: Die Außenverkleidung aus Carrara-Marmor löste sich und wurde durch handgeformte Ziegel ersetzt.

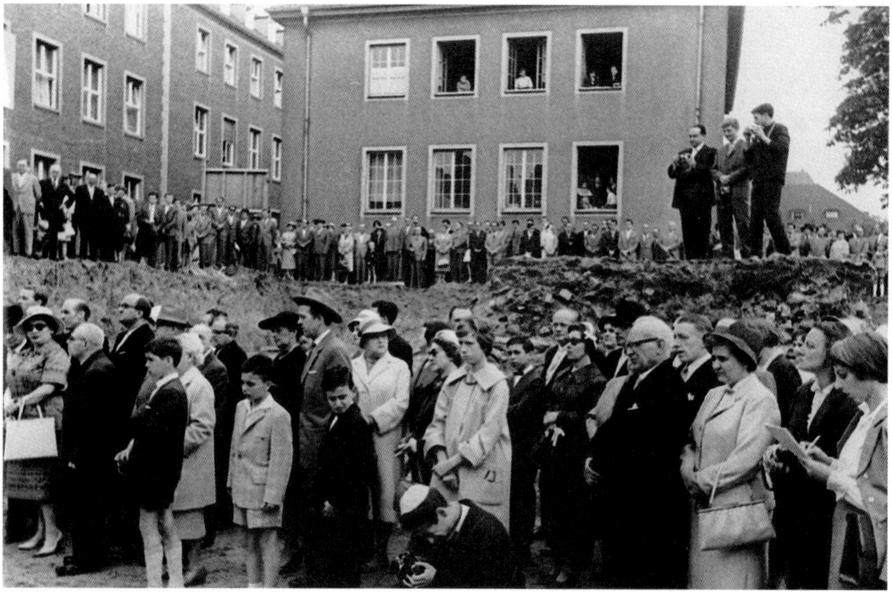

Am 15. Mai 1960 fand die Grundsteinlegung für den Wiederaufbau der 1938 in der Pogromnacht zerstörten Synagoge statt. Am 12. März 1961 wurde das an seiner traditionsreichen Stelle wieder errichtete Gotteshaus in der Klosterstraße eingeweiht.

Am 12. März 1961 konnte die Jüdische Kultusgemeinde ihren ersten Gottesdienst in der neuen Synagoge feiern. Es sei ein stolzer Tag der Freude, aber auch in diese Freude mische sich Trauer und Wehmut angesichts derer, die diesen Tag nicht miterleben durften, betonte Siegfried Goldenberg, Vorsitzender der münsterischen Gemeinde, in seiner Ansprache.

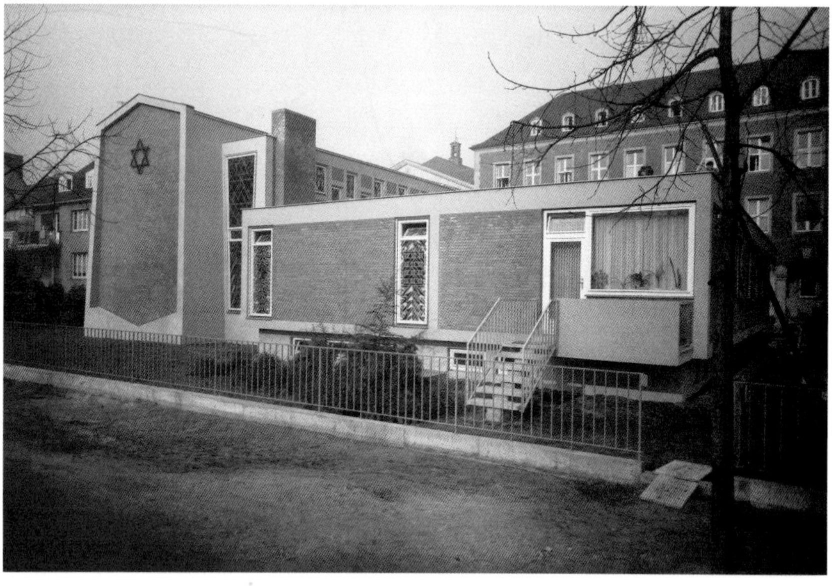

Für das ehemalige Hauptgebäude der Stadtsparkasse Münster, in dem später die Stadthauptkasse untergebracht war, hatte die Stadt nach der Fertigstellung ihrer neuen Stadtverwaltung keine Verwendung mehr. Das in die Jahre gekommene Haus wurde im Oktober 1959 abgebrochen. Bereits zuvor hatte die Stadt mit dem Kaufhauskonzern Horten einen auf 50 Jahre laufenden Vertrag über die Nutzung des Grundstücks abgeschlossen.

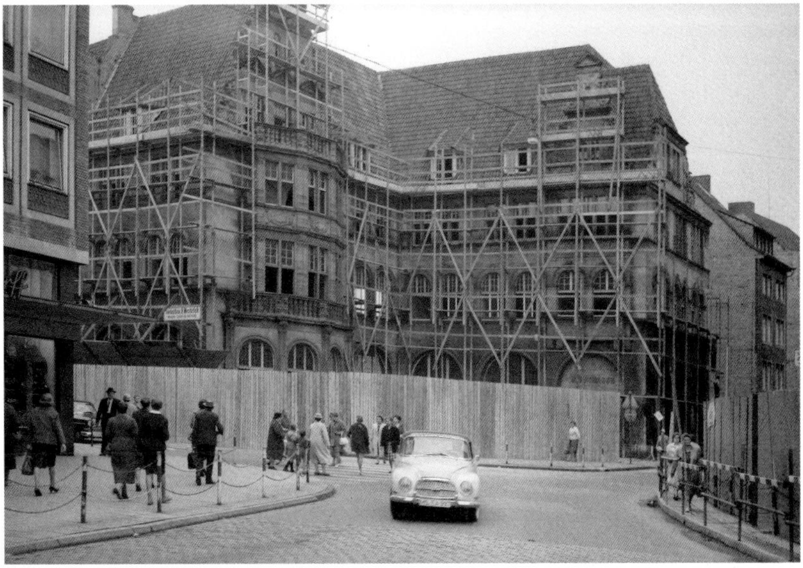

Die Fassadengestaltung des Kaufhauses Horten, in vielen Städten in gleicher Weise verwirklicht, stieß bei einer Reihe von Münsteranern auf Ablehnung. Das in unmittelbarer Nähe zum Prinzipalmarkt stehende Haus wirkte in der Tat wie ein Fremdkörper. Die Architekten des Konzerns wiesen aber alle Einwände zurück.

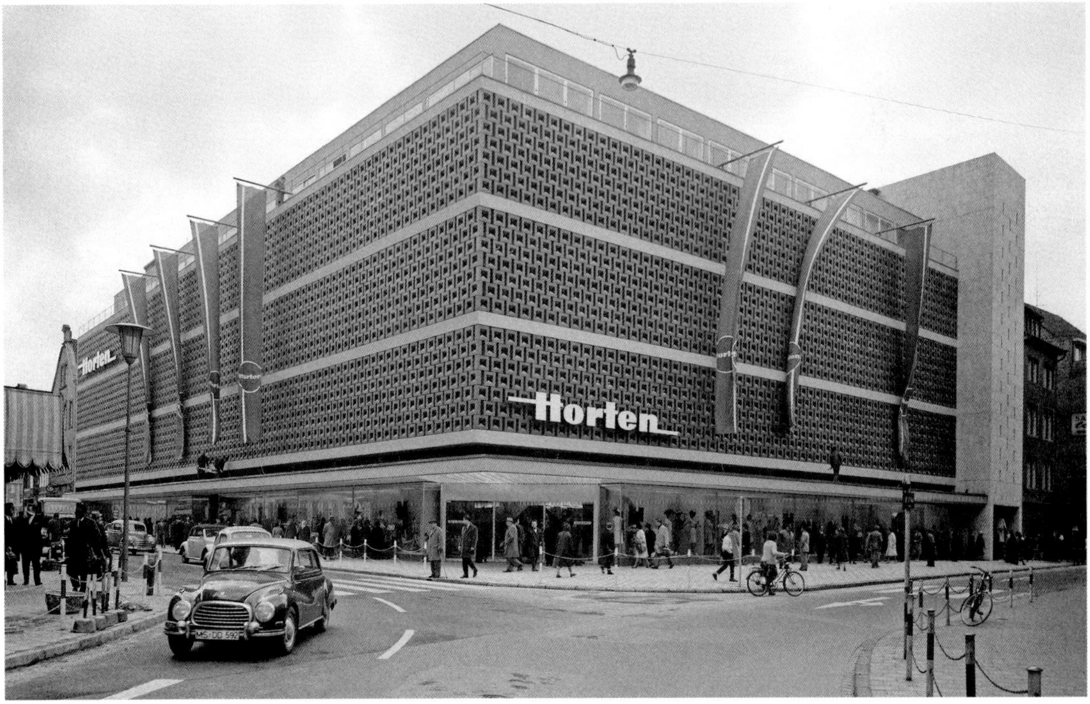

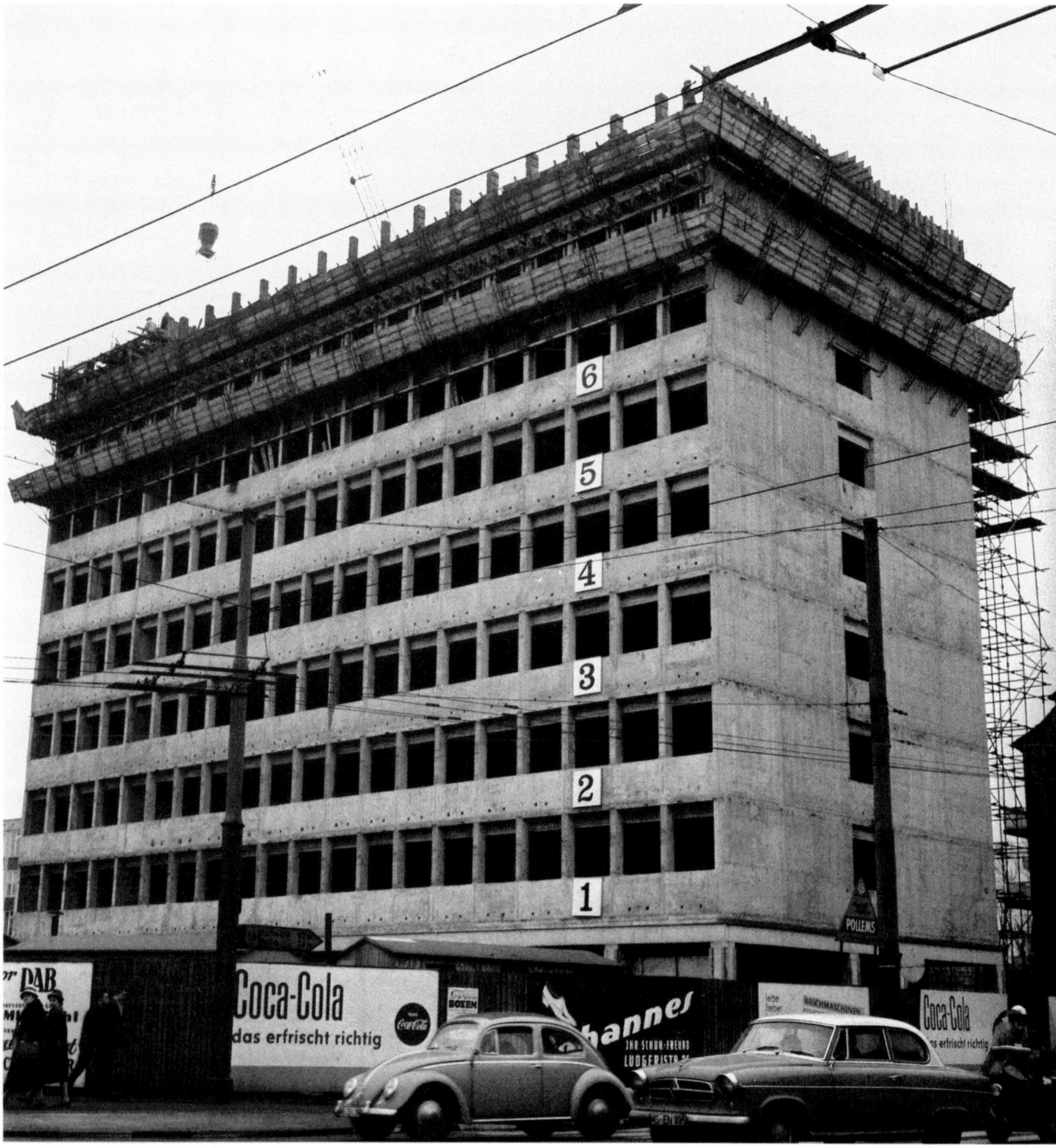

Trotz Bürgerprotesten wurde von 1961 bis 1964 das Kreishaus, das spätere Stadthaus II, am Ludgeriplatz mit dreizehn Stockwerken erbaut. Der Bauzaun der riesigen Baustelle diente als einer der ersten für großflächige Werbung. In den Augen der Architekten und Baubehörden, aber auch so mancher Bewohner waren Hochhäuser einfach modern und zeitgemäß. Keine deutsche Großstadt verzichtete auf sie.

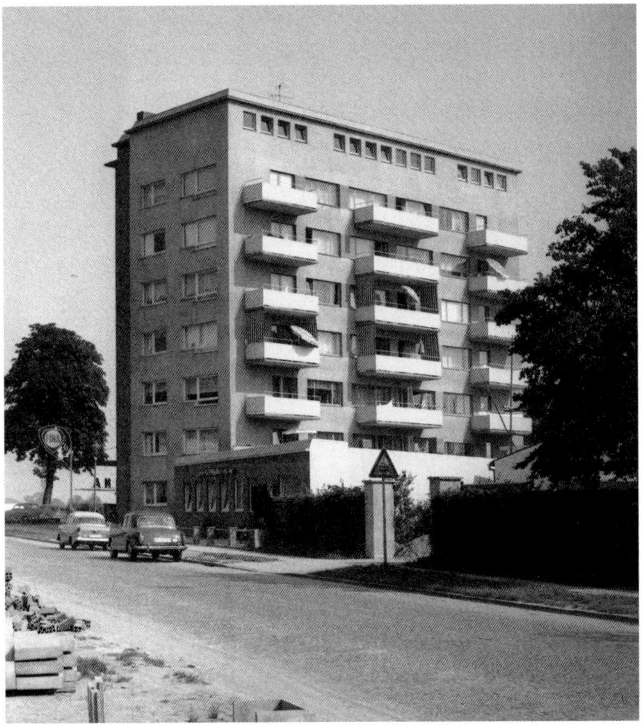

Zu den ersten münsterischen Wohnhochhäusern gehörten die Bauten an der Warendorfer Straße/Ecke Oststraße und am Hohen Heckenweg/Ecke Piusallee, die Ende der 50er bzw. Anfang der 60er Jahre errichtet wurden. Interessant ist ein Blick auf die ersten Bewohner: Es handelte sich zumeist um gut situierte Beamte und Freiberufler, die diesen neu geschaffenen, modernen Wohnraum offenbar schätzten, besaßen doch Altbauten zumeist keinen modernen Komfort wie etwa eigene Badezimmer und Toiletten oder Zentralheizung.

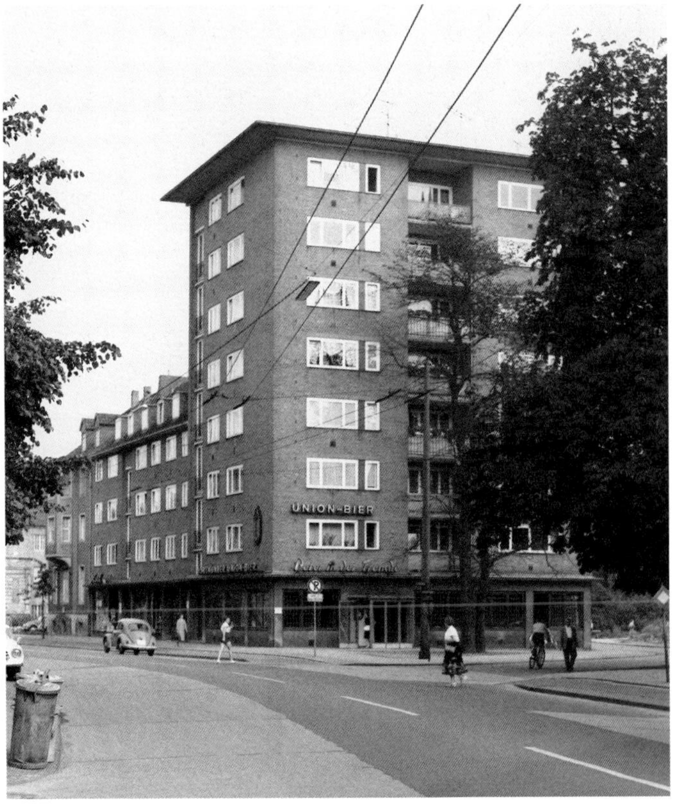

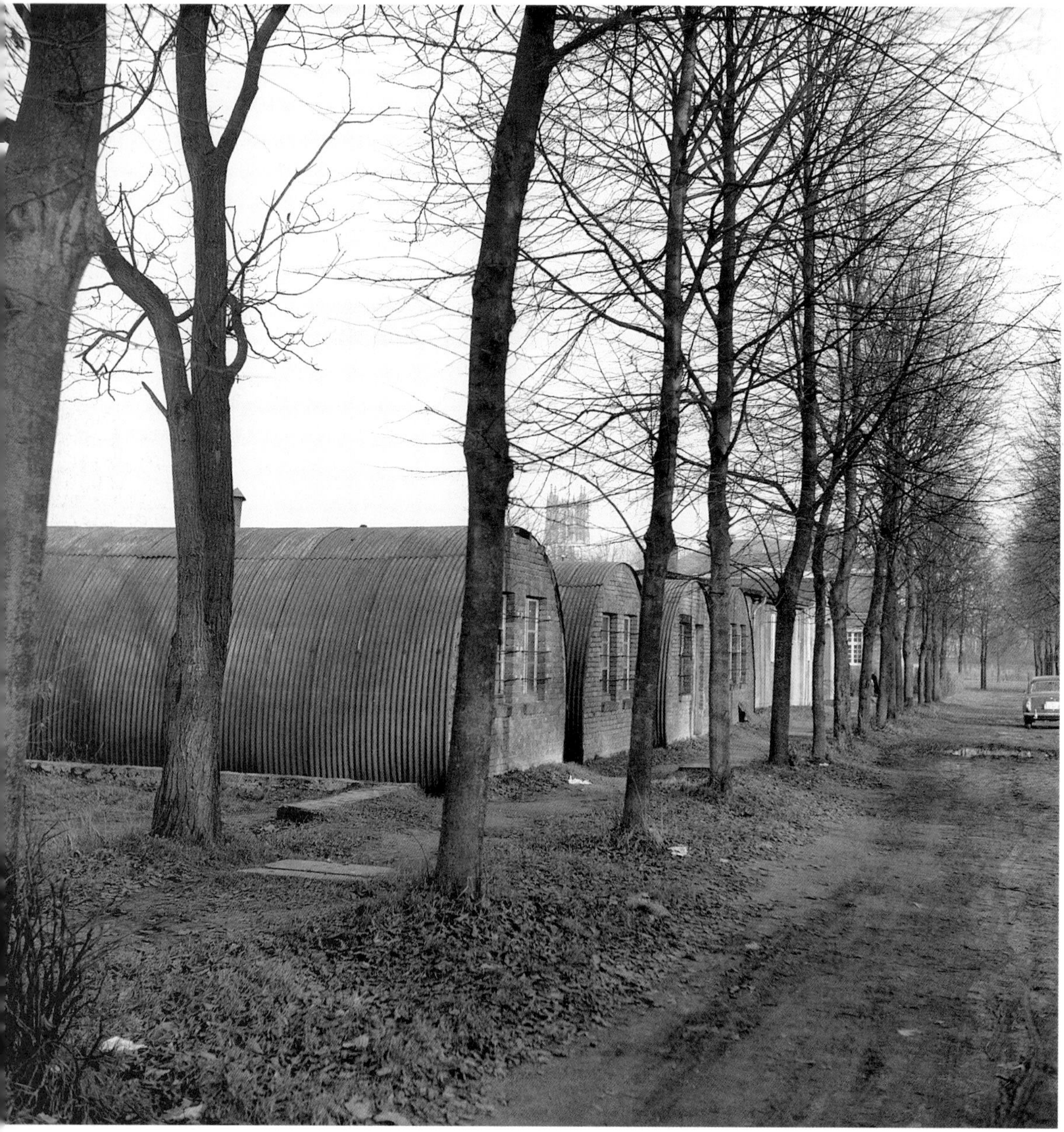

Die Provisorien der Nachkriegszeit überdauerten auch die Wirtschaftswunderzeit. Viele Gebäude der Universität waren dank reichlich fließender Gelder aus Düsseldorf bereits wieder aufgebaut, aber die typischen Wellblechhütten aus den 40er Jahren auf dem Hindenburgplatz wurden erst im September 1962 abgerissen.

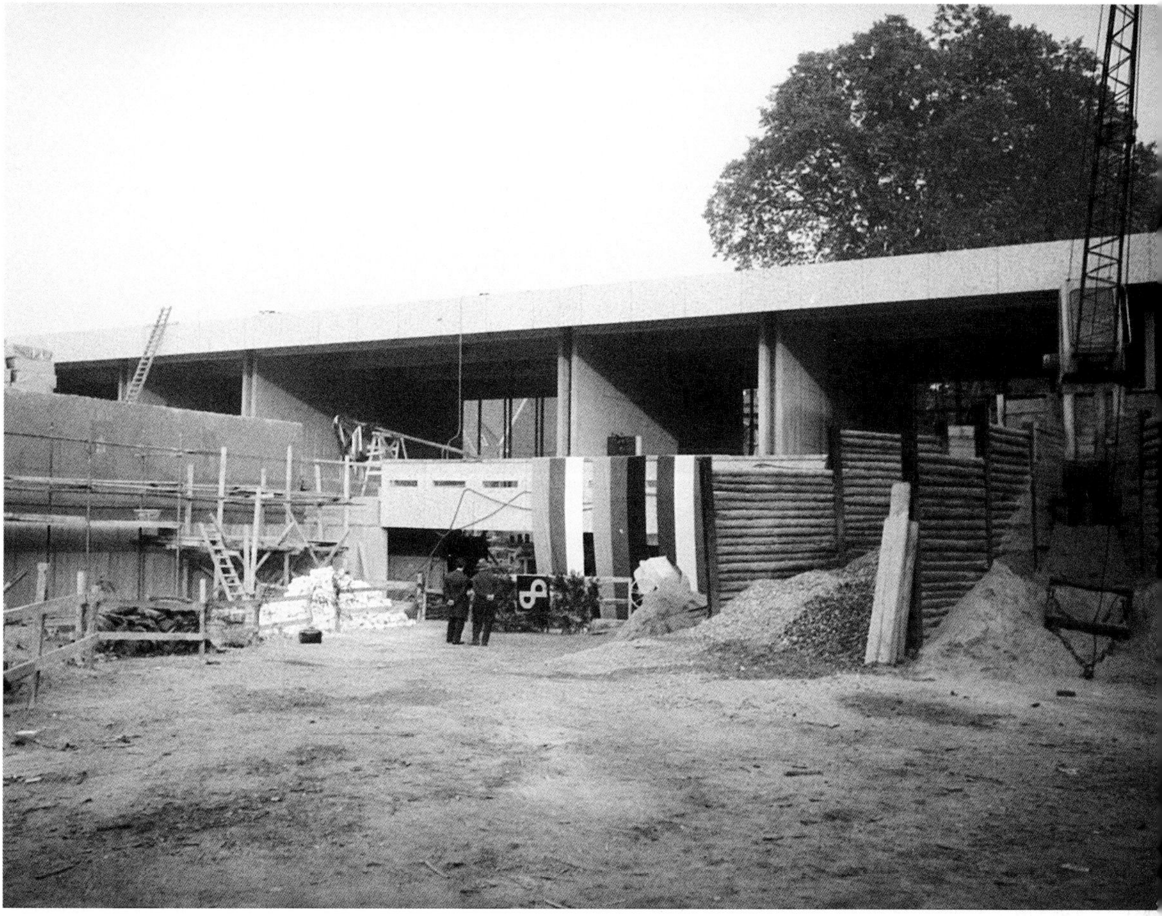

Auf die erste Hochhauswelle folgte rasch ein neuer Architekturstil, der den bezeichnenden Namen „Brutalismus" trägt. Sein vorrangiges Kennzeichen ist roh belassener Beton. Münsters erster Bau mit Anklängen an diesen Stil war das große von 1964 bis 1966 errichtete Hörsaalgebäude am Hindenburgplatz. Kaum zu glauben, dass es auch von Friedrich Wilhelm Kraemer stammte, der erst wenige Jahre zuvor das Iduna-Hochhaus entworfen hatte.

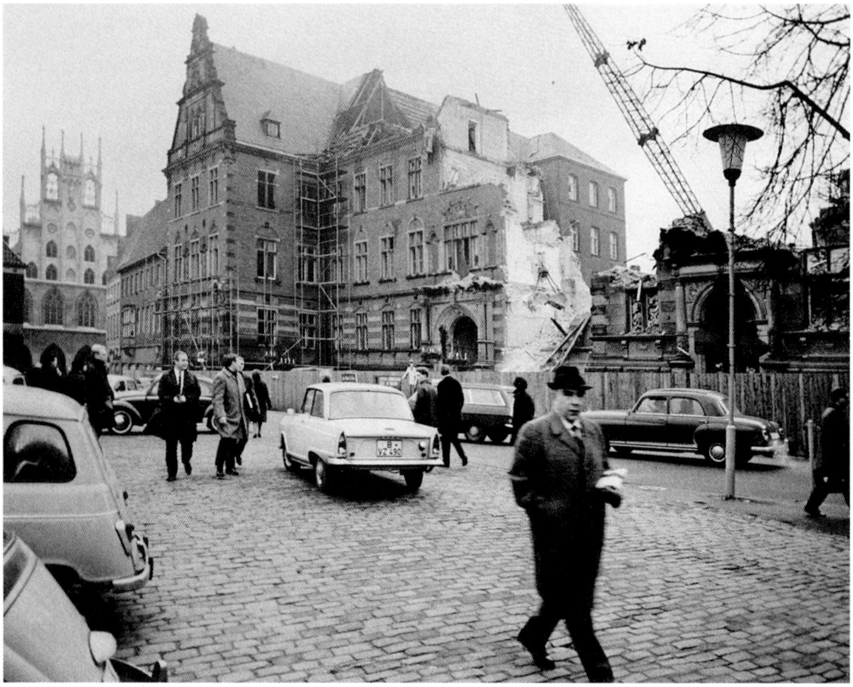

Zu den wenigen Gebäuden der Altstadt, die den Krieg ohne Schaden überdauerten, gehörte das der Bezirksregierung am Domplatz. Das noch nicht einmal 100 Jahre alte Haus wurde im Dezember 1965 trotz Protest vieler Münsteraner zugunsten eines äußerst umstrittenen Neubaus abgerissen.

Was der Krieg nicht zerstört hatte, fiel in den 60er Jahren häufig dem modernen Zeitgeist zum Opfer. Auch im Kreuzviertel wurden später hochbegehrte Altbauten abgerissen und durch stereotype Neubauten ersetzt. So erging es 1965 selbst dem traditionsreichen Gebäude der Gaststätte „Kreuzschanze", an dessen Stelle danach ein gesichtsloser Appartementbau entstand.

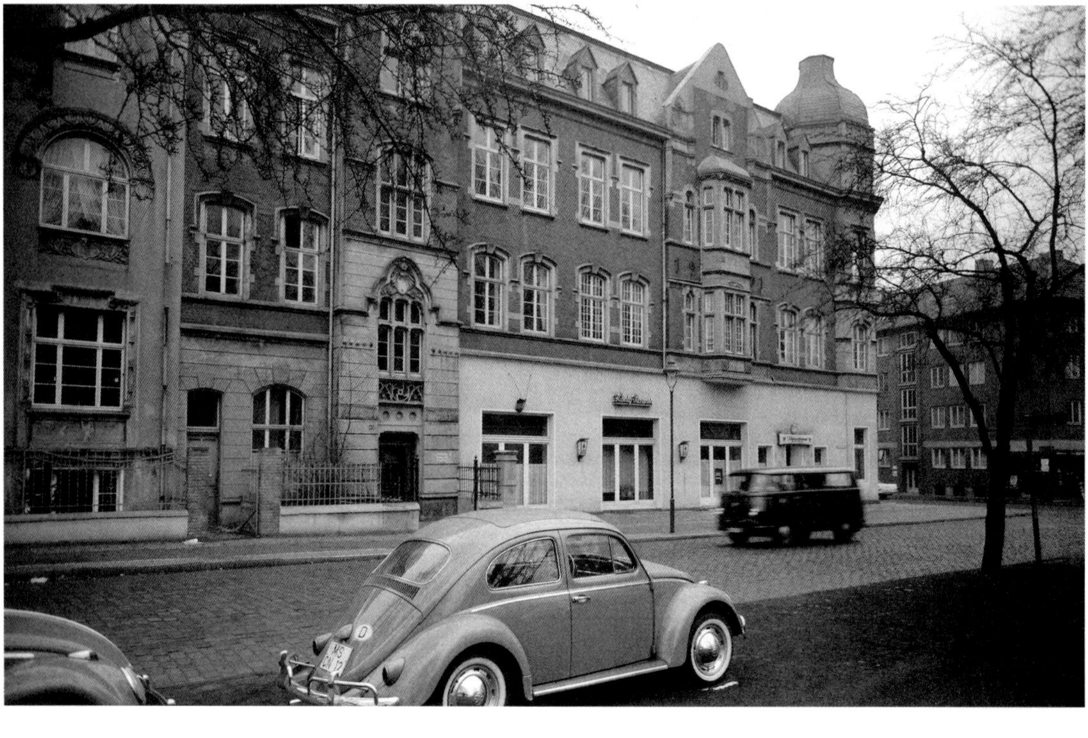

Die drei zwölfgeschossigen Wohnhochhäuser der Aaseestadt waren die frühesten Gebäude, die in diesem ersten völlig neuen Stadtteil Münsters nach 1945 errichtet wurden. Gerade Hochhäuser schienen geeignet, die noch herrschende Wohnungsnot zu lindern. Zugleich sollten sie aber auch städtebauliche Akzente setzen. In den drei 1960 begonnenen Hochhäusern waren insgesamt 318 Wohnungen vorgesehen, zu deren Ausstattung Personen- und Lastenaufzüge, automatische Müllschlucker, moderne Bäder, elektrische Kochstellen und Ölheizung gehörten.

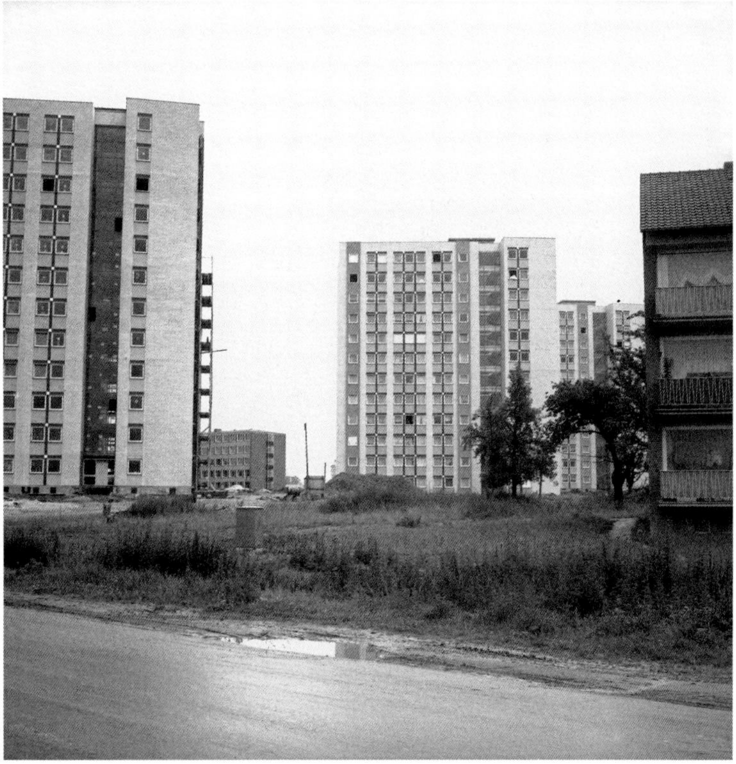

Von 1959 bis 1965 entstanden in der Aaseestadt 1.720 Wohnungen für rund 4.000 Bewohner. Leitbild dieser Siedlung war die gegliederte und aufgelockerte Wohnstadt. Die Nähe zum Stadtkern und die modernen Wohnungen, von denen zahlreiche mit Mitteln des sozialen Wohnungsbaus errichtet wurden, ließen diesen neuen Stadtteil schnell zu einem beliebten Wohngebiet werden. Der Aaseemarkt wurde erst 1965 vollendet. Mit seinen 30 Einzelhandelsgeschäften, Werkstätten und Dienstleistungseinrichtungen sollte er der Nahversorgung der Bewohner dienen, von denen der weitaus größte Teil Neubürger in Münster waren.

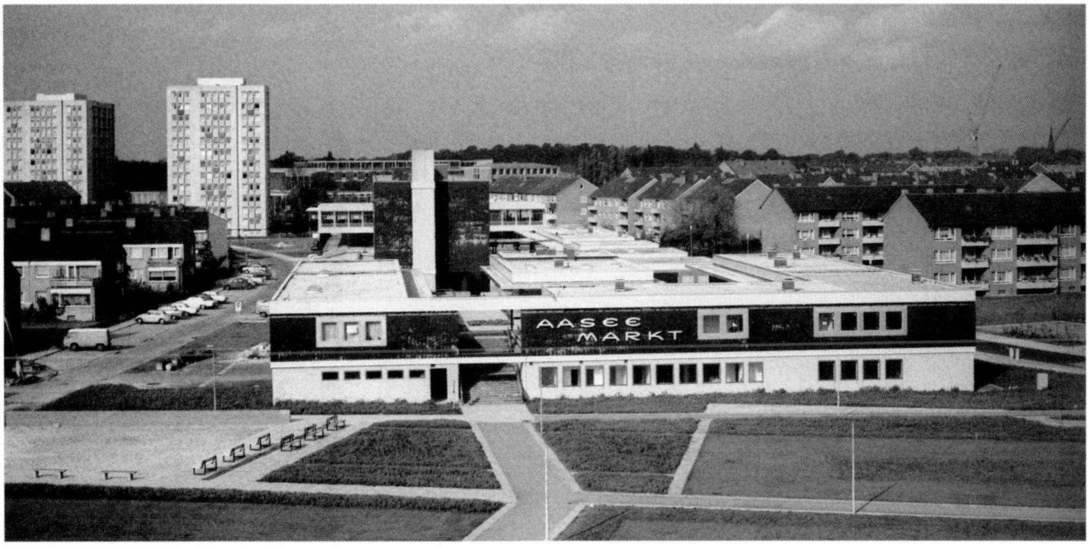

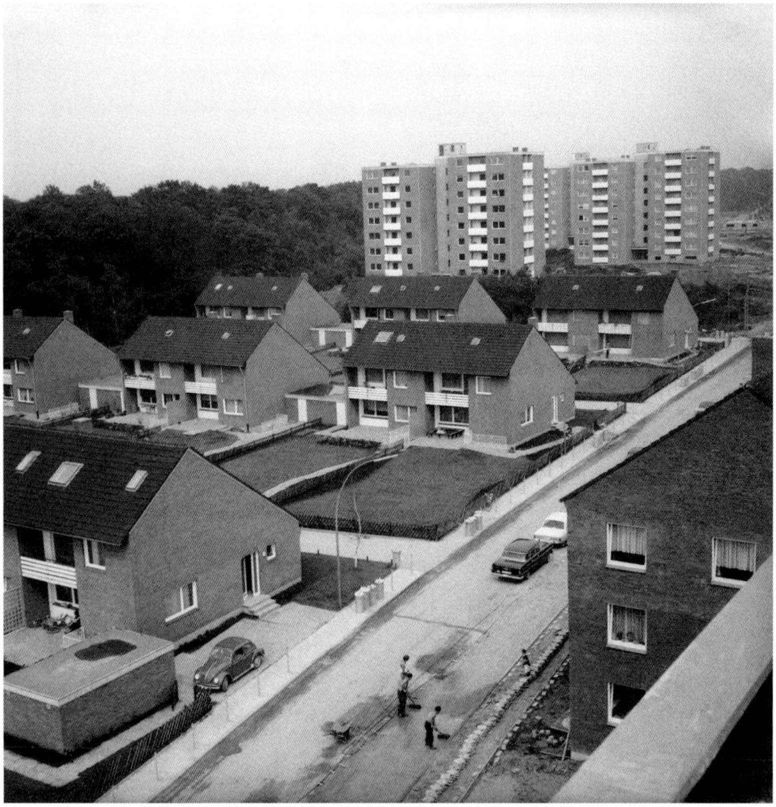

Neben der Aaseestadt war Coerde der zweite vollständig neu angelegte Stadtteil Münsters, der von 1962 bis 1970 errichtet wurde. Damals ein Vorzeigeprojekt von Stadt und Land, hat sich Coerde später eher zu einem städtebaulichen Sorgenkind entwickelt. Der damals als Beispiel hochmoderner Architektur gelobte Coerdemarkt strahlt aus heutiger Sicht eher den fragwürdigen Charme von Stahlbeton-Fertigbauten aus. In dem 1967 feierlich eröffneten Einkaufszentrum waren 25 Ladenlokale untergebracht, die den rund 9.000 Bewohnern des Stadtteils eine einfache Versorgung ermöglichen sollten.

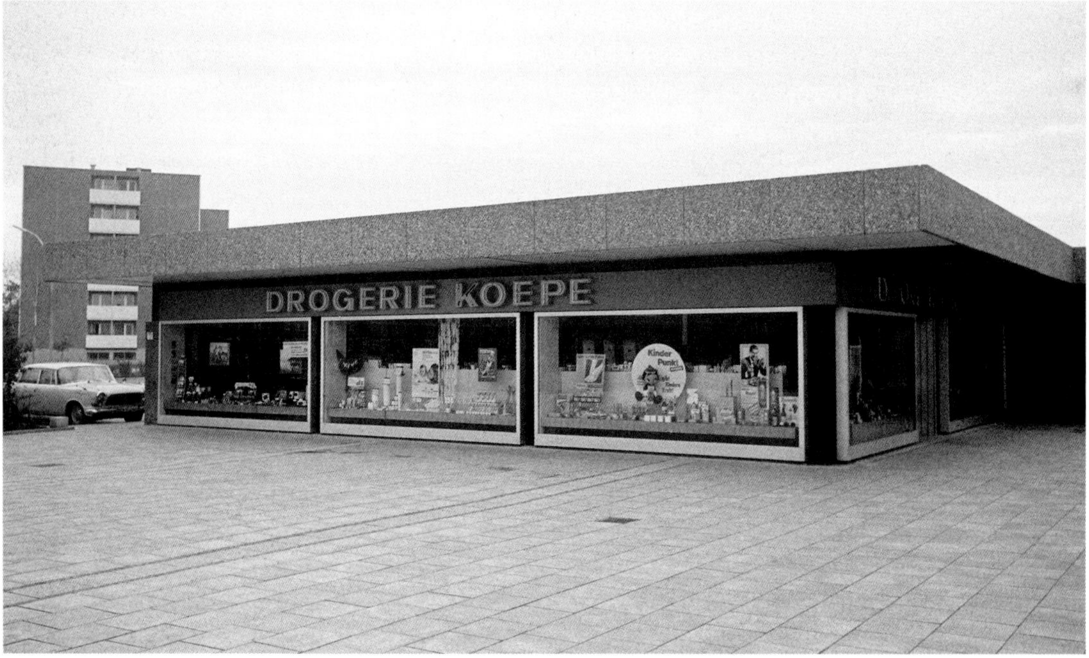

Verkehr bewegt die Stadt

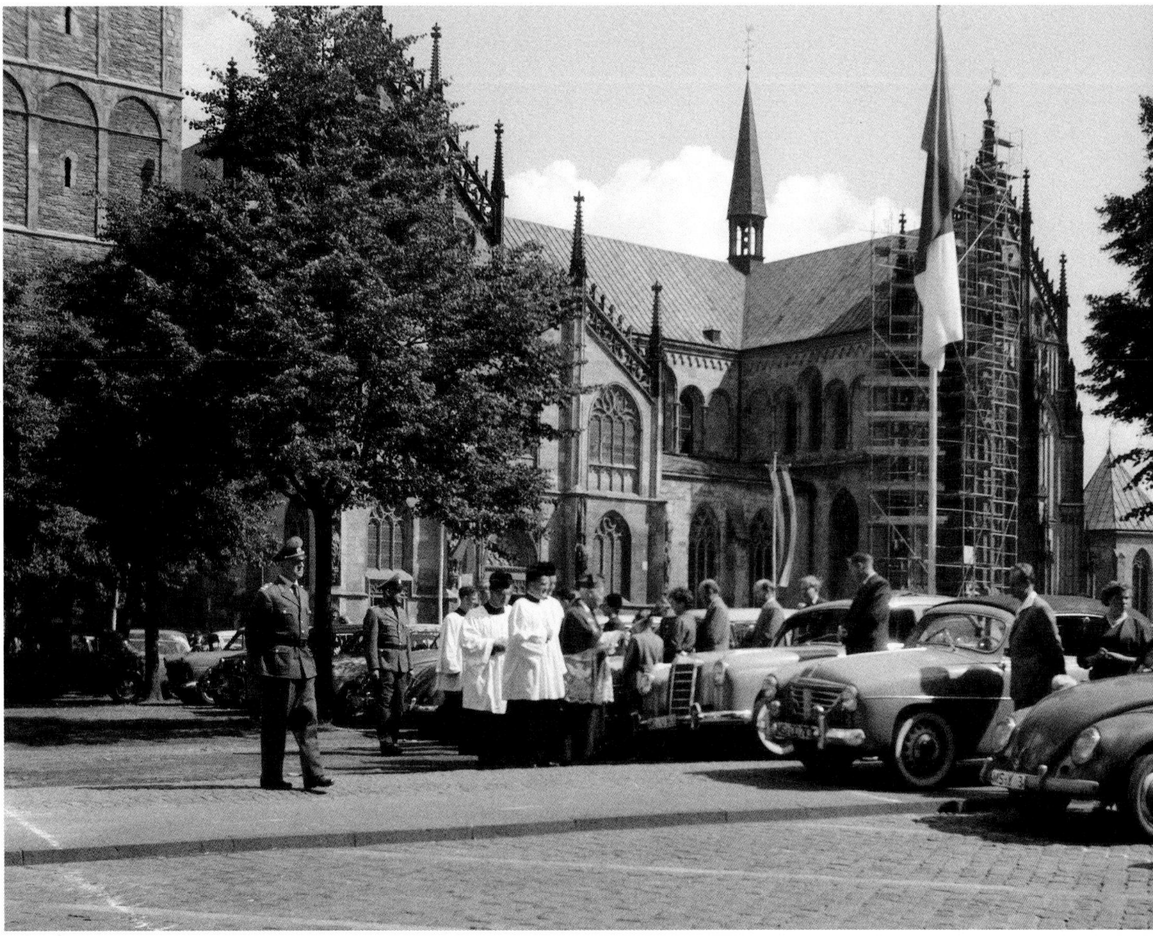

An vielen Sonntagen ein alltägliches Bild auf dem Domplatz, die Fahrzeugweihe. Viele münsterische Autobesitzer baten um kirchlichen Beistand für ihr Gefährt, Foto von 1958.

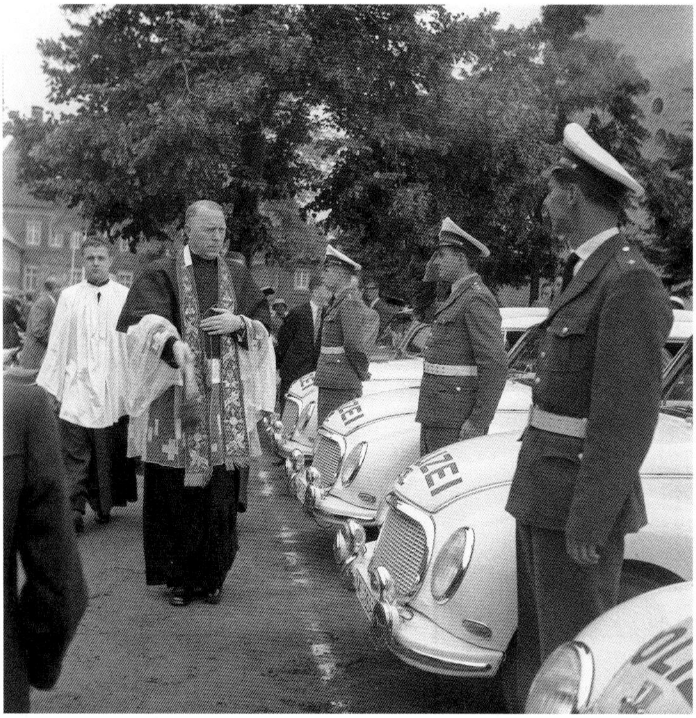

Auch die Polizei ließ ihre Einsatzwagen segnen, Erwachsene und Kinder taten es ihr mit Fahrrädern und Rollern gleich. Alle hofften mit ihren Fahrzeugen auf allzeit gute Fahrt, Foto von 1958.

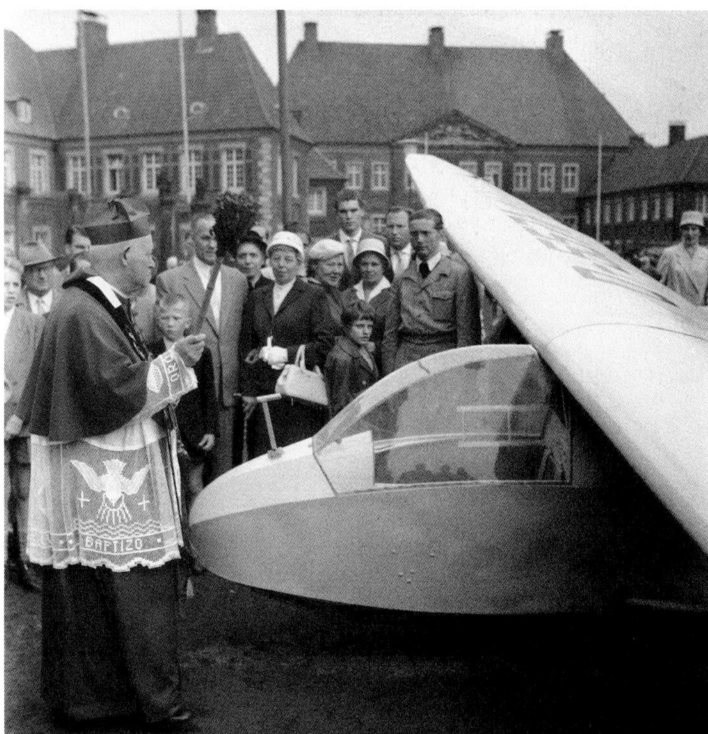

Fahrzeugsegnungen auf dem Domplatz gab es in den 50er Jahren zuhauf, aber ein Segelflugzeug, dessen Pilot um kirchlichen Beistand nachsuchte, bildete die große Ausnahme. Domkapitular Reinhold Friedrichs nahm 1958 die Segnung vor.

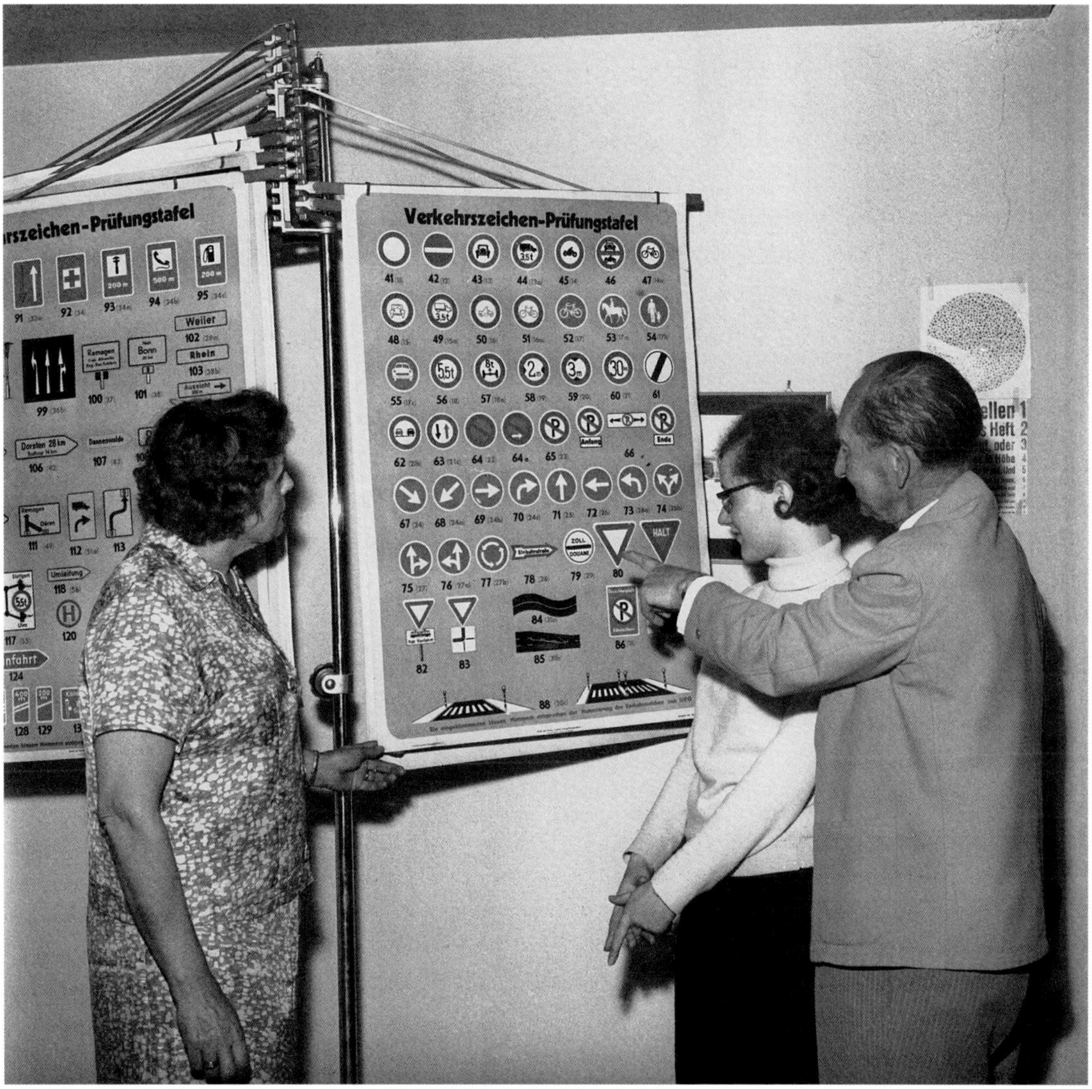

Der Besitz eines Führerscheins war Mitte der 60er Jahre schon lange nicht mehr allein Männersache, wiewohl Vorurteile bezüglich der Fahrkünste der Frauen weit verbreitet waren. 1965 waren in Münster rund 30.000 Personenwagen zugelassen, etwa ein Automobil auf fünf Einwohner. Wie viele Frauen damals den Führerschein besaßen, ist nicht bekannt. Die städtische Statistik schweigt sich darüber aus.

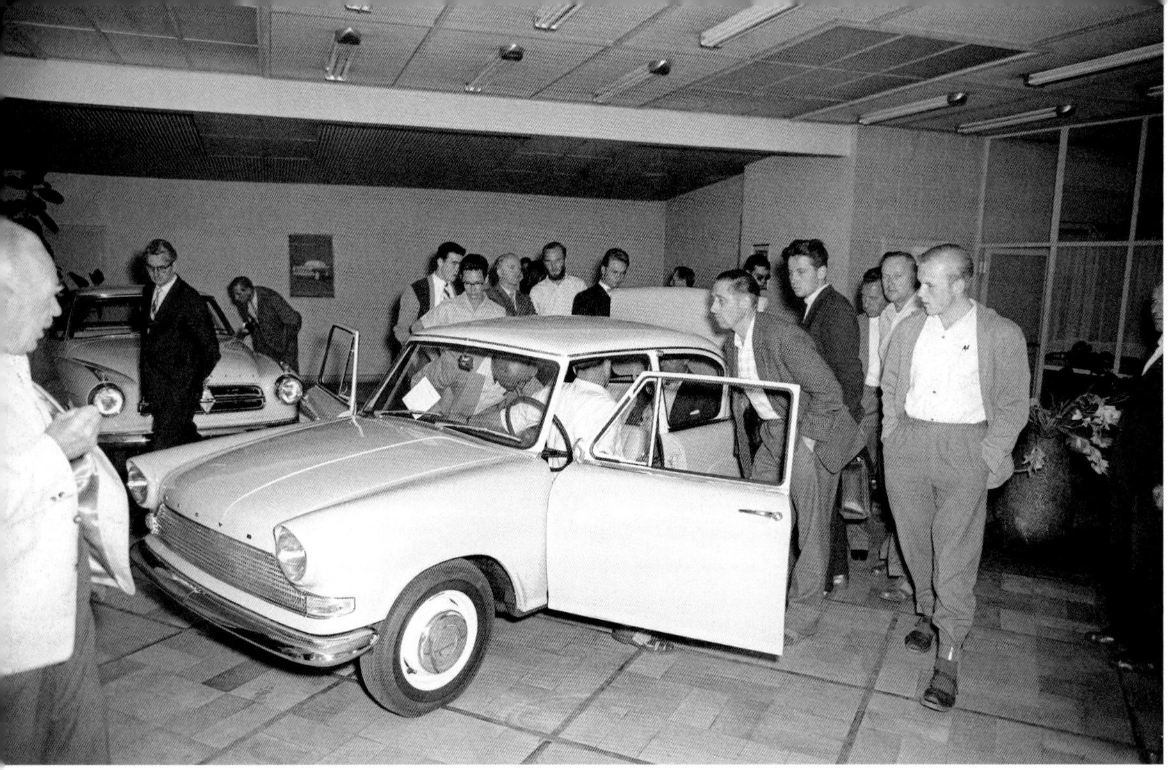

Die Firma Focke war in Münster Vertragshändlerin der „Carl F. W. Borgward- und Lloyd-Automobilwerke" in Bremen. Ihr Ausstellungssalon befand sich an der Windthorststraße 14. Offenbar war der Autokauf Anfang der 60er Jahre noch reine Männersache: Hier wird die Arabella begutachtet, die 1959 auf den Markt kam. Im Hintergrund ist das legendäre Borgward Isabella Coupé zu sehen. Nachdem Borgward 1963 in Konkurs gegangen war, standen in dem Autosalon Opel- und Ford-Modelle.

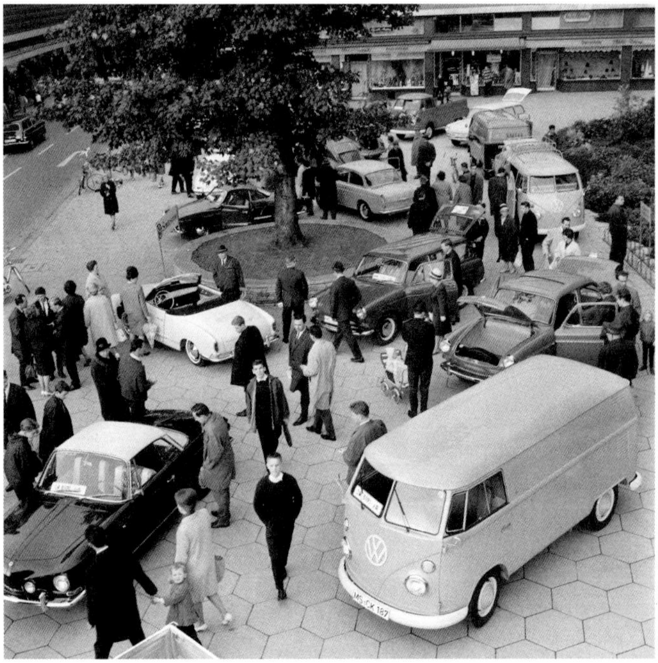

In den 50er und 60er Jahren gehörten öffentliche Präsentationen vieler Firmen zum alltäglichen Bild der Innenstädte. Vor allem Autohäuser, wie hier Münsters größter VW-Händler Bernard Knubel, nutzten die Gelegenheit, das oftmals zurückhaltende Publikum vom Fortgang der technischen Entwicklung zu überzeugen. Im Falle Volkswagen galt das vor allem für den im September 1961 vorgestellten VW 1500, der als geplanter Käfer-Nachfolger nicht recht reüssierte.

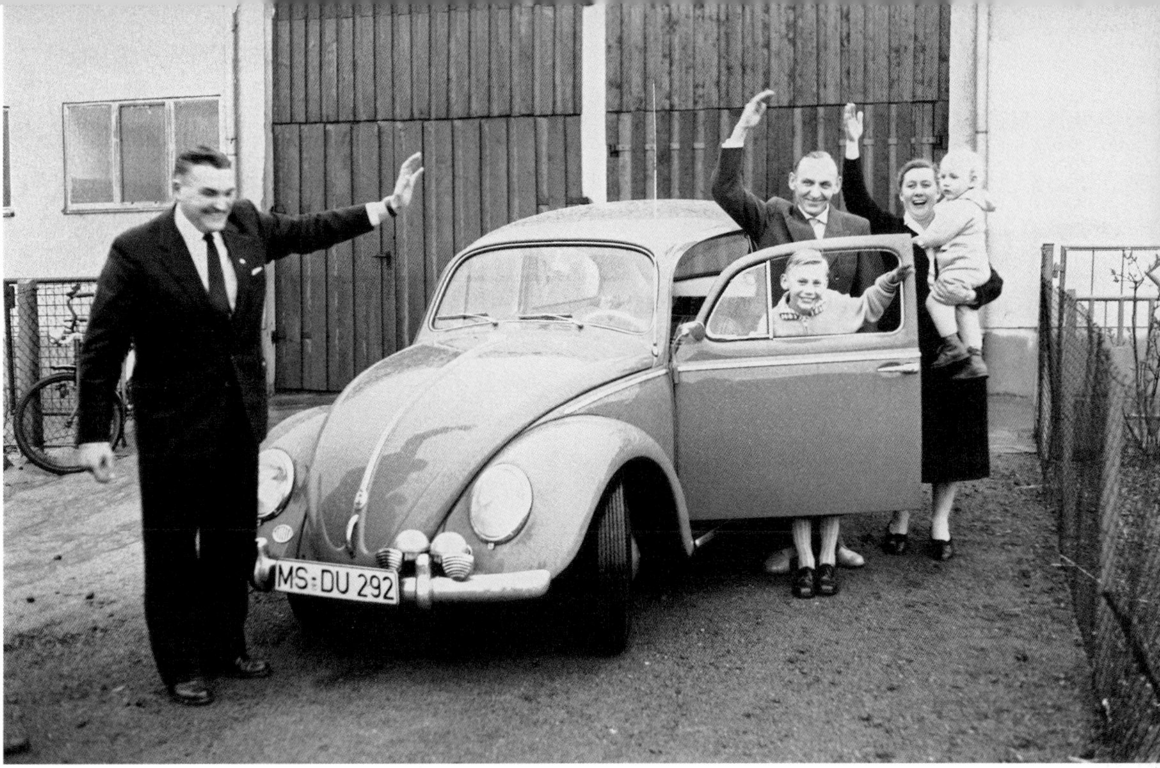

Freudige Gesichter bei der Familie Schulz in Mecklenbeck nach dem Gewinn eines Volkswagens. Manchem Glücklichen der sechs Jahre lang währenden Rathauslotterie bereitete ein solcher Gewinn dennoch Kopfzerbrechen. Viele Münsteraner besaßen in den 50er Jahren noch keinen Führerschein.

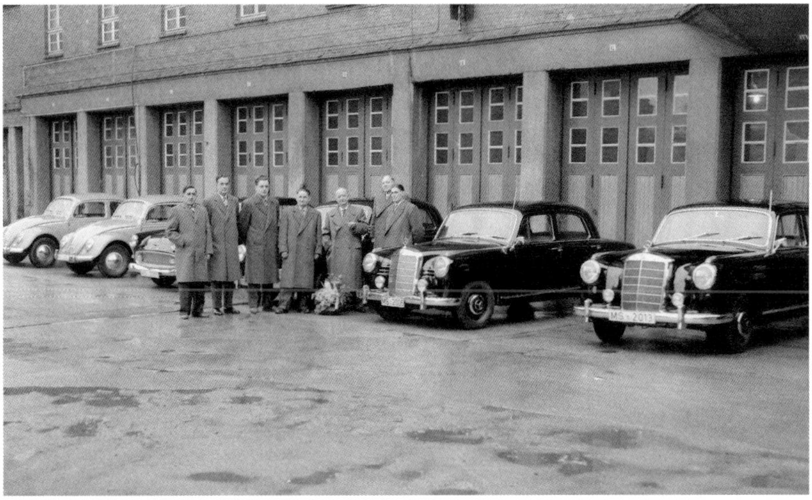

Zu Beginn der 60er Jahre verfügte die Stadt Münster bereits über eine stattliche Fahrbereitschaft. Sie reichte vom einfachen VW-Käfer über den Opel Rekord bis zum kleinen und großen „Ponton-Mercedes", dem Inbegriff der Solidität auf vier Rädern in diesen Jahren. Das Blumengebinde vor einem der städtischen Fahrer lässt vermuten, dass das Foto aus Anlass eines besonderen Jubiläums entstanden ist.

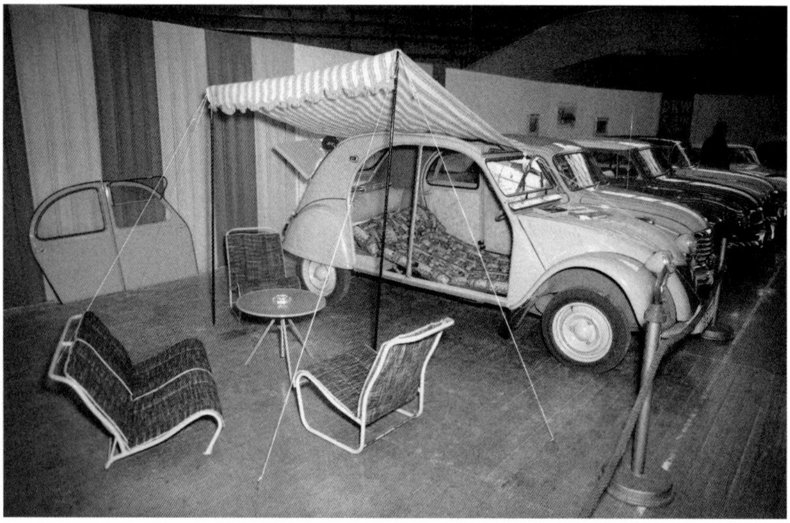

Die in Deutschland zunächst nicht recht ernst genommene „Ente" des französischen Automobilherstellers Citroën setzte seit Ende der 50er Jahre zu einem regelrechten Siegeszug an. Der sparsame und preiswerte Wagen mit anfänglich neun PS und einer Spitzengeschwindigkeit von 65 km/h gefiel zudem durch allerlei Gestaltungsmöglichkeiten.

Höflichkeit im Straßenverkehr, manchmal ein Fremdwort. Auch ein Opel Kapitän sollte vor dem Zebrastreifen warten.

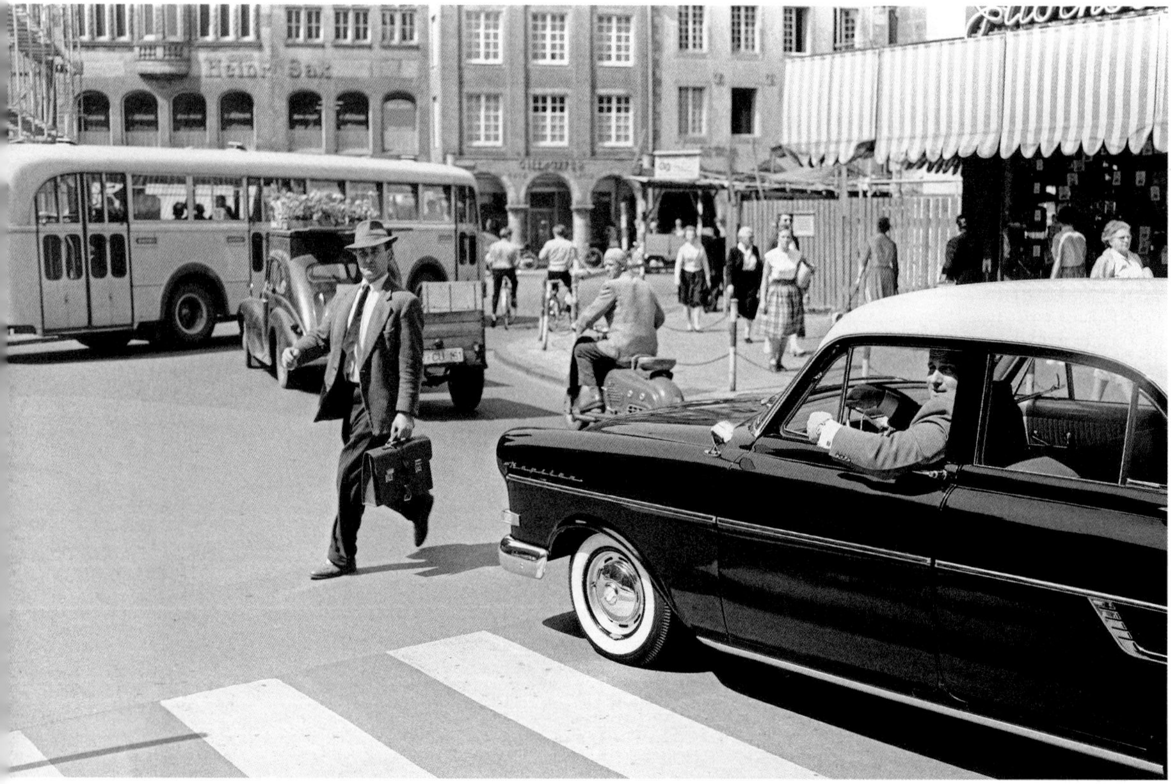

Die Überlastung der Innenstadt durch den Durchgangsverkehr beschäftigte die Stadt schon mit Beginn der 50er Jahre, aber erst rund zehn Jahre später wurden Ludgeristraße und Salzstraße für Motorfahrzeuge gesperrt. Einen der neuralgischen Punkte stellte die Einmündung der Klemens- bzw. der Ludgeristraße in den Prinzipalmarkt dar, eine Aufnahme von 1958.

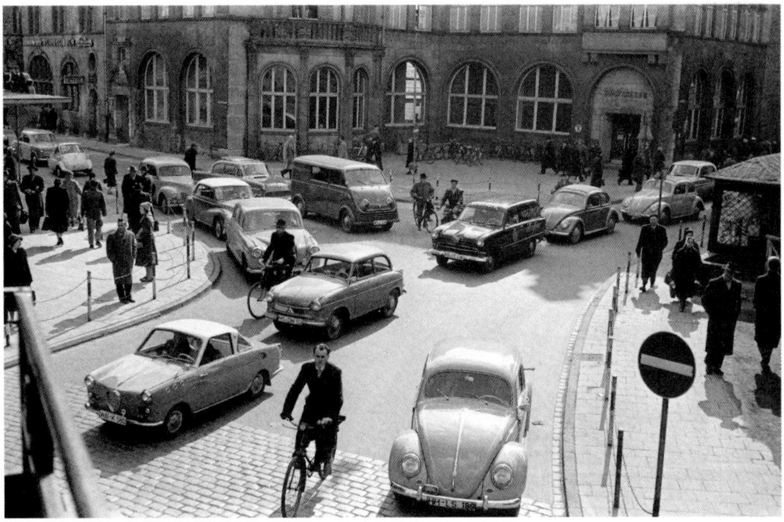

In den 50er Jahren entstanden die ersten Parkhäuser in Deutschland, zumeist nach Vorbildern aus Amerika. Das erste Parkhaus Münsters in der Stubengasse, das 265 Autos Platz bot, wurde am 16. Oktober 1962 eingeweiht.

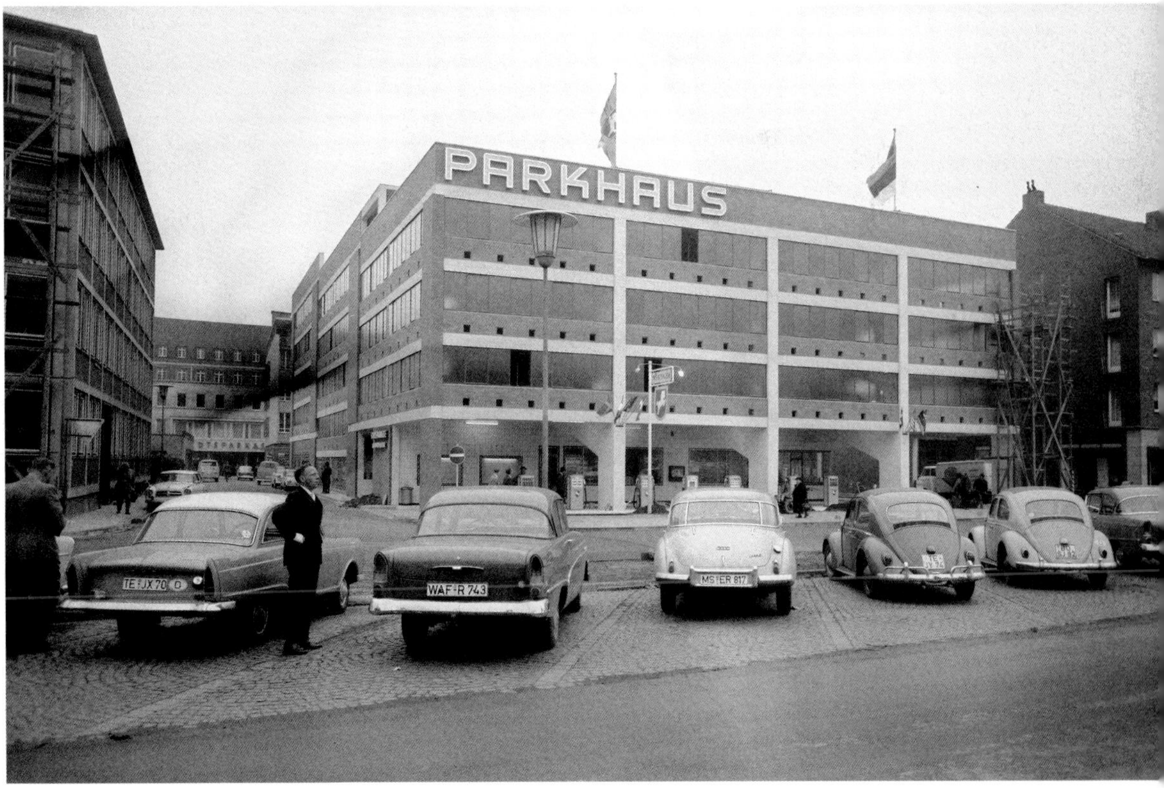

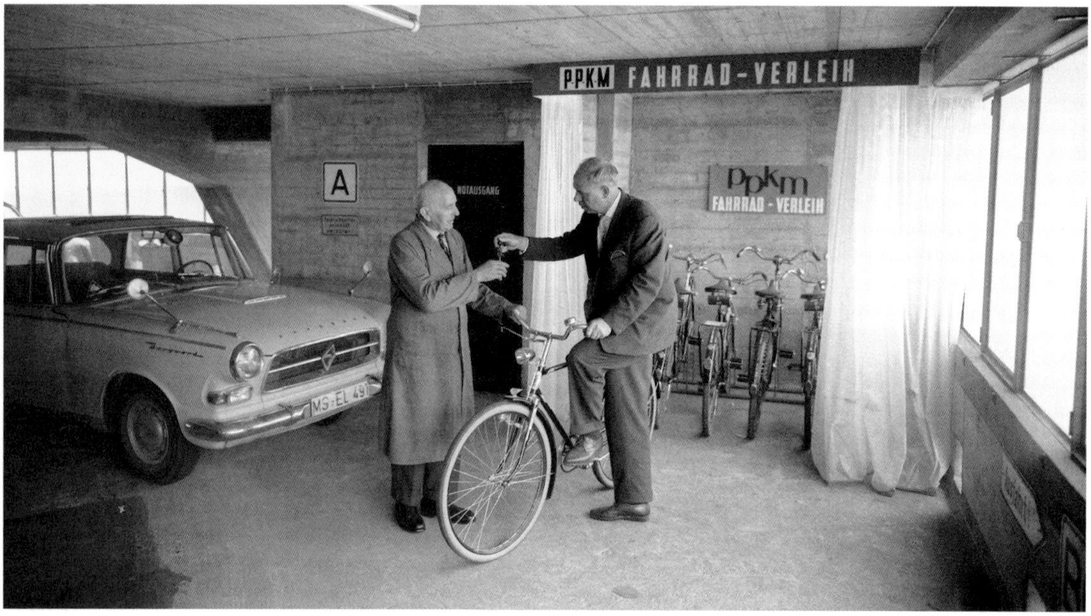

Münster schon immer eine Fahrradstadt? Selbst in den fortschritts- und technologiegläubigen 60er Jahren, in denen das Auto im Mittelpunkt jeglicher Fortbewegung stand, konnte man im neu erbauten Parkhaus an der Stubengasse bereits Fahrräder ausleihen: in einer bundesdeutschen Großstadt sicherlich ein einmaliger Vorgang.

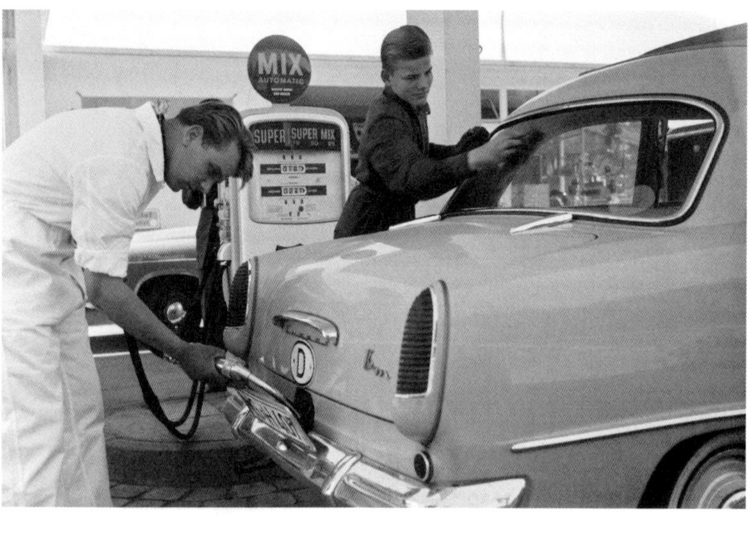

„Vom Torwart zum Tankwart" – so titelten die „Westfälischen Nachrichten" am 2. August 1958 anlässlich der Eröffnung der BP-Tankstelle an der Weseler Straße gegenüber der Landespolizeischule. Ihr Inhaber war Herbert Eiteljörge, damaliger Torwart von Preußen Münster und sicherlich der bekannteste Tankwart der Stadt. Einem „Brotberuf" musste zu jener Zeit jeder Spieler nachgehen, obwohl der SC Preußen damals der höchsten Liga, der Oberliga West, angehörte. Von späteren Gagen des Profifußballs war man noch weit entfernt.

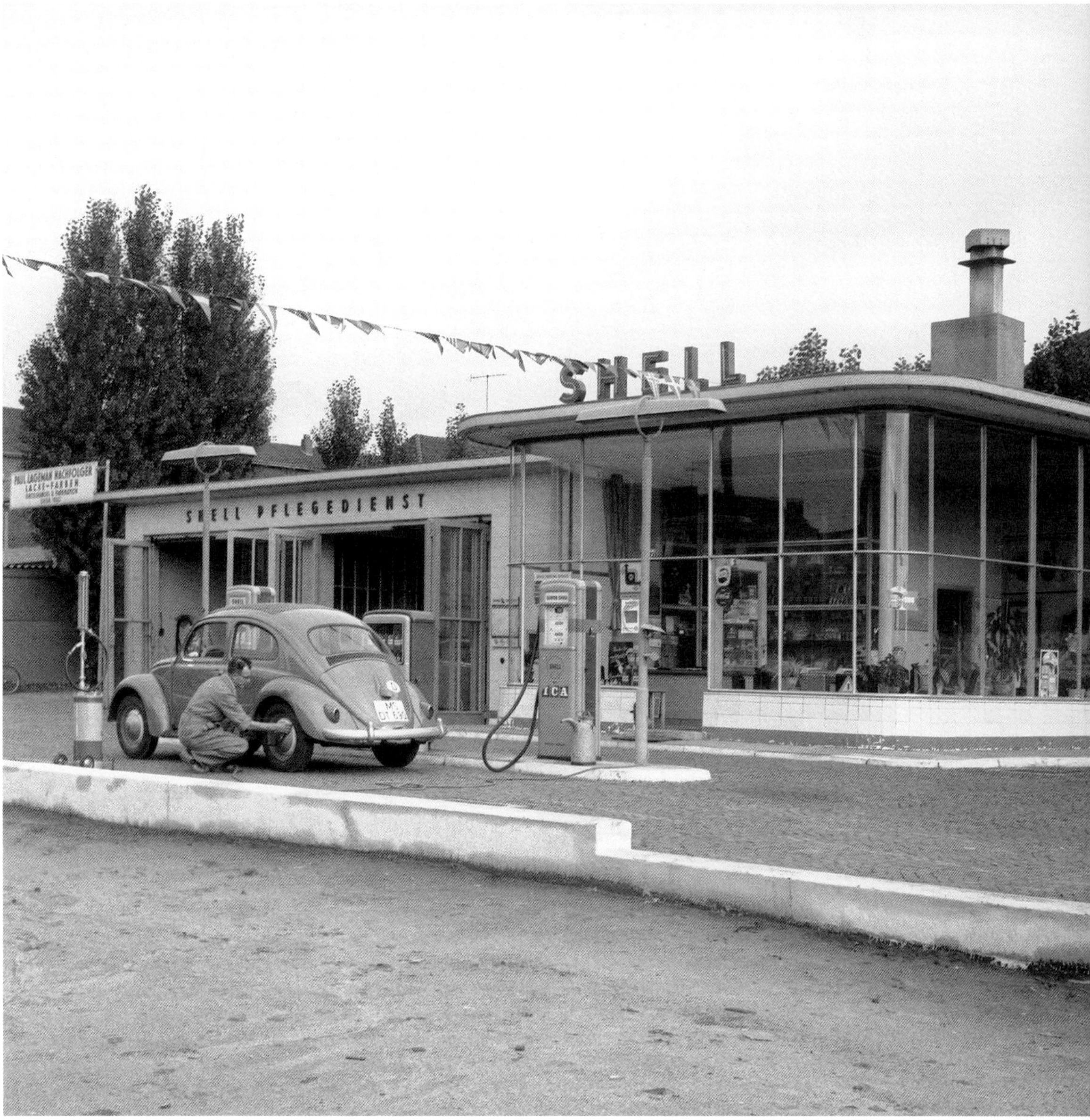

Im Laufe der 50er Jahre nahm in der Bundesrepublik der Grad der Motorisierung in einem bis dahin ungeahnten Ausmaß zu. Auch in Münster stieg die Anzahl der privaten Autos ebenso wie die der Tankstellen. Die transparente Fassade dieser Shell-Tankstelle an der Hafenstraße 37 mit ihren großen Fensterflächen und dünnen Metallfassungen war typisch für die Architektur dieser Zeit, die mittlerweile aus dem Straßenbild Münsters verschwunden ist.

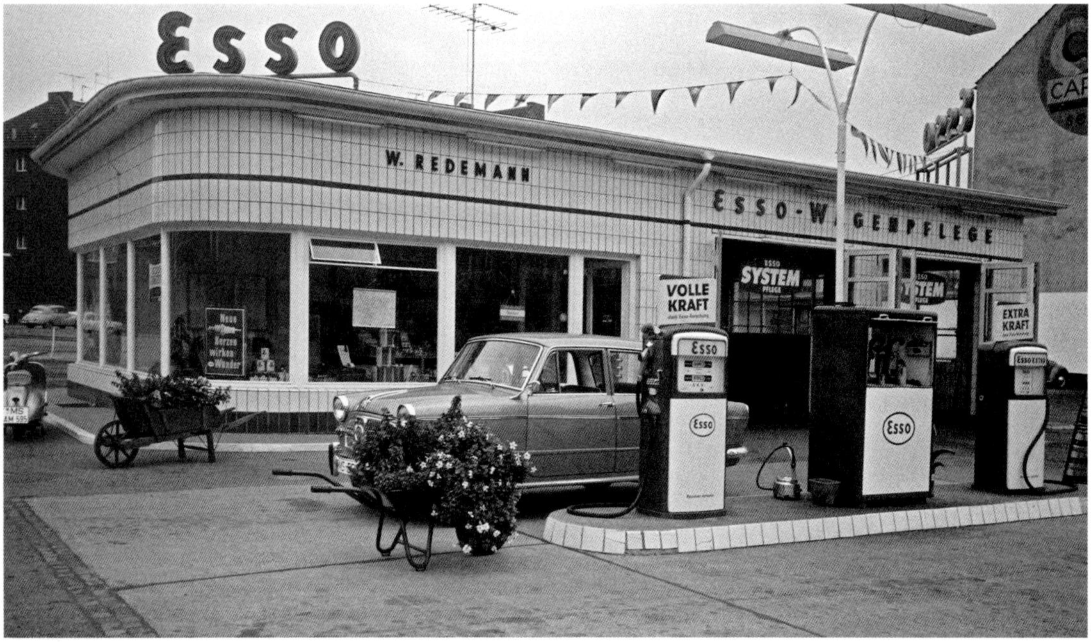

Des Deutschen liebstes Kind war und ist immer noch sein Auto. Die mühsame Handwäsche, die bei vielen Autobesitzern wöchentlich stattfand, lösten automatische Autowaschanlagen allmählich ab. Der zunehmenden Motorisierung folgte Mitte der 60er Jahre geradezu ein Boom dieser Anlagen, die nun zum selbstverständlichen Service von Tankstellen gehörten. Hier zu sehen ist die Esso-Tankstelle an der Hafenstraße, die offenbar im November 1965 gerade eine Waschanlage in Betrieb genommen hatte.

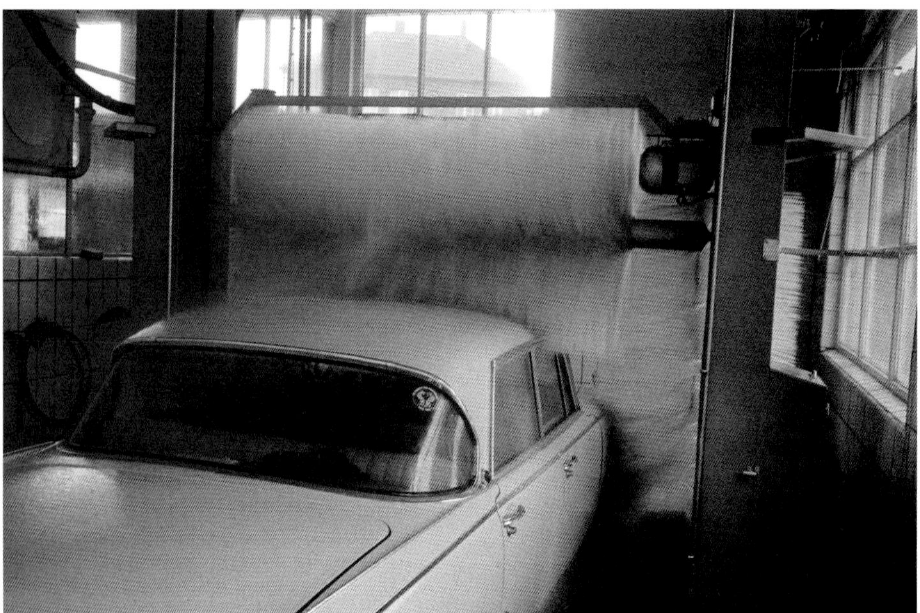

Die Firma „PS Autoverleih" am Ludgeriplatz Nr. 2 existierte vermutlich nur für kurze Zeit. In den münsterischen Adressbüchern dieser Jahre ist sie überhaupt nicht verzeichnet. War der Autoverleih früher eher kleingewerblich organisiert, setzten sich seit den 60er Jahren allmählich die großen internationalen Anbieter durch. Wie am Schaufenster ersichtlich, war der PS Autoverleih mit der amerikanischen Firma Hertz verbunden, die wenige Jahre später an der Von-Steuben-Straße eine eigene Geschäftsstelle errichtete.

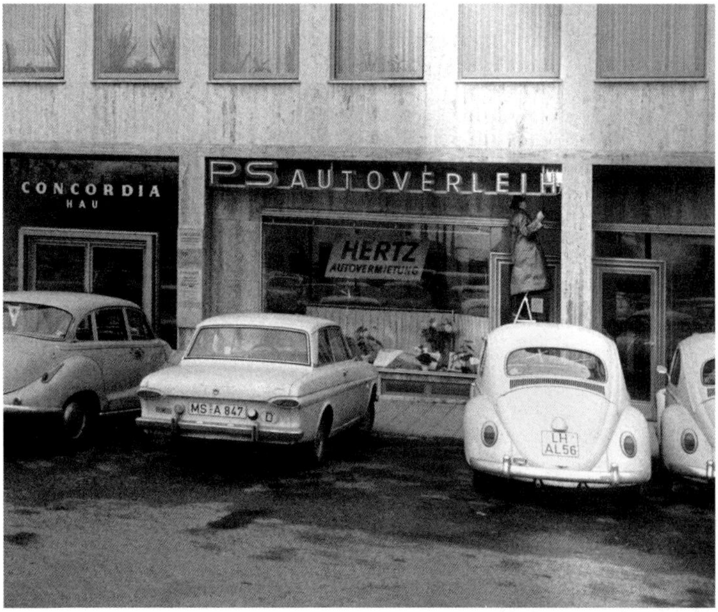

Als ein Zeichen des Fortschritts galten zu Beginn der 60er Jahre auch die neuen geräuschlosen Fahrbahndecken. Das alte Kopfsteinpflaster vieler älterer Straßen wie hier der Wörthstraße wurde dabei mit Asphalt überzogen, der die Geräusche des zunehmenden Autoverkehrs mindern sollte.

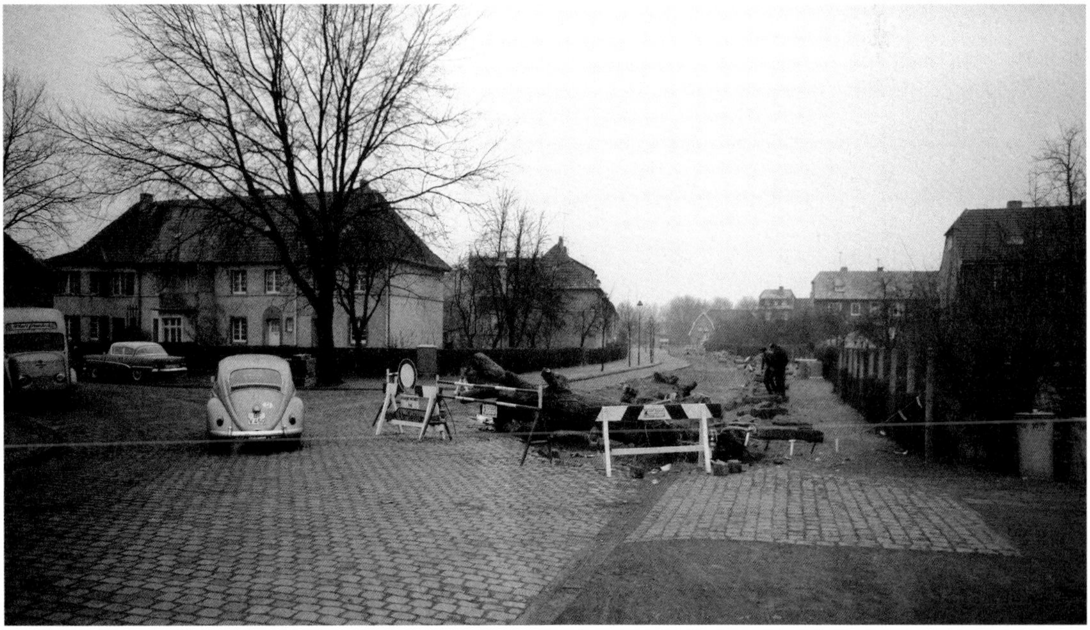

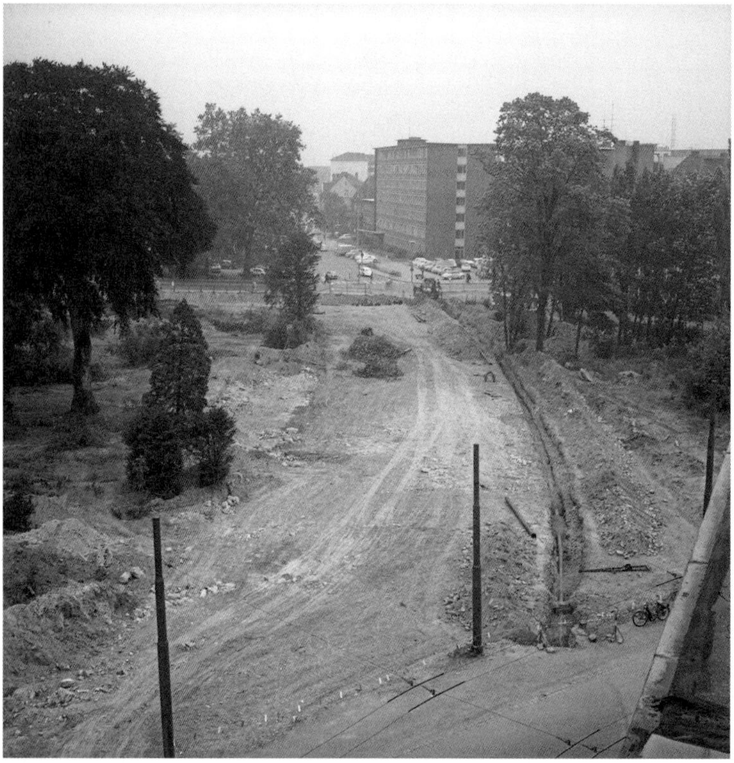

Als 1959 bekannt wurde, dass die Stadt im Zuge der Verbindung der ehemaligen Engelstraße, später Von-Vincke-Straße, mit der Schorlemerstraße die Engelenschanze abbrechen wollte, erhob sich lautstarker Protest. Vor allem im Lokalteil der „Westfälischen Nachrichten" wurde heftig Front gemacht. Dabei wandte sich das Blatt ebenso gegen die Durchschneidung des fast 9.000 Quadratmeter großen Parks wie auch gegen den Abriss des intakten Herrenhauses, ein Werk des Architekten Arnold Boner aus dem 18. Jahrhundert. Die Stadt ließ sich aber von ihren Plänen nicht abbringen.

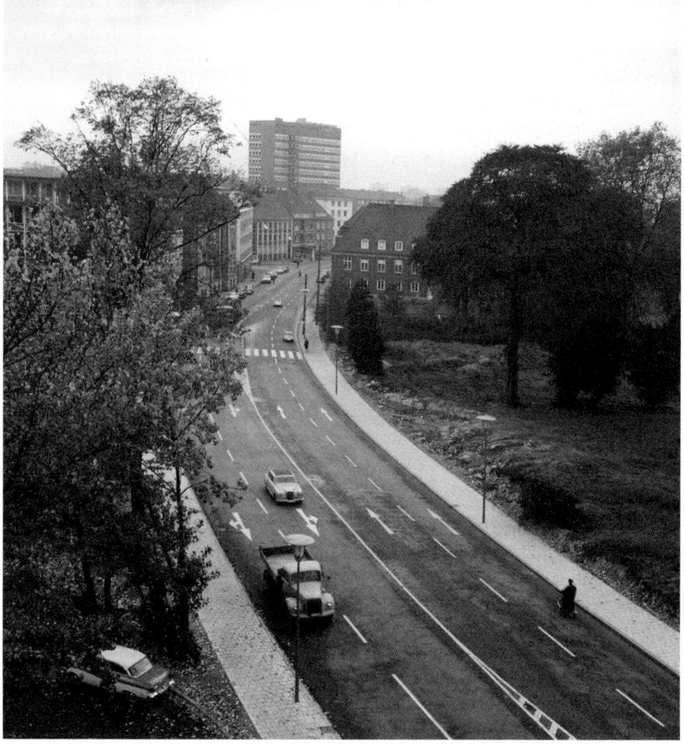

Das Konzept der autogerechten Stadt zeigte auch in Münster Wirkung: Der zunehmende Verkehr erforderte neue Straßen. Trotz heftiger Proteste erfolgte zu Beginn der 60er Jahre der breite Straßendurchbruch an der Engelenschanze, der die Bahnhofstraße entlasten sollte. Der Durchgangsverkehr nahm indessen auf beiden Straßen zu: Die Abtrennung des Bahnhofsviertels von der Altstadt besteht bis heute. Das Foto zeigt die vierspurige Engelstraße mit dem neuen Kreishaus im Hintergrund kurz nach der Fertigstellung im Herbst 1962.

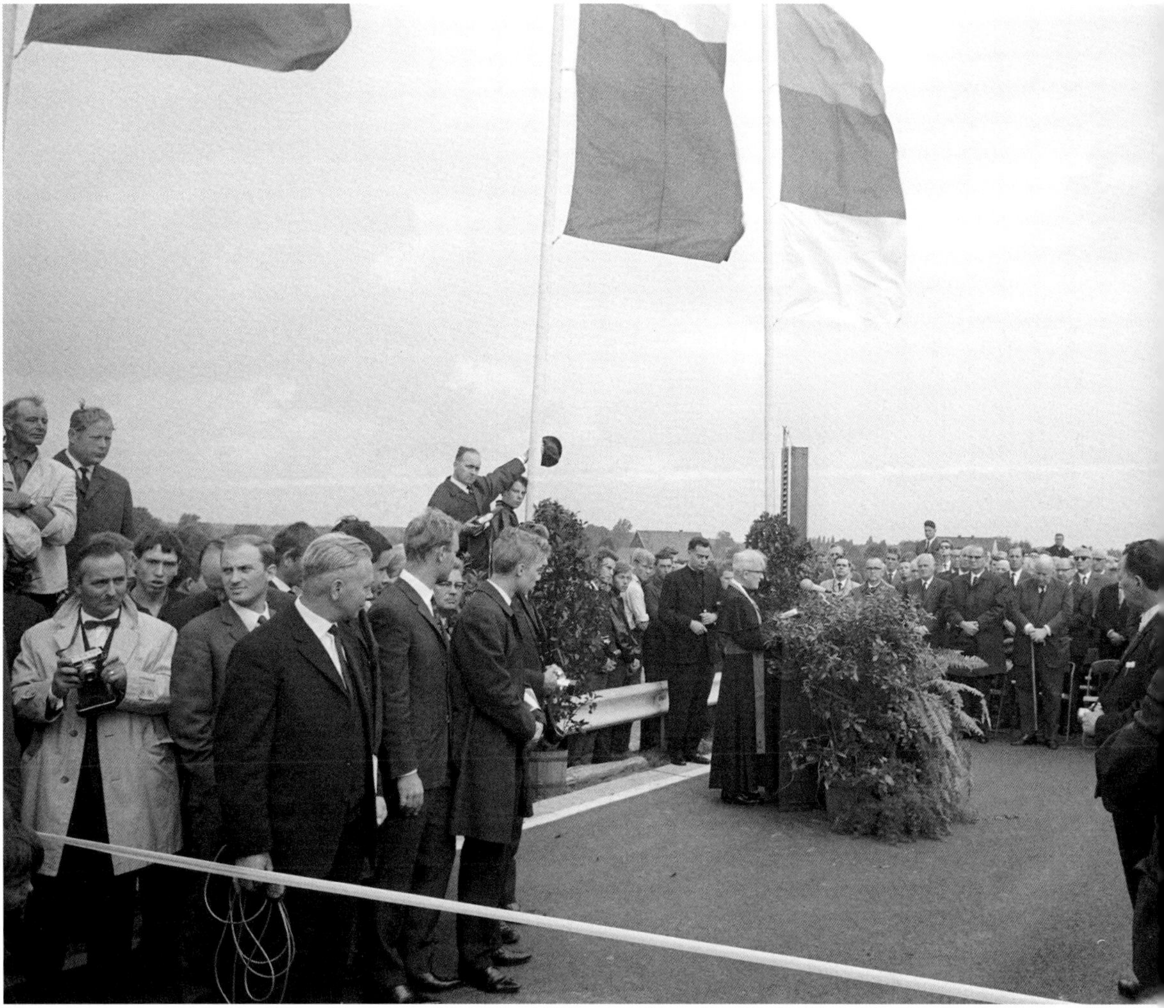

„Grünes Licht für die Hansalinie" lautete die Überschrift der Sonderbeilage, die die „Westfälischen Nachrichten" anlässlich der Eröffnung des ersten Teilstücks der Autobahnverbindung vom Ruhrgebiet mit den Nordseehäfen am 9. September 1965 herausbrachten. Die feierliche Übergabe der Strecke von Kamen nach Münster fand im Beisein des Bundesverkehrsministers Hans-Christoph Seebohm und zahlreicher anderer prominenter Gäste statt. Die Verkehrsanbindung Münsters verbesserte sich damit erheblich; bis zur Fertigstellung der kompletten Strecke bis nach Hamburg vergingen allerdings noch drei weitere Jahre.

Im Gegensatz zu vielen anderen Städten, die in der Nachkriegszeit ihre Bahnhöfe nur notdürftig reparierten, erhielt Münster neue Gebäude für Bahnhof und Bundesbahndirektion. Die 1955 in mehreren Bauabschnitten begonnenen Arbeiten waren 1960 vollendet. Mit seinen zahlreichen Geschäften und einem renommierten Restaurant konnte sich der münsterische Bahnhof bundesweit sehen lassen.

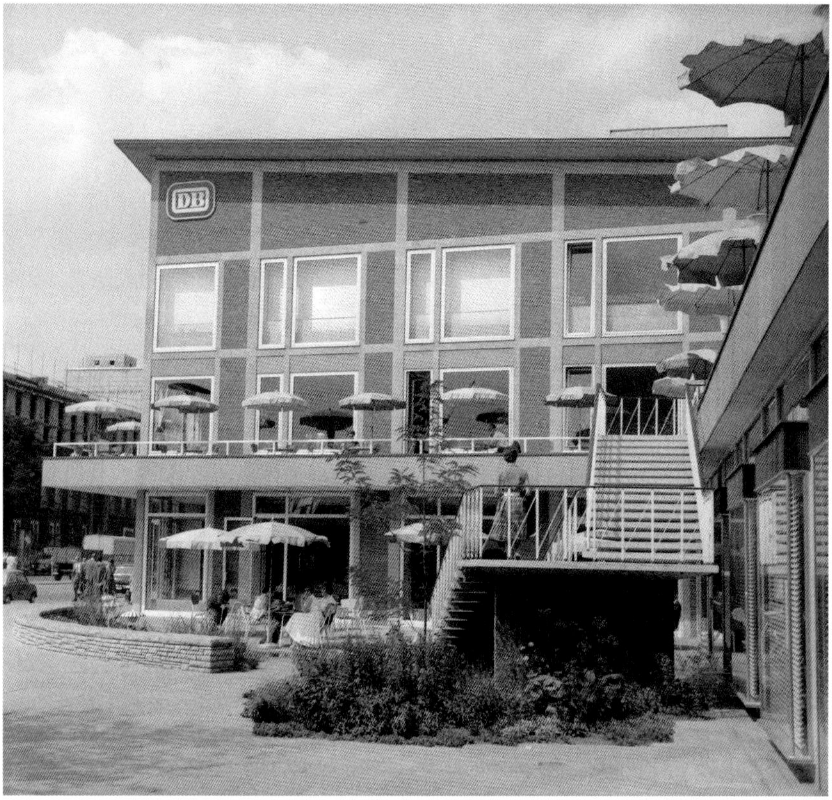

Der münsterische Hauptbahnhof samt Bundesbahndirektion im Hintergrund im Mai 1960. Die Baupläne für die Direktion gingen auf den aus Münster stammenden Chefarchitekten der Deutschen Bundesbahn Theo Dirksmeier zurück. Damals machte der Satz die Runde, dass Münster bestimmt keinen derartigen Bahnhof erhalten hätte, wenn sich Dirksmeier nicht so für seine Heimatstadt engagiert hätte.

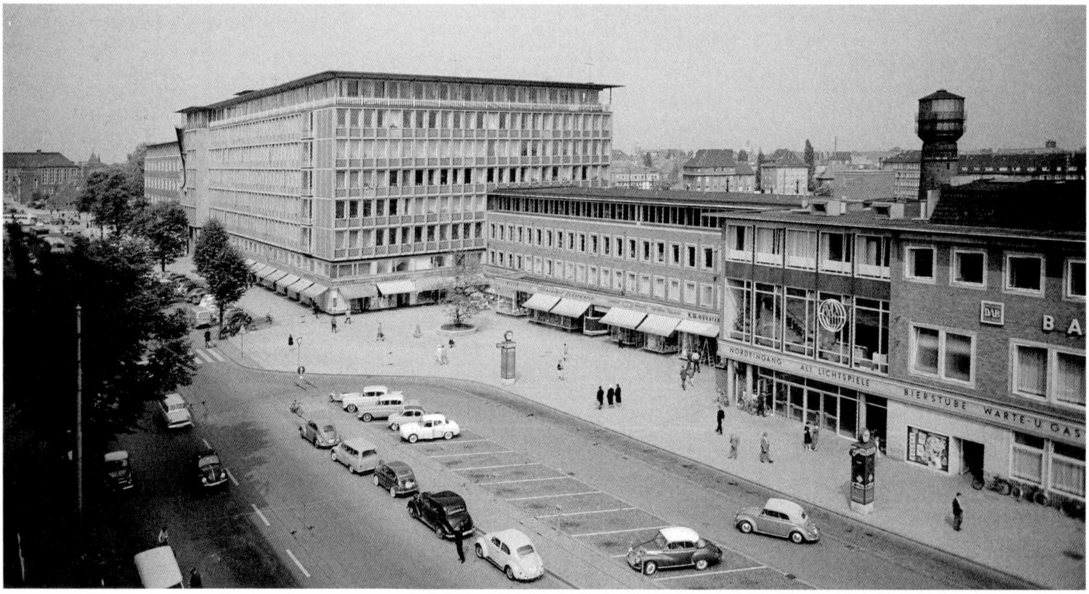

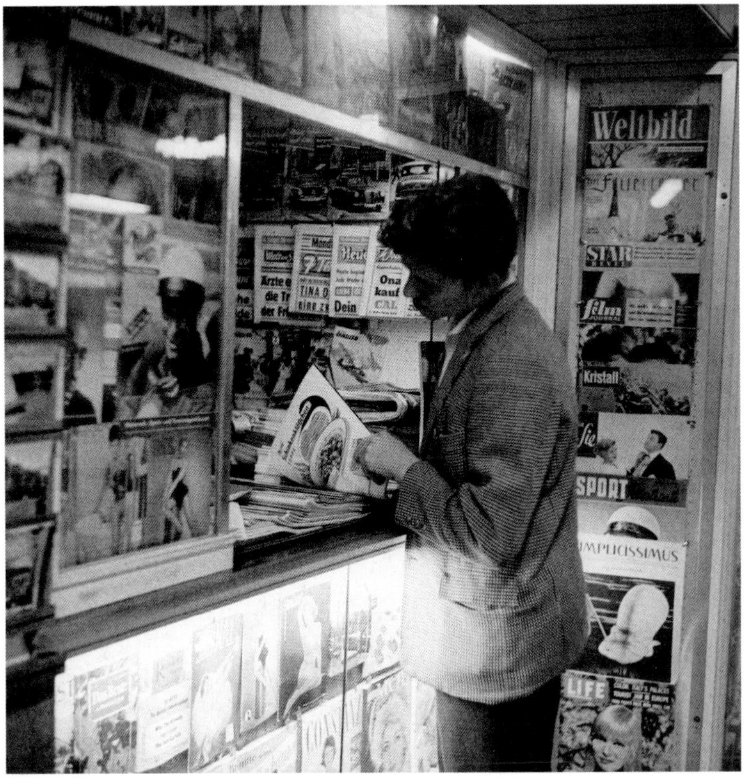

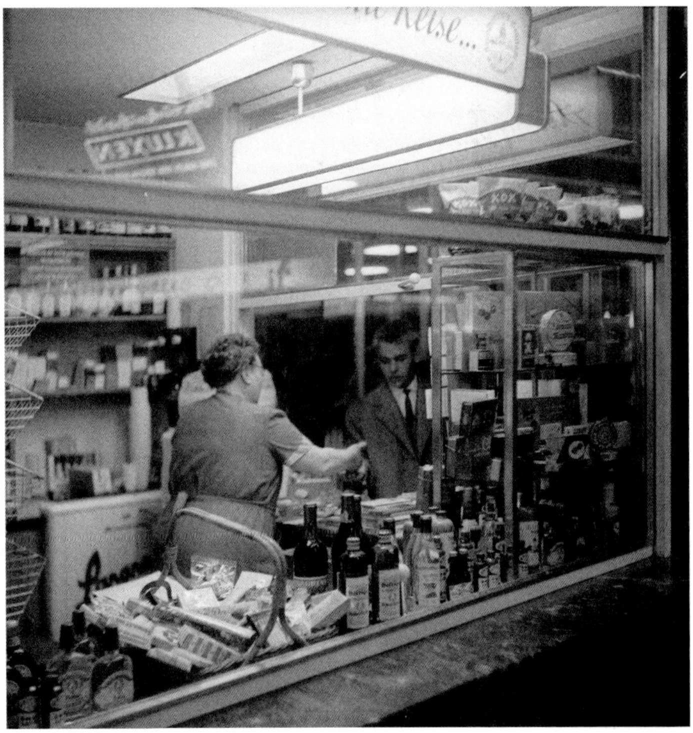

Über mangelnde Einkaufsmöglichkeiten konnten sich Einheimische wie Gäste im münsterischen Bahnhof nicht beklagen. Wegen ihrer langen Öffnungszeiten waren die Kioske besonders beliebt, vor allem bei Studenten. Außerdem gab es nur hier die aktuelle internationale Presse.

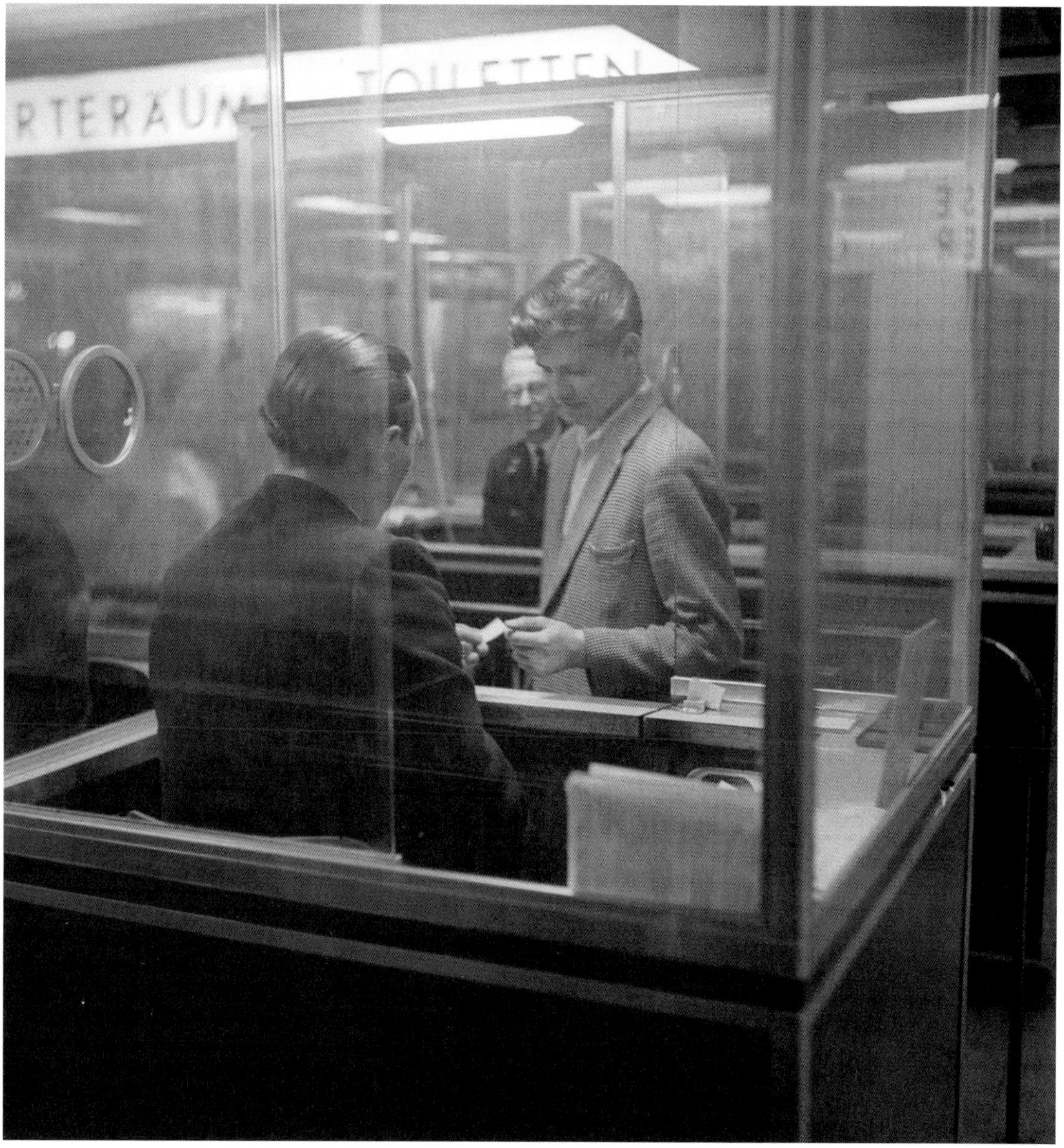

Noch aus den Anfängen der Bahn rührten jene Kontrollen her, die den Zugang zu den Bahnsteigen regelten. Wer verreiste, hatte seinen Fahrschein vorzuzeigen, wer lediglich einen Fahrgast abholen wollte, musste eine Bahnsteigkarte lösen, zu dieser Zeit für zehn Pfennige. Die Kontrolleure in ihren Glashäuschen verschwanden ausgangs der 60er Jahre.

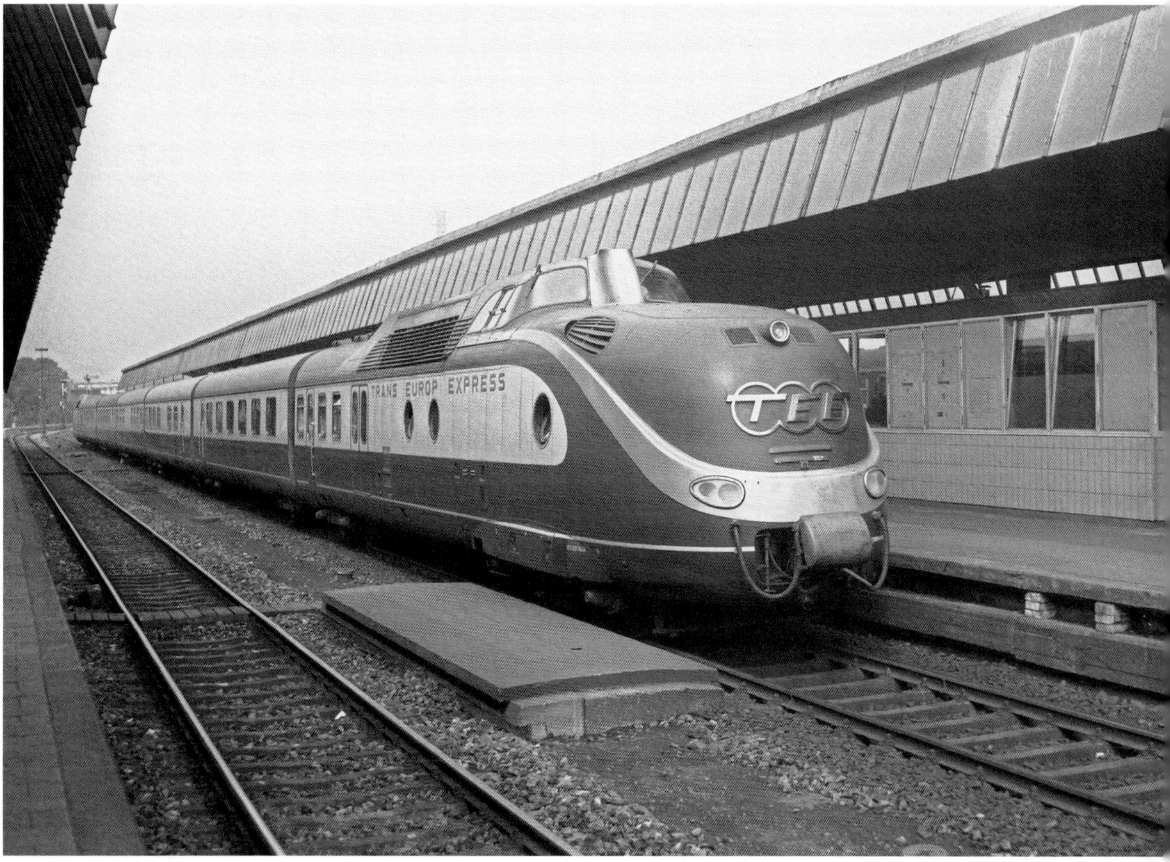

Am 8. Juni 1960, wenige Monate nach der offiziellen Fertigstellung des Hauptbahnhofs, machte erstmals der Prestigezug der Deutschen Bundesbahn, der TEE, in Münster Station. Der „Trans Europa Express Parsifal" verband Hamburg mit Paris. Die neben dem TEE nicht mehr ganz zeitgemäß wirkenden Dampflokomotiven blieben noch bis weit in die 70er Jahre im Dienst.

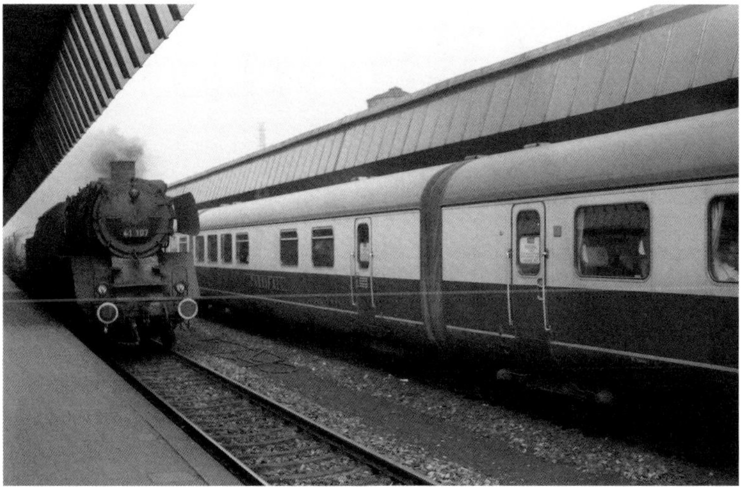

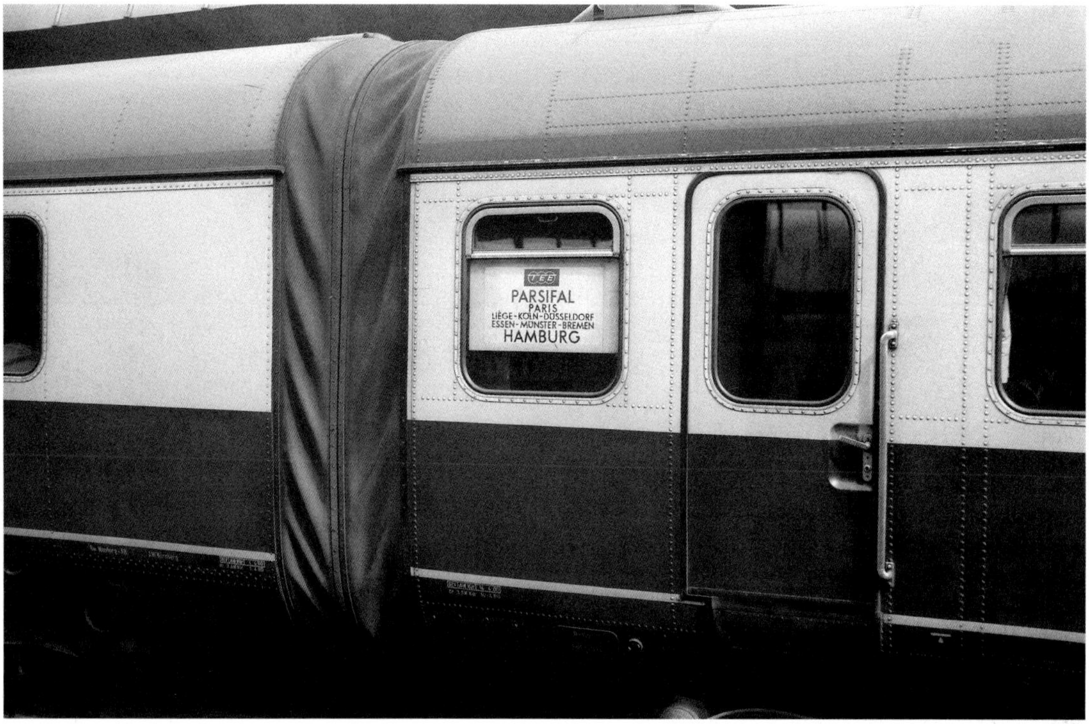

Der Luxuszug, ausschließlich Fahrgästen der 1. Klasse vorbehalten, verließ den münsterischen Hauptbahnhof um 16.39 Uhr und erreichte die französische Hauptstadt um 23.35 Uhr.

Freude am Konsum

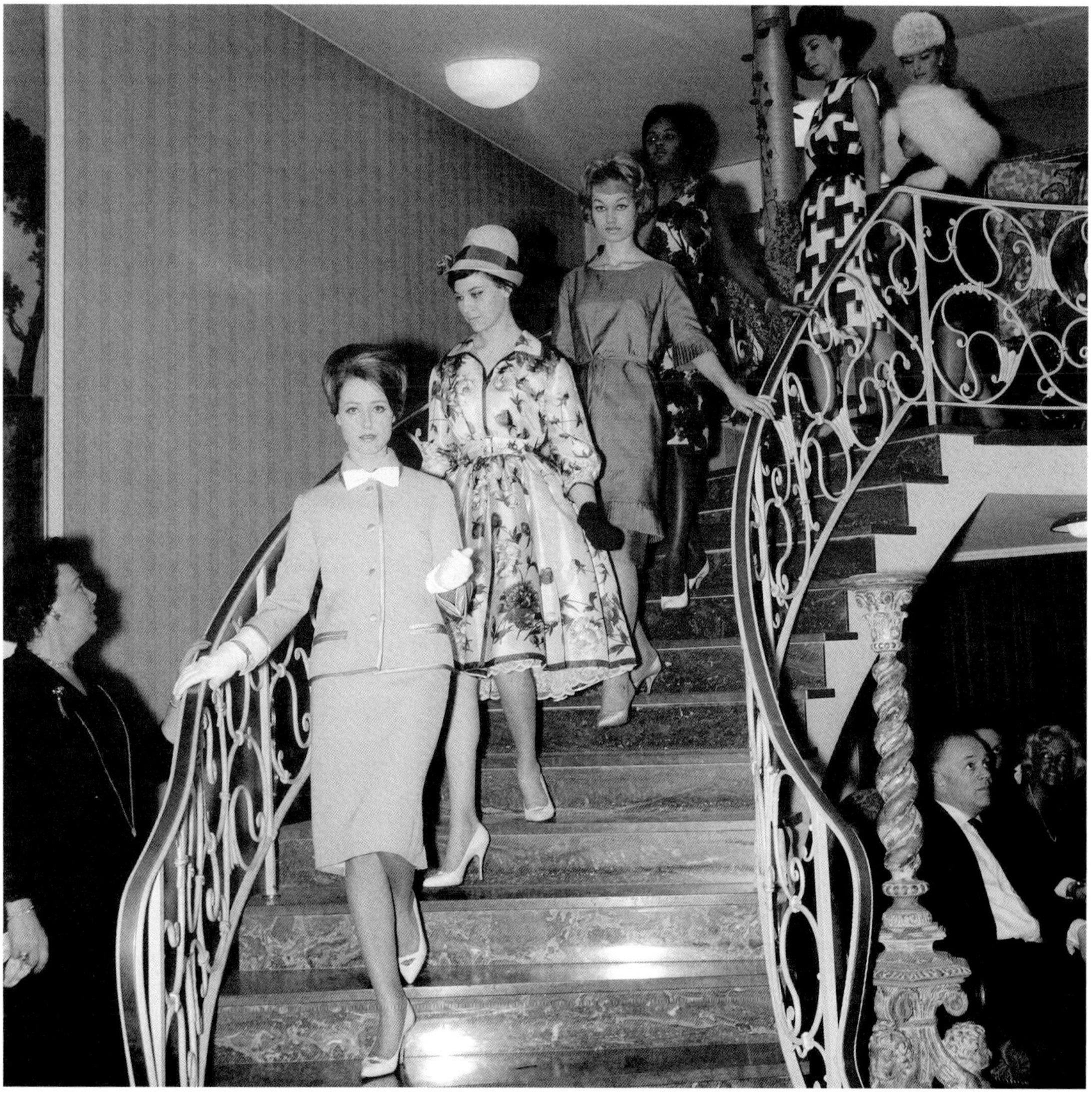

Exklusive Modenschau im weit über Münsters Grenzen hinaus bekannten Damenoberbekleidungsgeschäft „Madame" am Prinzipalmarkt, eine Aufnahme von 1962. In den 60er und 70er Jahren war die Firma auch in weiteren deutschen Großstädten präsent.

Auf die „Fresswelle" folgte die „Bekleidungswelle". Was trägt die Frau im Jahre 1958? Modenschauen besaßen im Zeitalter mancher erfüllbarer, aber noch vieler unerfüllter Wünsche einen hohen Stellenwert. Dass bei vielen Veranstaltungen, hier im Kaufhaus „Althoff" in der Salzstraße, die Sehnsüchte der Nachholgesellschaft eine Rolle spielten, steht außer Zweifel. Die Frauen wollten so aussehen wie die Mannequins in der „Constanze".

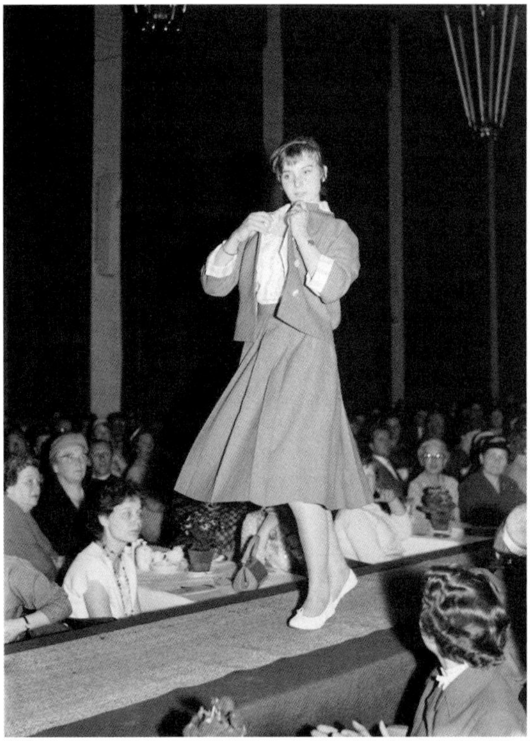

Die Präsentation neuer Kleidung bildete auch immer ein Ereignis von Rang in einer nicht mehr von scharfen Klassenschranken bestimmten Gesellschaft. Die leichte und erschwingliche Mode der Hausfrau stand daher häufig im Mittelpunkt der Modenschau im Kaufhaus „Althoff". „Schönheit aus duftigen Stoffen, Anmut aus zarten Farben trägt die Mode kokett zur Schau. Leichtfüßig eilt sie dem Frühling und Sommer entgegen und ist verliebt in alles Schöne", hieß es in der Werbung des Hauses. Im Feuilleton hätte man es kaum besser ausdrücken können.

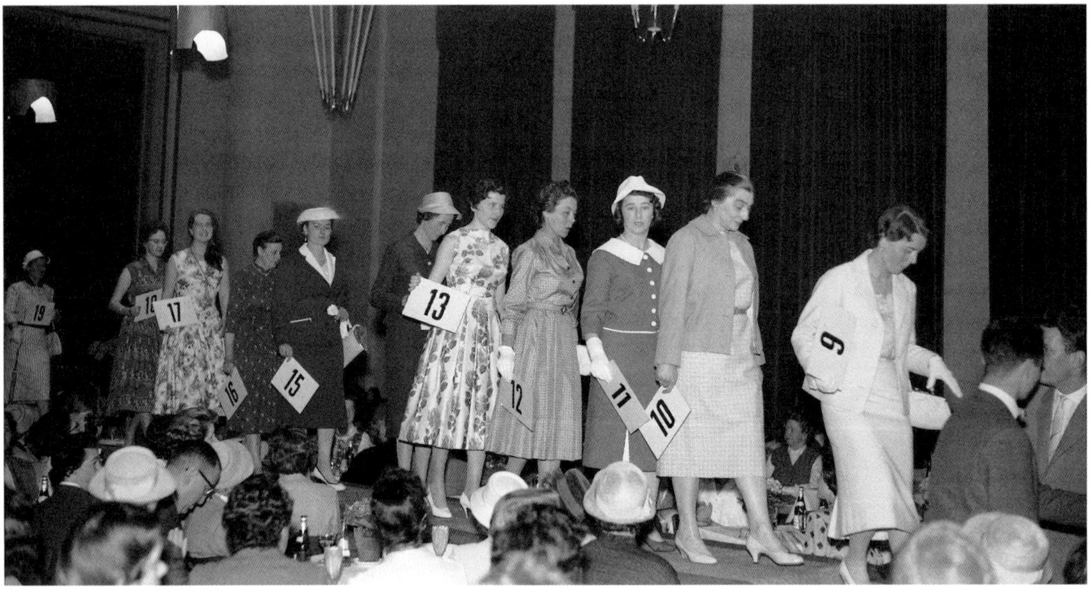

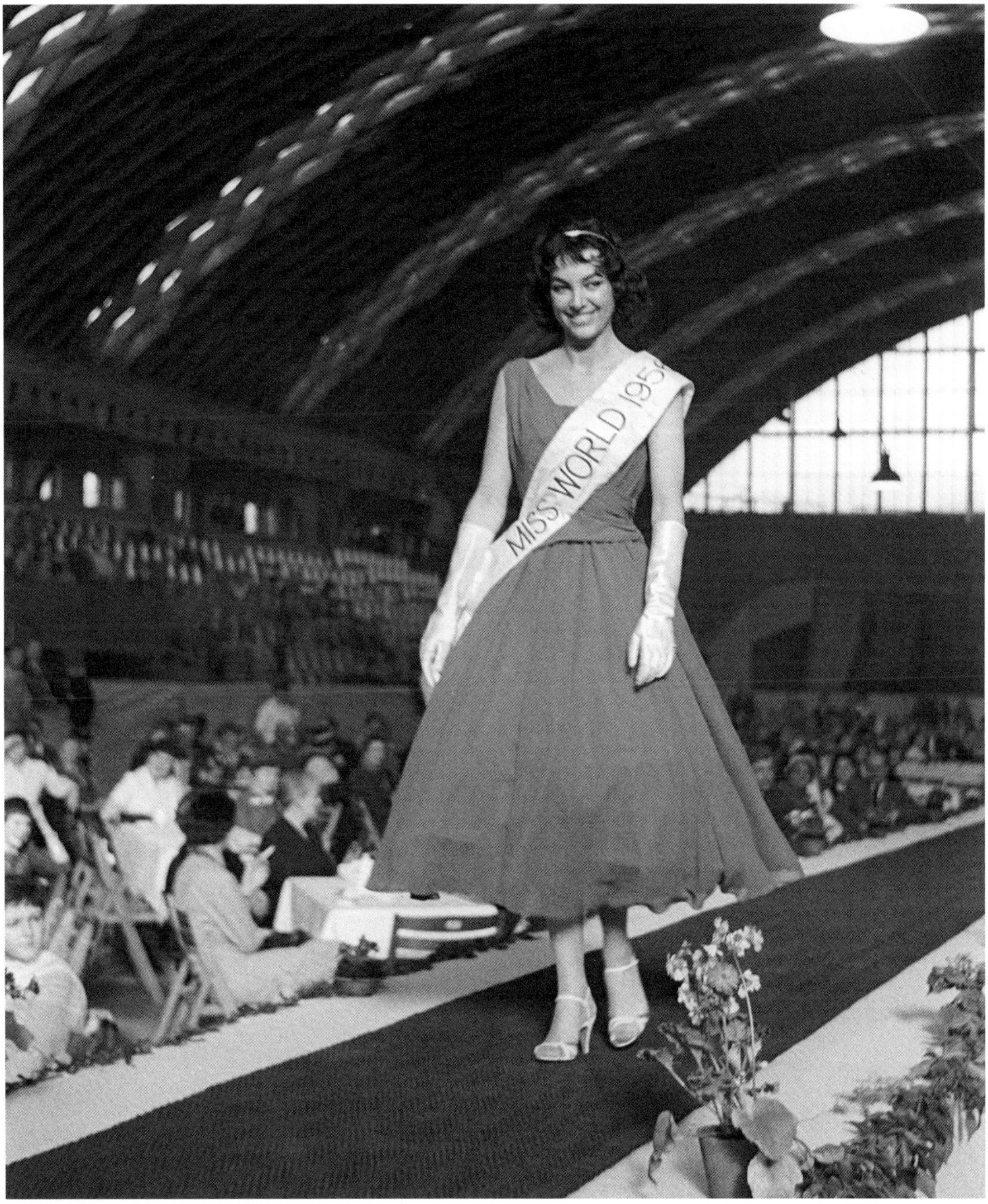

Mit zunehmendem Wohlstand spielte auch die Mode eine immer größere Rolle. Vor allem um die aktuelle Damenmode bekannt zu machen, hielten münsterische Kaufhäuser und Einzelhändler regelmäßig im Frühjahr und Herbst Modenschauen ab, die sich allseitiger Beliebtheit erfreuten. Ein Großereignis in dieser Hinsicht war die vom Kaufhaus „Althoff" 1957 veranstaltete Modenschau in der Halle Münsterland, in der neben der „Miss World" von 1956 auch weitere nationale „Schönheitsköniginnen" die neuesten Kollektionen vorführten. Zur Miss World jenes Jahres war Petra Schürmann gewählt worden, die einzige Deutsche, die diesen Titel erringen konnte.

Schaufrisieren 1958: Gewagte Frisuren – sozusagen vorweggenommener Punk –, aber im Alltag wohl kaum vorzeigbar.

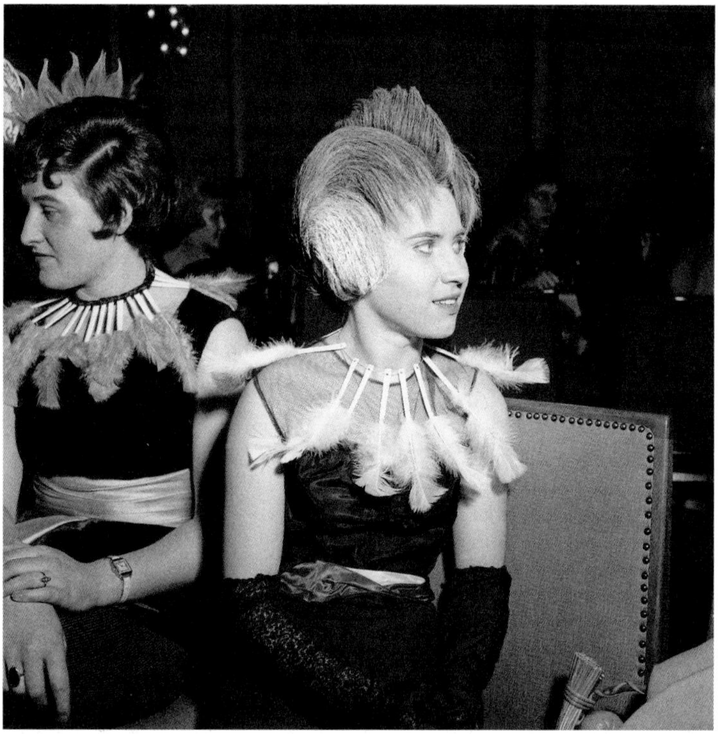

Frisurmode 1958: Vorbei die Zeiten einfallsloser Schnitte im grauen Nachkriegsalltag. In jenem Jahr kurz mit leichter Dauerwelle, im Jahr darauf bereits hochfrisierter Turm à la Farah Diba. Die Monroe, die Bardot und andere Weltstars gaben den Takt der Haarmode vor. Die schönsten Frisuren münsterischer Frauen, in einem Wettbewerb ermittelt, konnten sich natürlich auch sehen lassen.

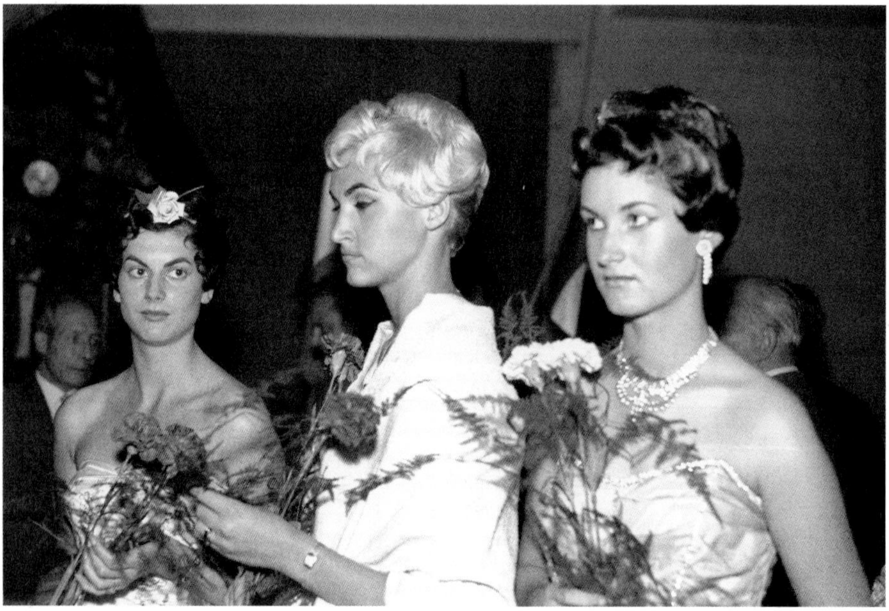

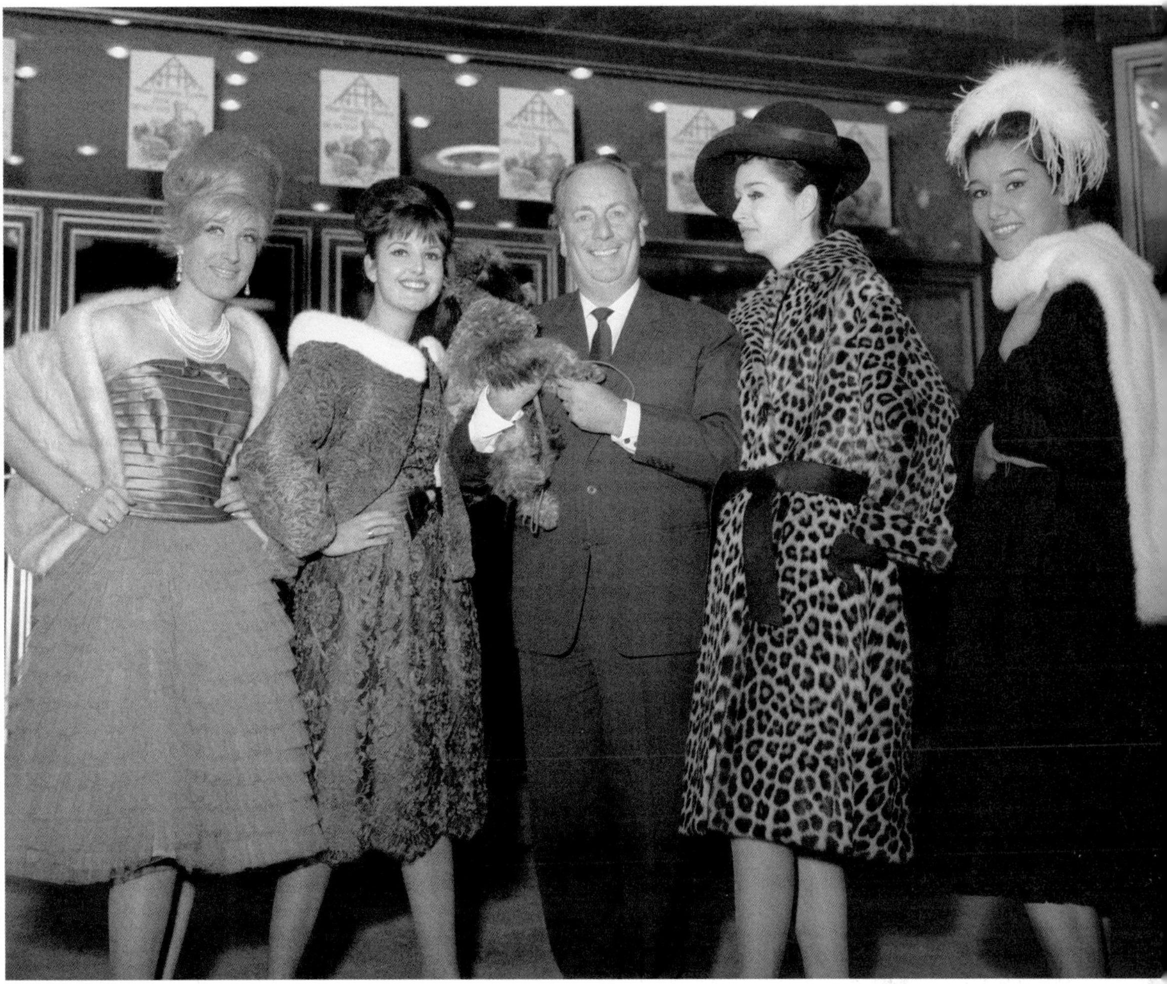

Am 13. Oktober 1962 lud das Kaufhaus „Althoff" zu einer Modenschau in den großen Saal des Lindenhofs ein, der durch großformatige Fotos des Kreuzfahrtschiffs „Hanseatic" ausgeschmückt war. Die Starmodelle des Karstadtkonzerns trugen die neuesten Kreationen vor, und Deutschlands damals beliebtester Showmaster Lou van Burg führte durch den Abend. Nicht zuletzt sorgten Willy Hagara und die legendäre Lale Andersen für einen glanzvollen Abend. Auf besonderen Wunsch des Publikums trug sie ihr bekanntestes Lied „Lili Marlen" vor.

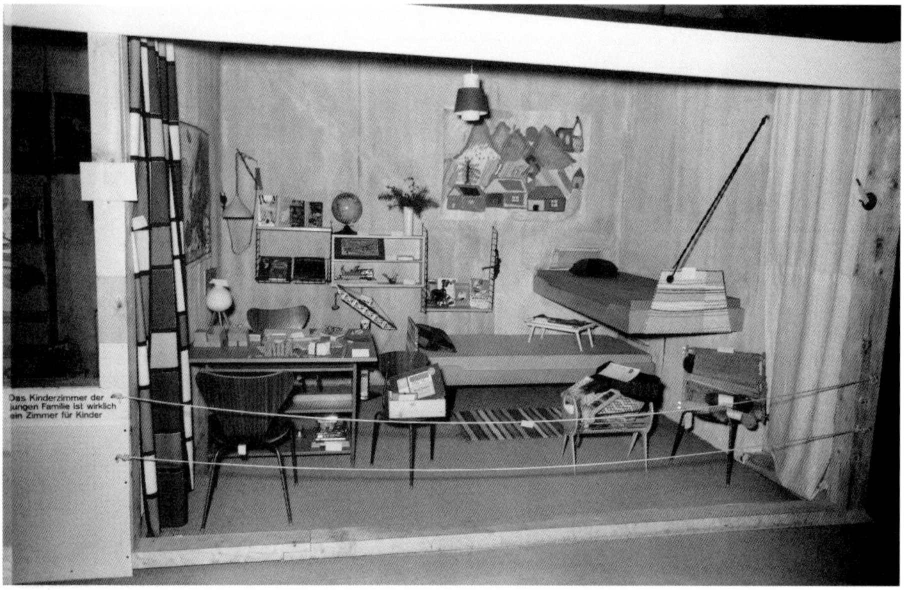

So sah das moderne Jugendzimmer mit zwei Betten im Jahre 1958 aus: Schlichte Formen und optimale Raumaufteilung für die Sozialwohnung. Trotz Wirtschaftswunder und Wohnungsbau auf Hochtouren blieb dieses Zimmer für viele Jugendliche dennoch ein Wunschtraum.

Nierentisch und Tütenlampen als Ausweis höchster Eleganz: Das an vermeintlich skandinavischen Vorbildern orientierte Design der Nachkriegsjahre hatte seine eigenen Formen: Hauptsache keine rechten Winkel. Viele Deutsche schätzten diese Stilrichtung nicht. Das geschmackliche Ideal einer Durchschnittswohnung wurde auf einer Bauausstellung in Münster gezeigt.

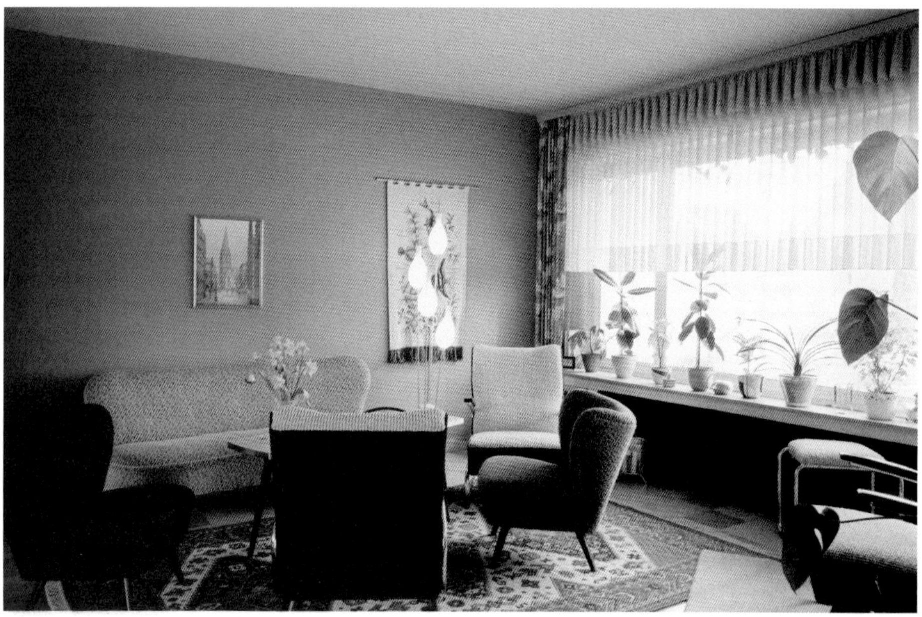

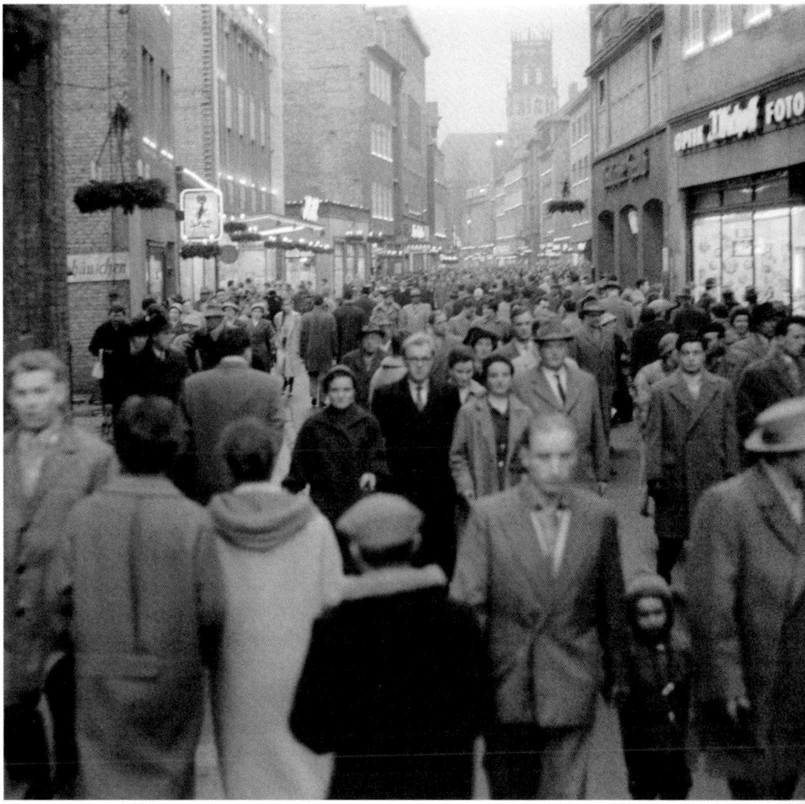

Sonntags geöffnete Geschäfte, in der Vorweihnachtszeit und nach dem Fest nichts Ungewöhnliches in den 50er Jahren in allen deutschen Städten. Angesichts einer noch gängigen Sechs-Tage-Arbeitswoche konnten Familien nun bequem einkaufen oder – wie im Foto zu sehen am „Goldenen Sonntag", am 28. Dezember 1958,– ihre Umtauschgeschäfte erledigen.

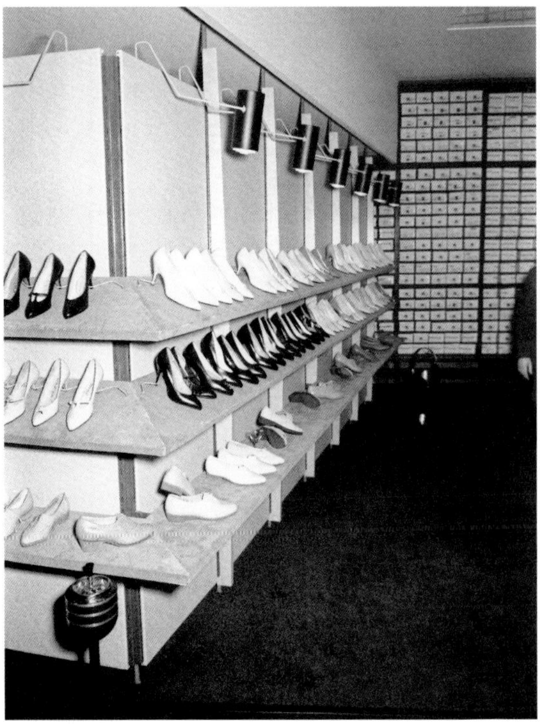

Die neue Sachlichkeit hält Einzug. Modernes Interieur im Schuhhaus „Zumnorde" am Prinzipalmarkt, ein Foto vom Frühjahr 1959.

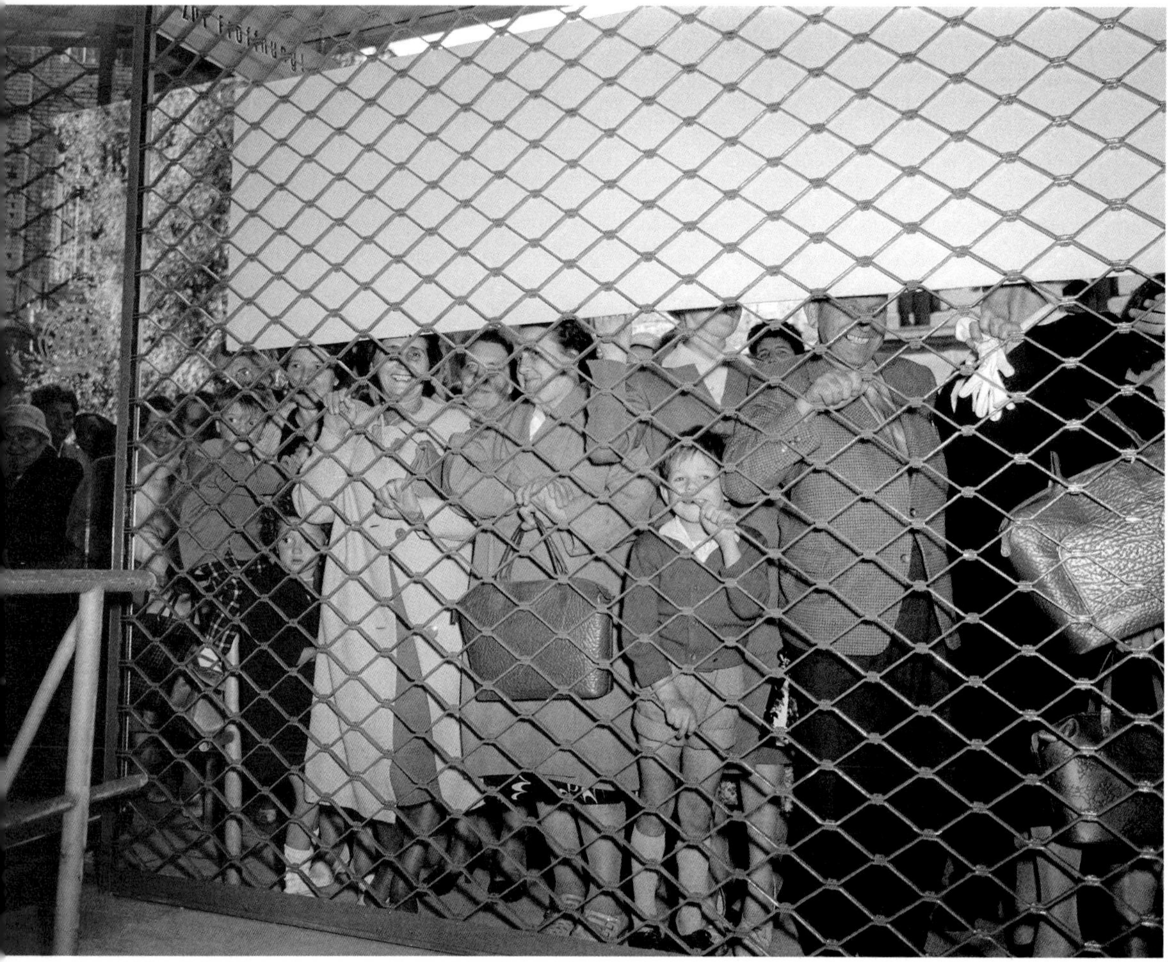

Großes Gedränge in der Ludgeristraße: Am 1. Oktober 1959 öffnete das für seine günstigen Angebote bundesweit bekannte Bekleidungshaus „C & A" seine Pforten in Münster. Mit einer Anzeigenkampagne, die ihre Wirkung wahrlich nicht verfehlte, waren die Kunden auf das Ereignis eingestimmt worden.

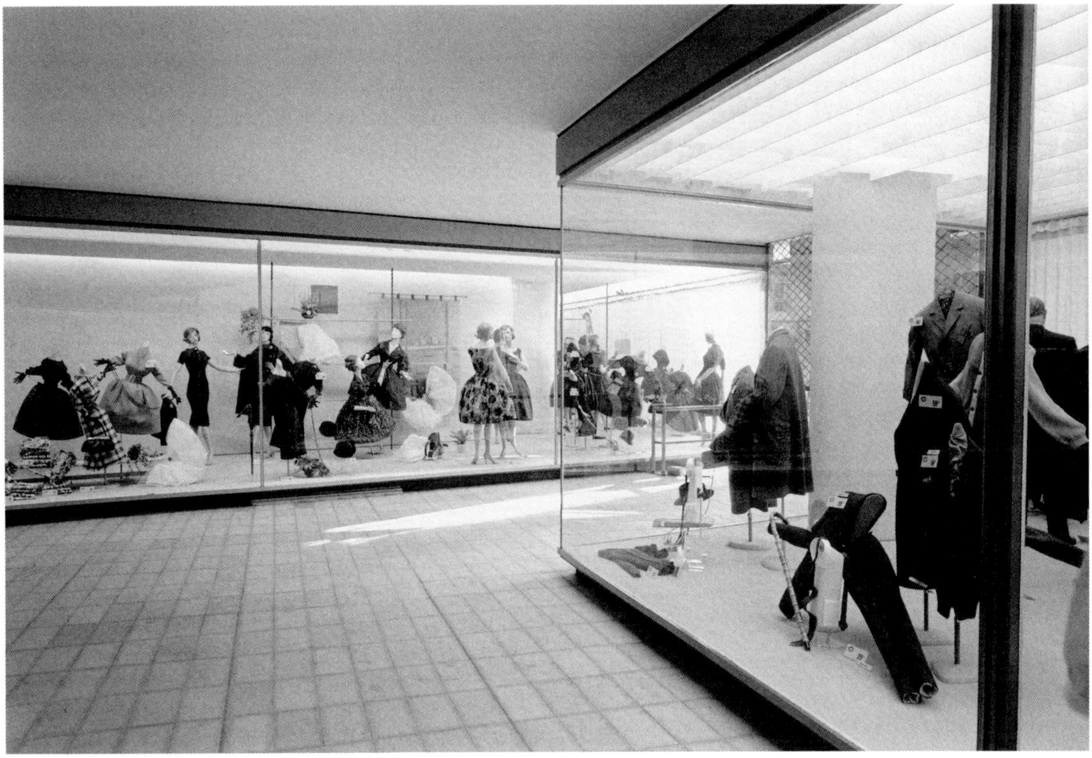

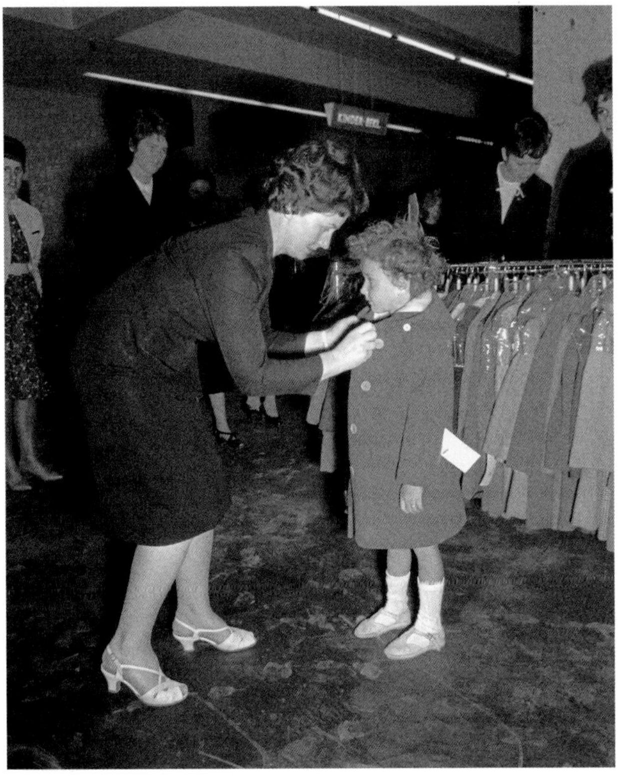

Sonderangebote auf 3.300 Quadratmetern im Überfluss: Die Eröffnung zog Jung und Alt, Modebewusste und Sparsame an. Viele kauften noch auf Vorrat. Dabei kam dem Publikum das Verkaufsprinzip der freien Wahl zugute. Das Personal trat nur in Erscheinung, wenn der Kunde es wünschte.

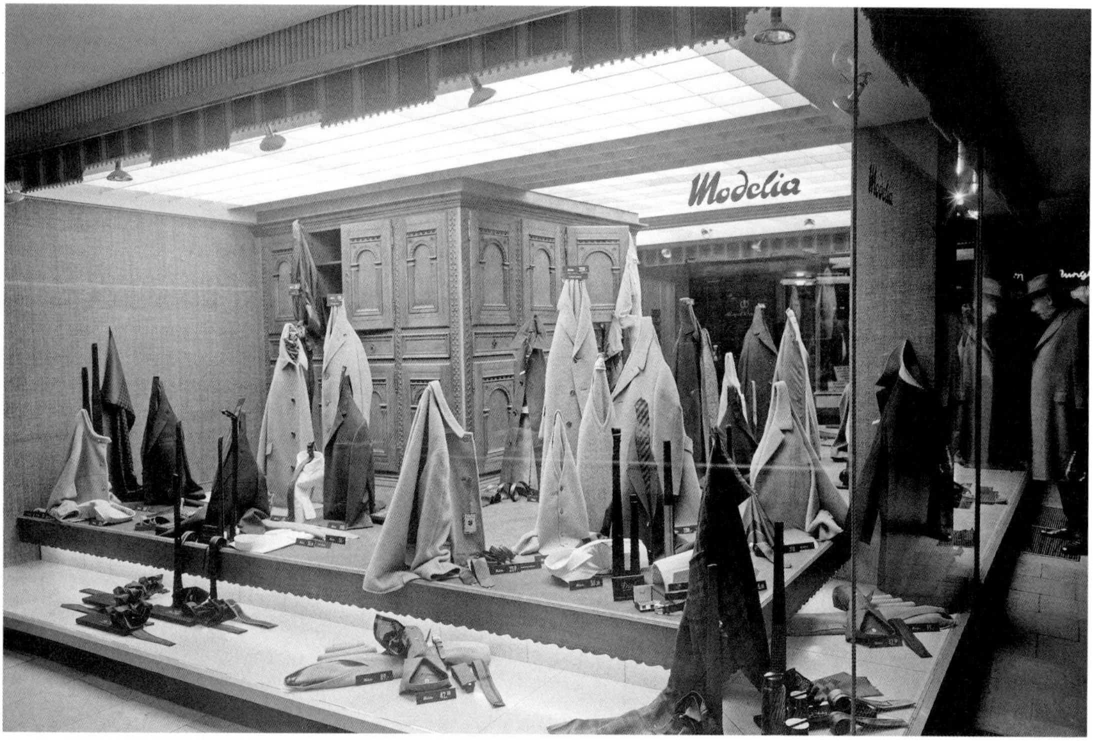

Die internationale Herrenmode, englische Anzüge und Mäntel, französische und italienische Hemden, war inzwischen auch in Münster zu haben. Im Rufe eines exquisiten Herrenausstatters stand das am Spiekerhof gelegene Geschäft „Modelia“; auch in der Art und Weise der Präsentation seines Angebots war es anderen Anbietern um viele Jahre voraus.

„Modelia“ und „Madame“, beide waren unter einem Firmendach vereint, das Damen- und Herrenmodegeschäft „Schnitzler“ und Leder „Harenberg“, nicht zu vergessen das Glas- und Porzellanhaus „Kösters“ und das Möbelgeschäft „Rincklake van Endert“ trugen zum guten Ruf Münsters als Einkaufsstadt bei. Die Zeiten, in denen der vermögende Münsteraner seine Einkäufe in Düsseldorf tätigte, waren seit Mitte der 60er Jahre passé.

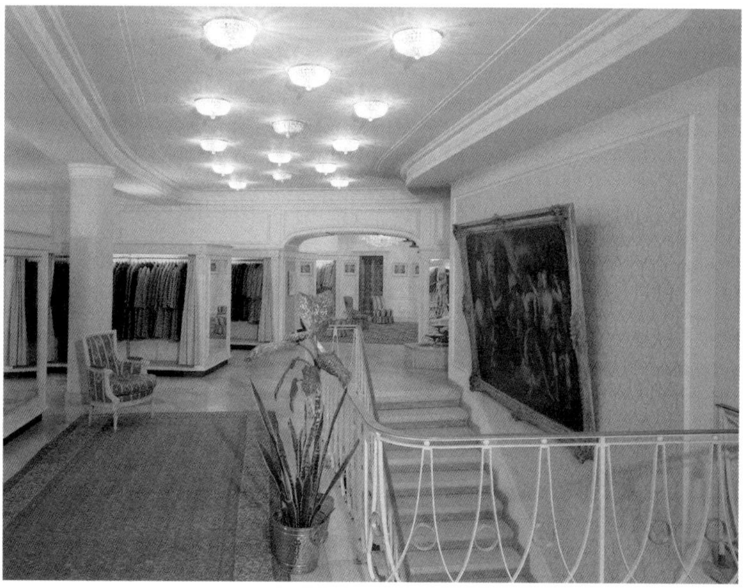

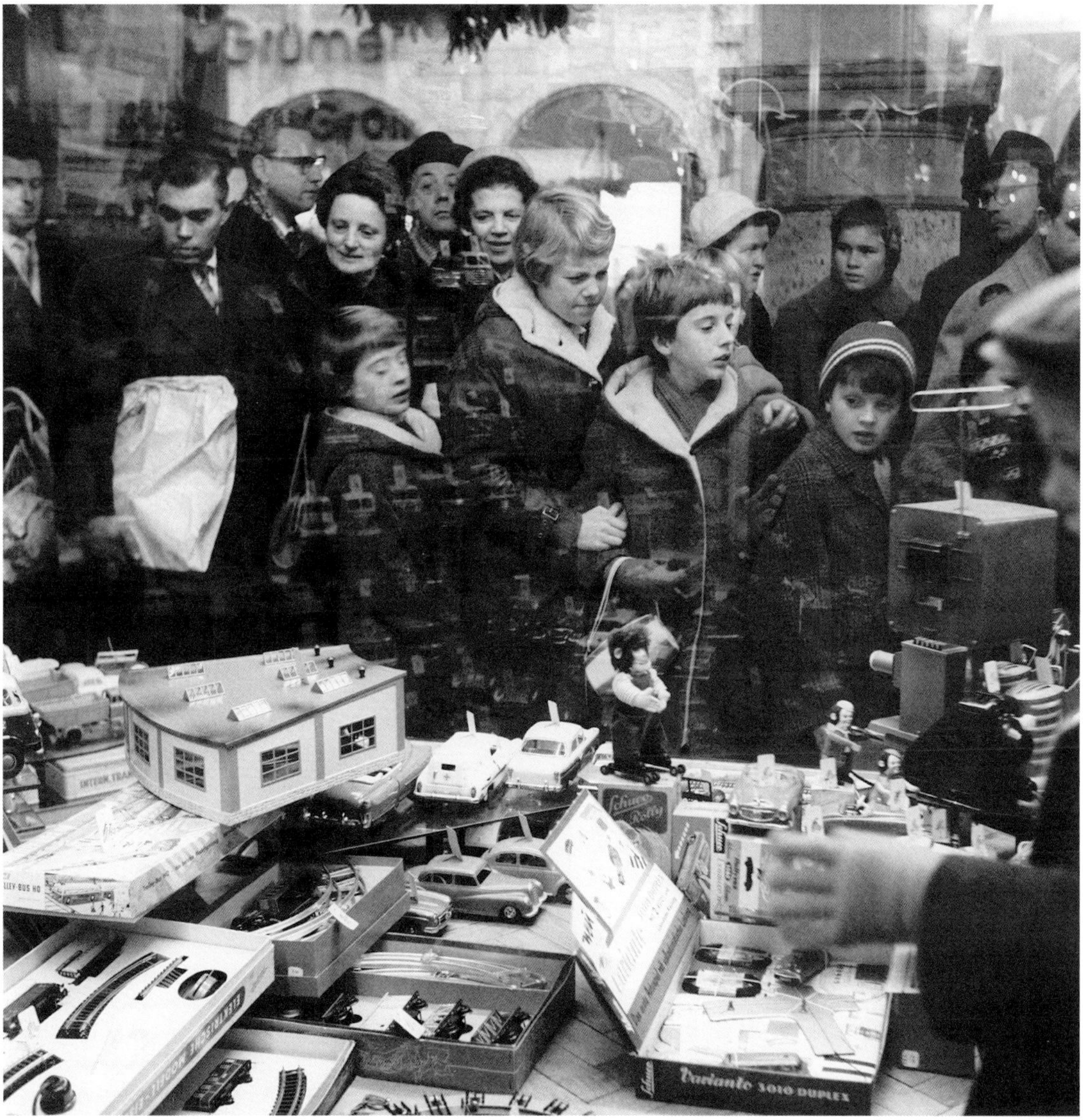

Kinderträume Weihnachten 1962 vor dem Schaufenster der Firma „Brinkmann" am Prinzipalmarkt. Gemessen am Einkommen vieler Eltern waren Modelleisenbahnen ausgesprochen teuer. Eine technisch hochwertige Dampflokomotive kostete immerhin 50 Mark, viel Geld für den noch nicht durch Weihnachtsgeld verwöhnten Konsumenten.

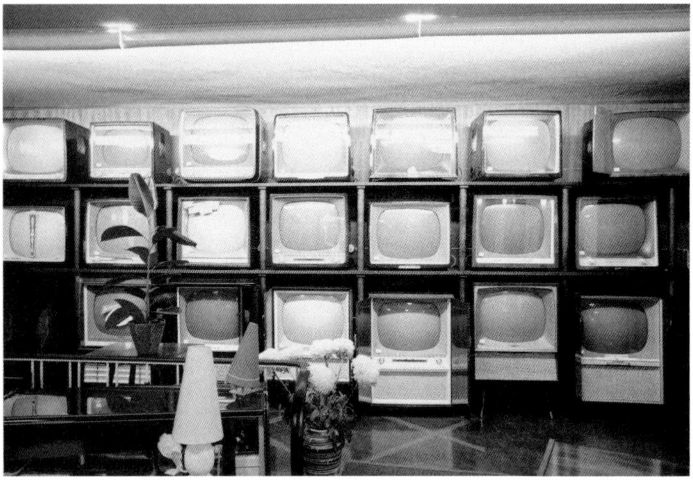

Musik-, Radio- und Fernsehgeräte fanden seit Mitte der 50er Jahre eine immer größere Verbreitung in der beginnenden Wohlstandsgesellschaft, obwohl die Preise für spätere Vorstellungen recht hoch erscheinen. Das Geschäft „bild und ton" auf der Ludgeristraße bot seinen Kunden nicht nur die neuesten Geräte, sondern auch eine „Schallplatten-Bar". In äußerst modernem Ambiente konnte man hier in die aktuellen Hits „reinhören": Das große Zeitalter der Schallplatten hatte begonnen.

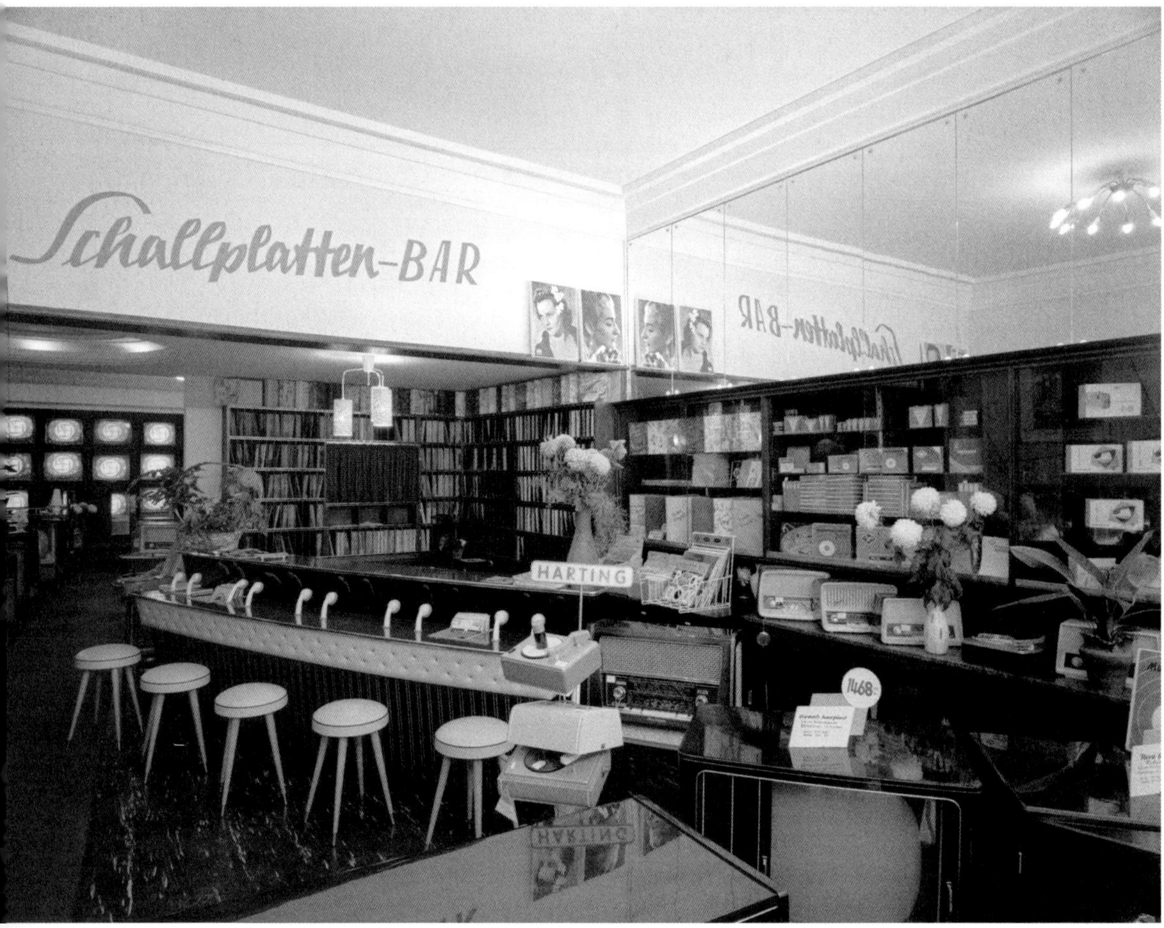

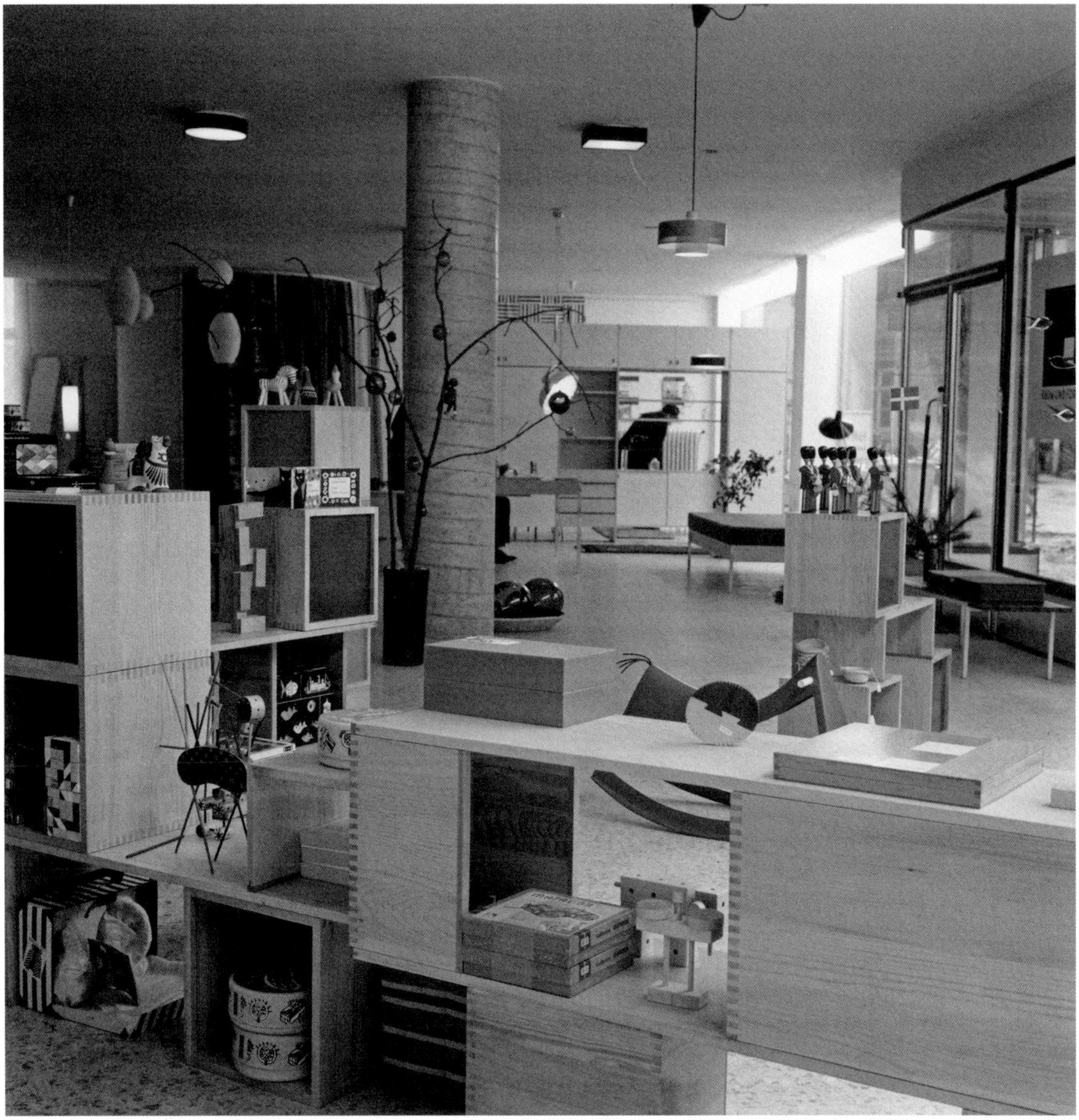

„Modern, aber nicht modisch", so könnte man das Konzept des Einrichtungshauses „Raum und Form" umschreiben, das Ende 1961 am Alten Steinweg neu eröffnet wurde. Neben zeitlosen Klassikern und aktuellen Designerentwürfen hatte das Geschäft auch anspruchsvolles Kinderspielzeug im Programm. Es bestand dort bis in die frühen 90er Jahre und war eine der exklusiven Adressen für den gehobenen Wohnbedarf.

Recht einfach und bescheiden ging es auf dem Markt der 50er Jahre zu. Erst seit etwa 30 Jahren, unterbrochen durch den Zweiten Weltkrieg, boten die Händler ihre Waren auf dem Domplatz feil. 1948 kehrten sie zurück.

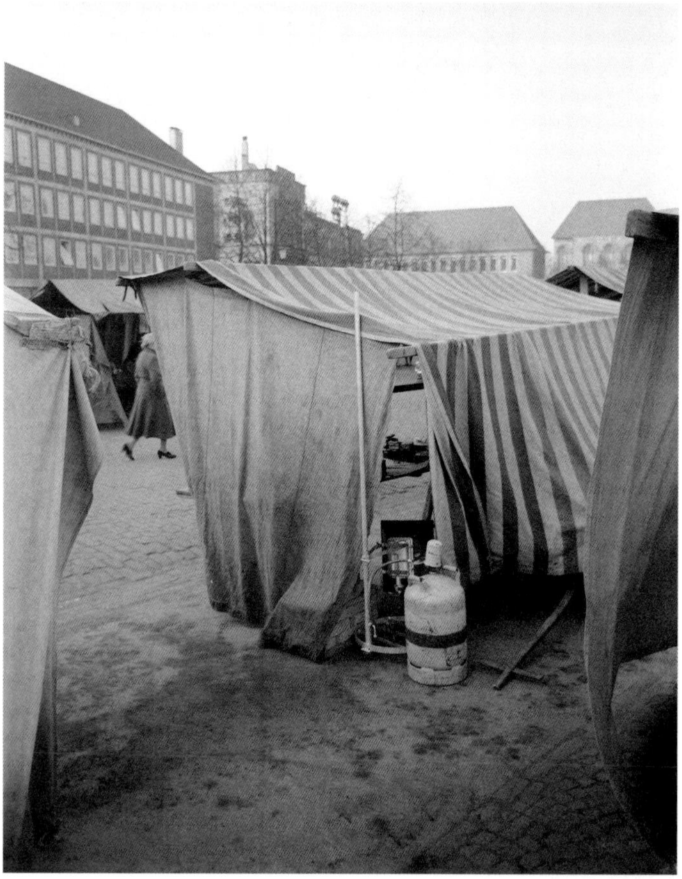

Das Angebot 1958, frisches einheimisches Obst und Gemüse, dazu Fleisch und Käse. Die beginnende Konkurrenz der Supermärkte hat nicht zuletzt die Attraktivität des Marktes in hohem Maße gesteigert. Anfang der 60er Jahre tauchten die ersten Verkaufswagen mit Kühlaggregaten auf.

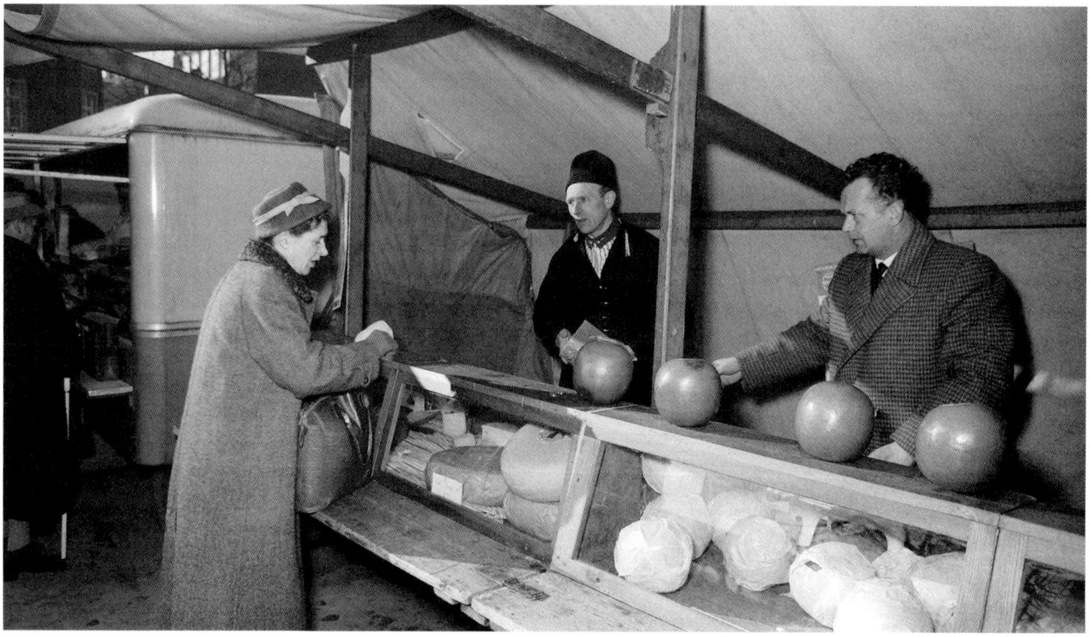

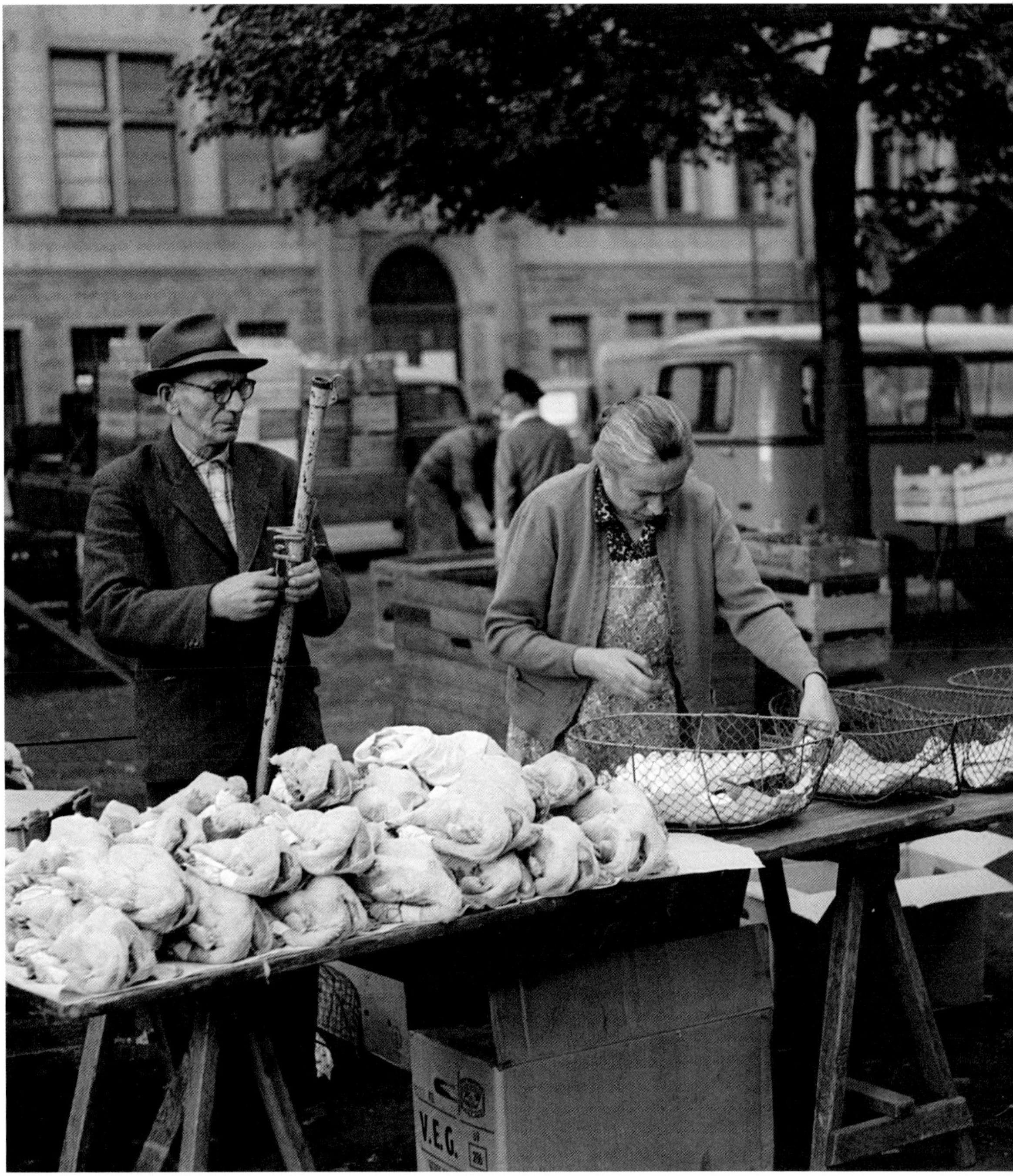

Einen eigenen Stand auf dem Markt besaß auch der aus dem Kreuzviertel stammende Gärtnermeister und stadtbekannte Darsteller auf der Niederdeutschen Bühne sowie Regisseur der „Abendgesellschaft Zoologischer Garten", Franz Blanke (1892–1960).

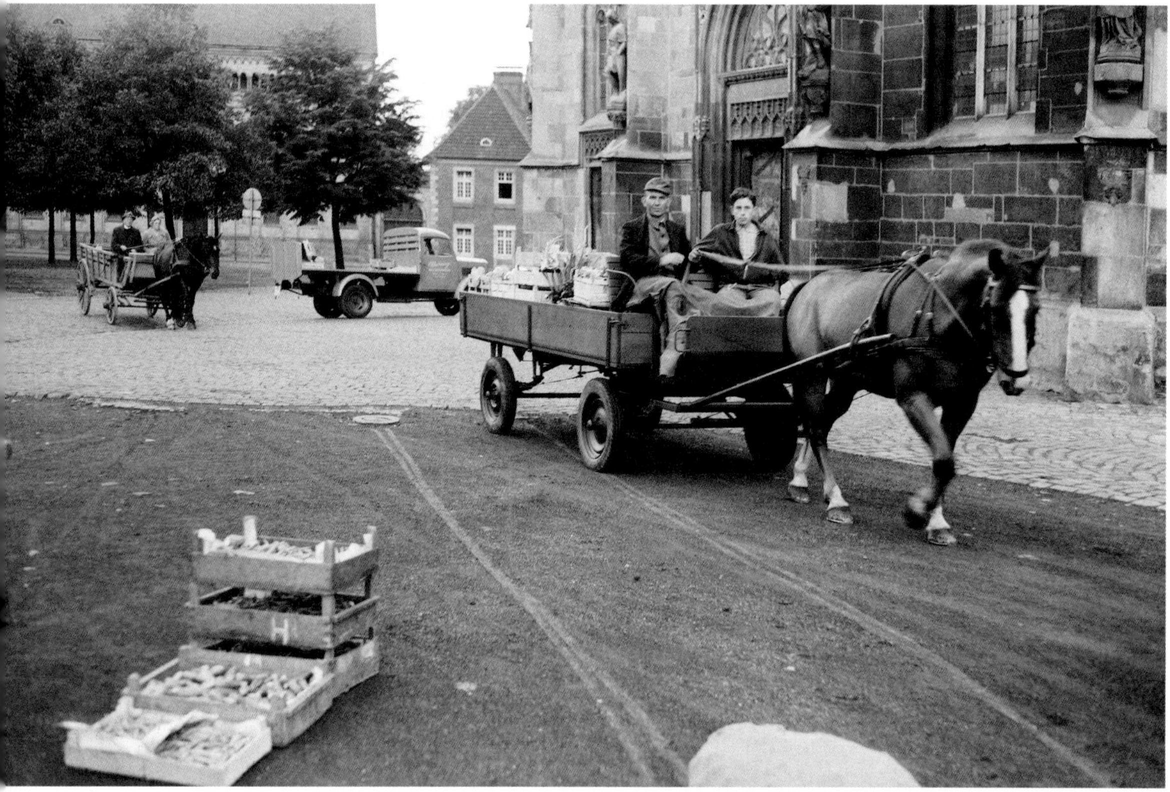

Die Pferdegespanne der Marktbeschicker, zumeist aus Stadtnähe, verschwanden Ende der 50er Jahre aus dem Stadtbild.

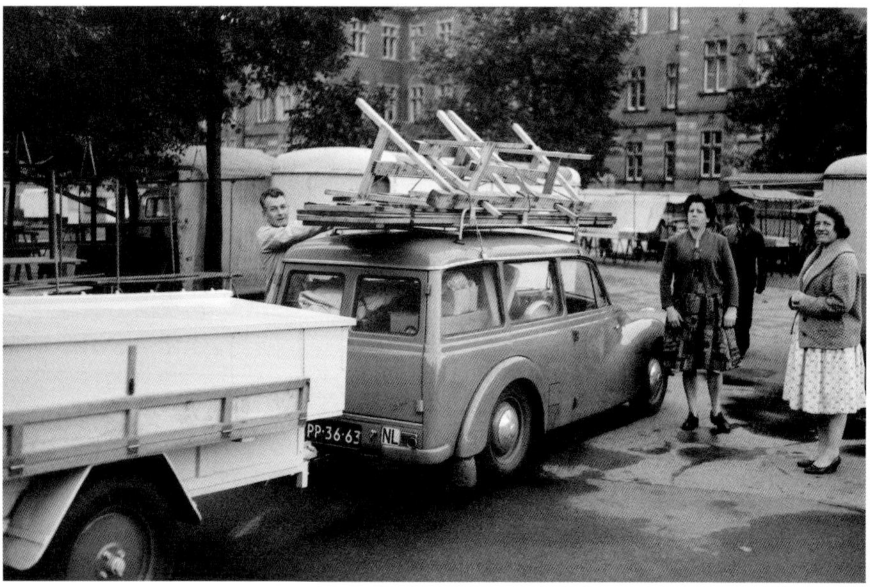

Schon bald nach dem Krieg schlugen die ersten holländischen Käsehändler wieder ihre Verkaufsstände auf dem münsterischen Markt auf, ein Foto von 1959.

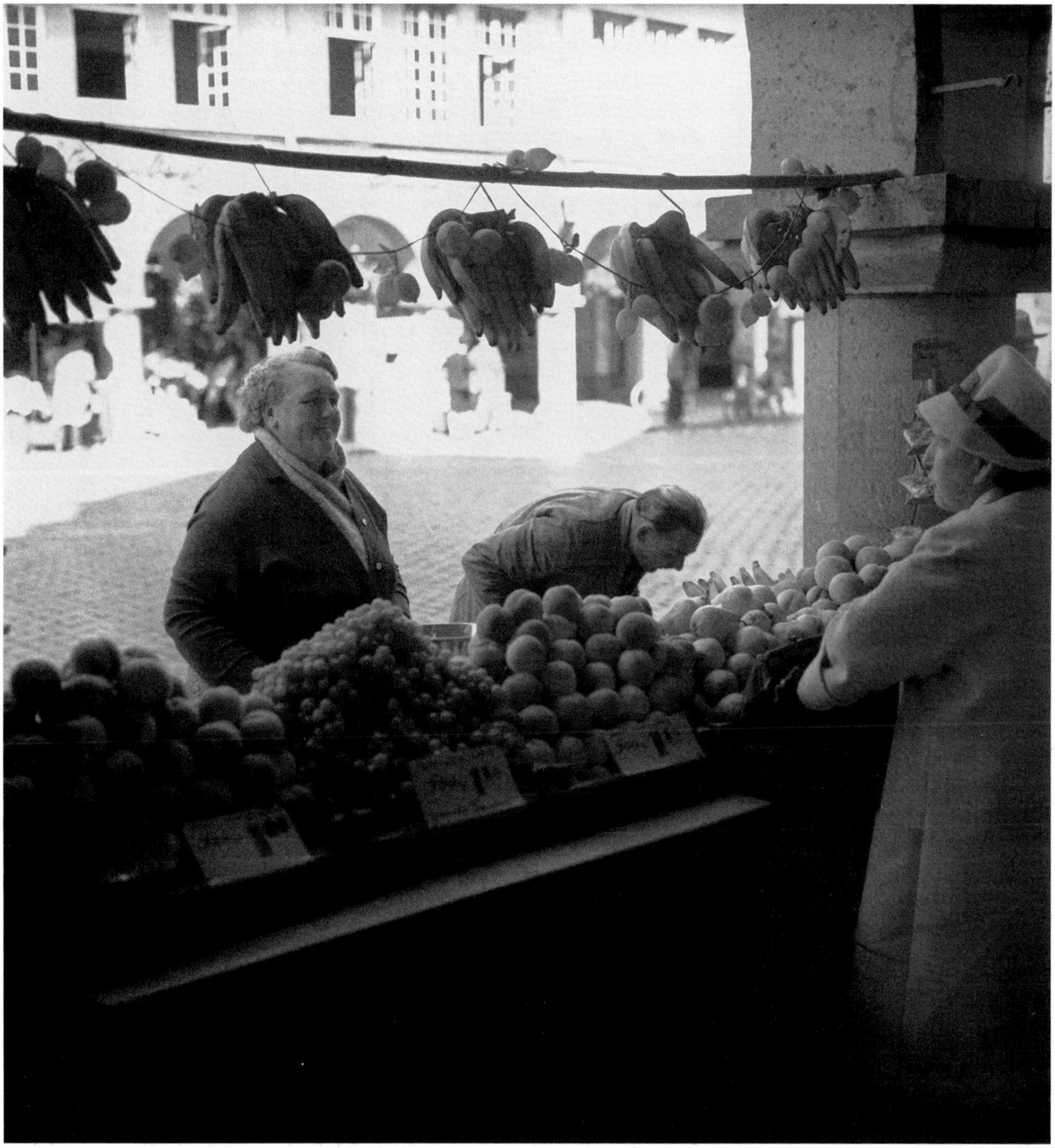

Einer münsterischen Institution gleich kamen die drei Obststände auf dem Prinzipalmarkt. Ihre Betreiberinnen wurden im Volksmund „Appeltiewen" genannt. Das ganze Jahr über – Sommer wie Winter – konnte hier jeden Tag frisches Obst sozusagen im Vorbeigehen gekauft werden. Die Stände waren ein letztes Überbleibsel aus der Zeit, als der Prinzipalmarkt noch der eigentliche Markt für Lebensmittel war. Hier im Bild der Stand von Gisela Gieseler.

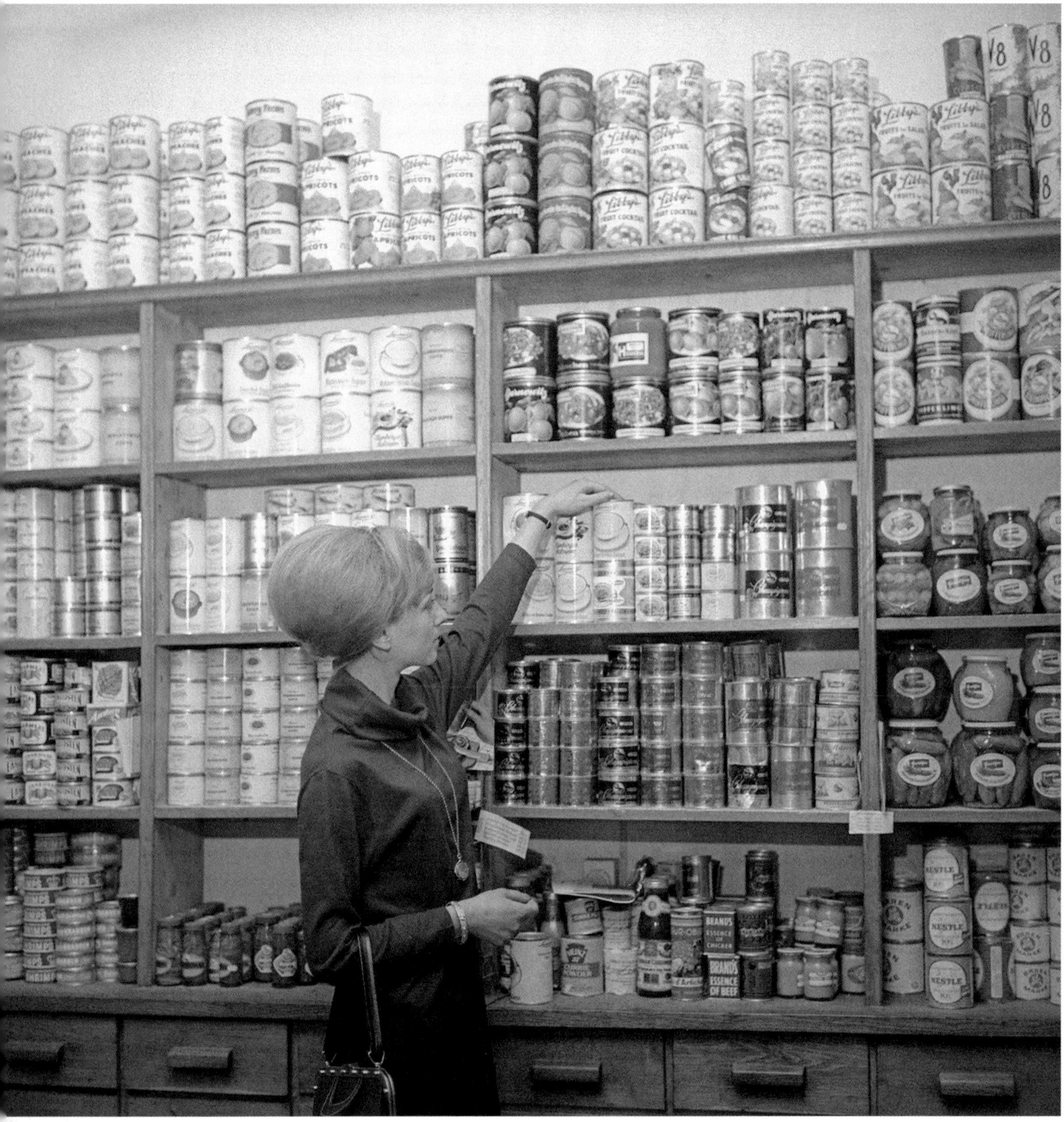

Ein Foto, das bei vielen Münsteranern Erinnerungen an lange vergangene Zeiten wachruft: Ein Blick in den Feinkostladen „Anna Koene" an der Rothenburg. Anna Koene galt in Münster für Jahrzehnte als erste Adresse für Spirituosen, Feinkost und Delikatessen aus aller Welt. Das Geschäft hatte sich vom Ende des 19. Jahrhunderts bis zur Zerstörung im Zweiten Weltkrieg am Prinzipalmarkt 19 befunden. Im Volksmund hieß die über Jahre bestehende Baulücke am Südende des Prinzipalmarkts daher „Anna-Koene-Ecke". Der wieder errichtete Laden konnte der Konkurrenz der Supermärkte jedoch nicht auf Dauer standhalten.

Ausgangs der 50er Jahre hielt die Selbstbedienung auch in kleineren Lebensmittelgeschäften wie hier in einem Sparmarkt an der Hammer Straße vermehrt Einzug in Deutschland. Die zunächst skeptisch aufgenommene Idee setzte sich indes schnell durch. Größeres Angebot bei günstigeren Preisen, dazu zügigeres Einkaufen wurden als Vorteile schnell erkannt. Positiv für die Lebensmittelindustrie: Die Umsätze stiegen rasant.

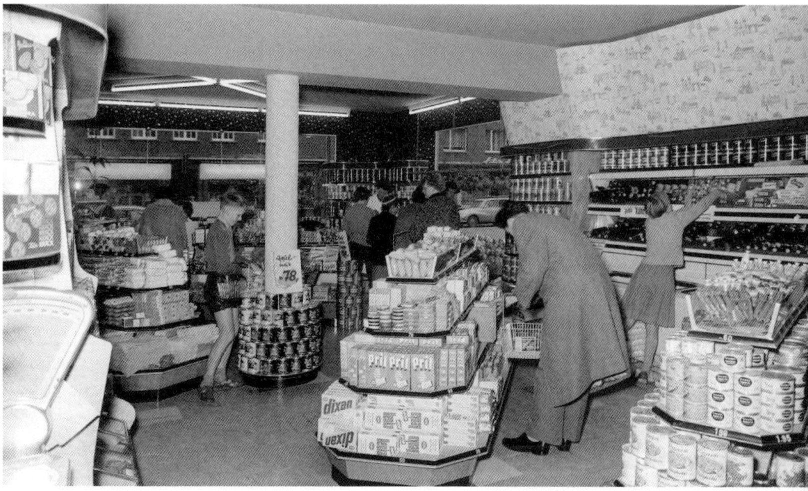

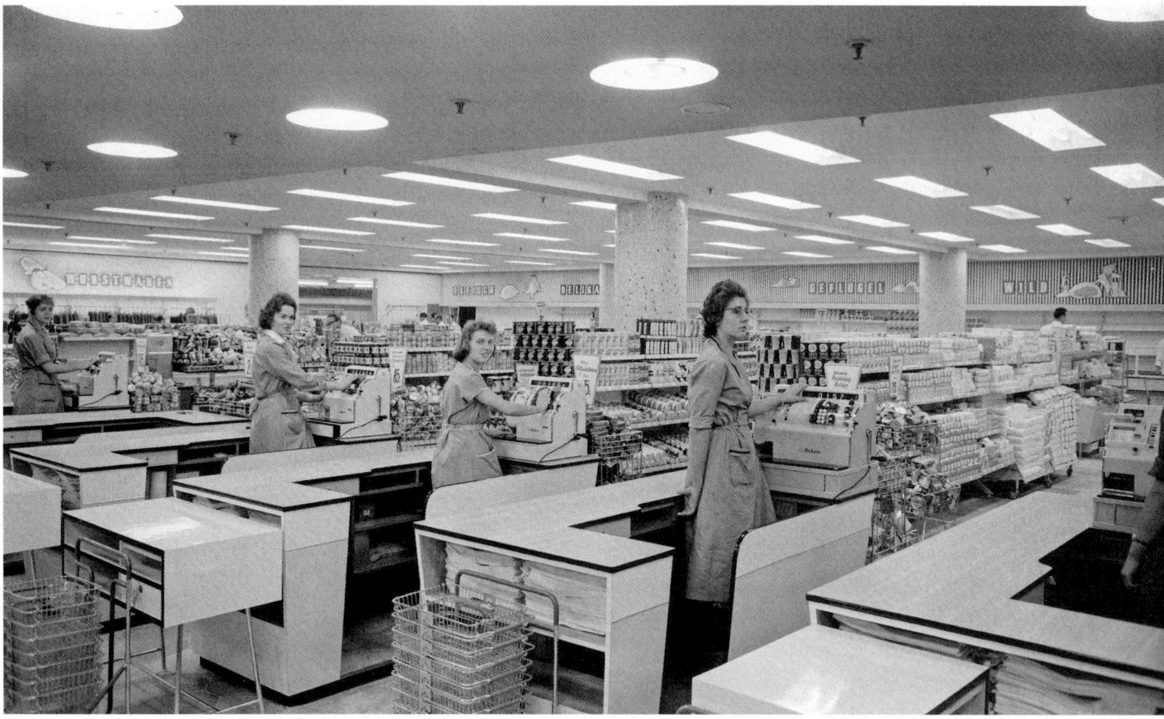

Am 25. August 1959 öffnete Münsters erstes großes Kaufhaus seine Pforten. Aus „Althoff" wurde indes bald „Karstadt", aber bei den älteren Münsteranern bürgerte sich der neue Name nicht ein. Das Haus in der Salzstraße wurde bereits 24 Jahre später für einen Neubau an gleicher Stelle abgerissen. Vom geradezu überwältigenden Angebot auf mehreren Ebenen zeigte sich der Kunde tief beeindruckt, wie es in der Lokalpresse hieß. Tatsächlich konnte man bei „Althoff" nahezu alles kaufen, und das auch noch recht preiswert. Vor allem die Lebensmittelabteilung mit ihren Spezialitäten hatte es vielen angetan.

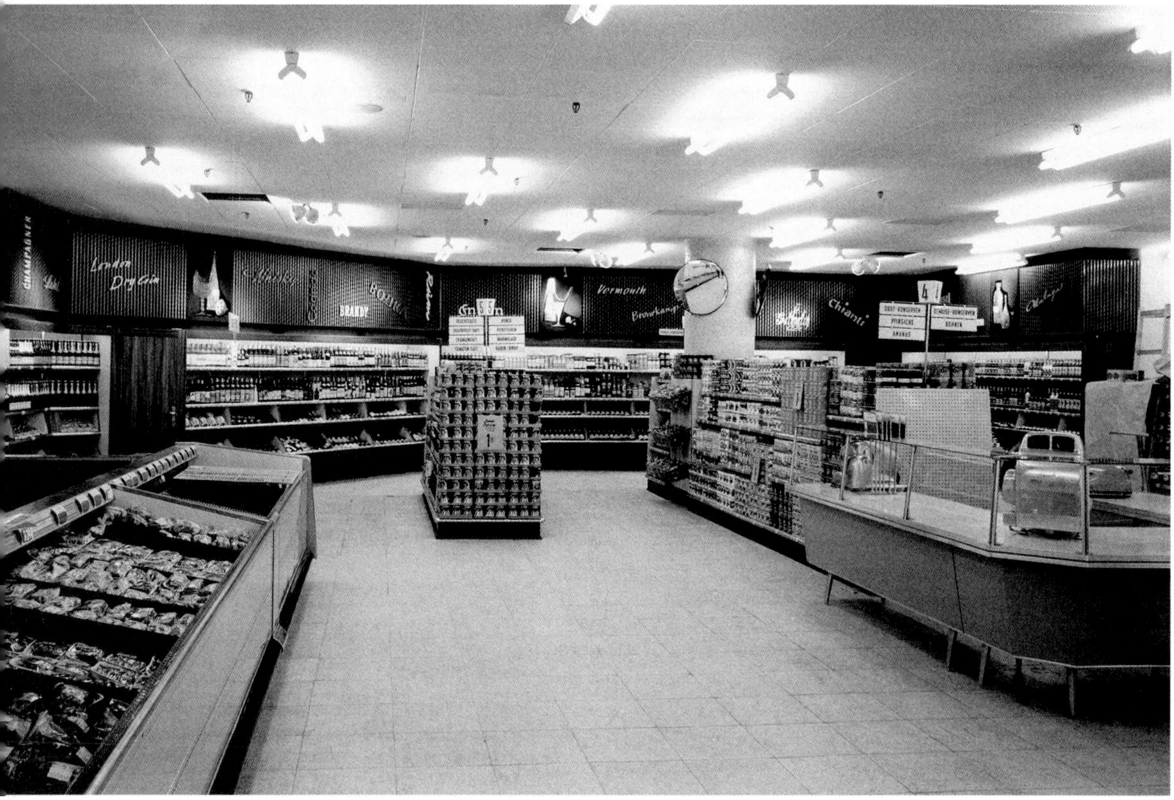

Auf dem Gelände der früheren Stadtkasse an der Ecke Klemens- bzw. Ludgeristraße errichtete der Kaufhauskonzern „Horten" seine münsterische Niederlassung. Am 17. Mai 1962 wurde das Haus mit einer Verkaufsfläche von über 7.000 Quadratmetern seiner Bestimmung übergeben. Das Warenangebot ließ kaum Wünsche offen, wie die Lokalpresse begeistert schrieb. Produkte aus aller Herren Länder lockten die Käufer in Scharen. Tatsächlich besaß das Kaufhaus „Horten" eine der modernsten Lebensmittelabteilungen weit und breit. Vorteil für den Kunden: Um die Ecke lag das erste Parkhaus der Stadt mit 265 Stellplätzen.

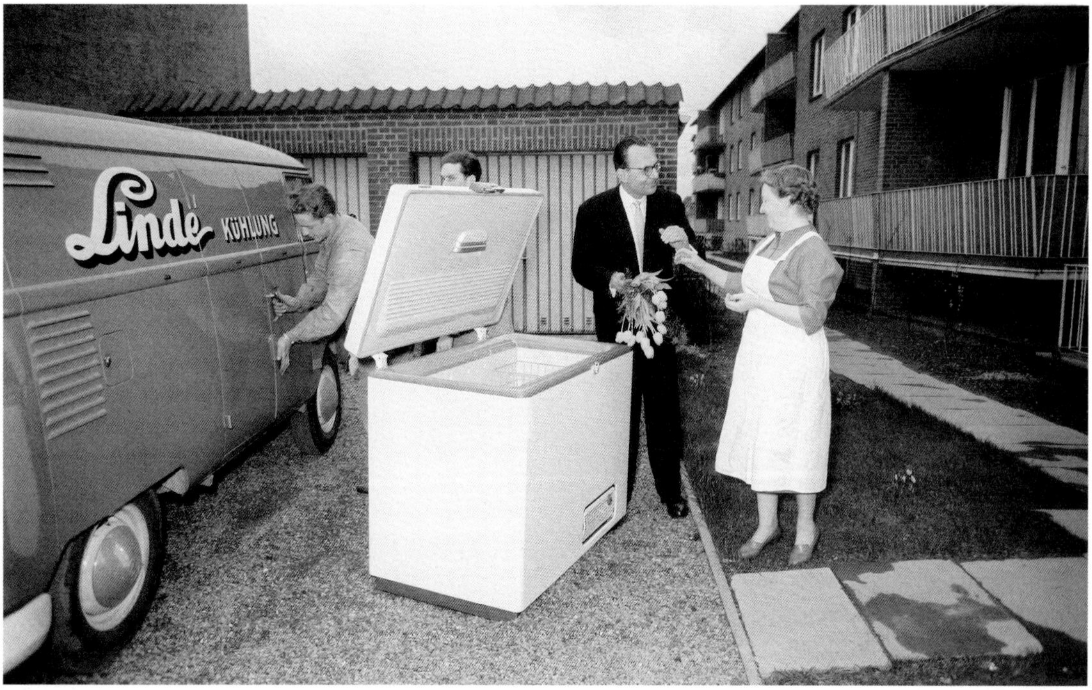

Die Tiefkühltruhe hielt allmählich Einzug in die Haushalte. Als die Tiefkühlkost auf den Markt kam, begegneten ihr viele Hausfrauen mit einiger Skepsis. Sie fürchteten einen reduzierten Vitamingehalt und den Verlust an Mineralien. Glücklich indes, wer gleich eine Truhe gewonnen hatte. Lotterie und Preisausschreiben hatten Hochkonjunktur: Nie gab es derart viele Haushaltsgeräte zu gewinnen wie in den 50er Jahren.

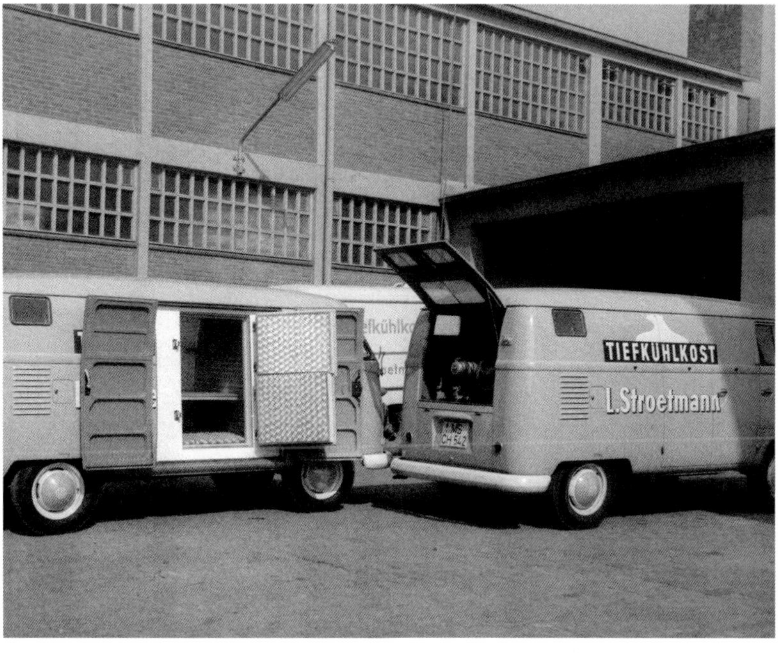

Zum Fuhrpark der Firma „Stroetmann" gehörten seit 1961 auch Kühlwagen auf der Basis des VW-Transporters. Unter Einsatz großer Werbekampagnen wurden zu dieser Zeit die praktischen Vorteile der Tiefkühlkost propagiert. Darauf hatten sich auch die kleineren Lebensmittelgeschäfte und die Gastronomie schnell eingestellt, die von „Stroetmann" beliefert wurden.

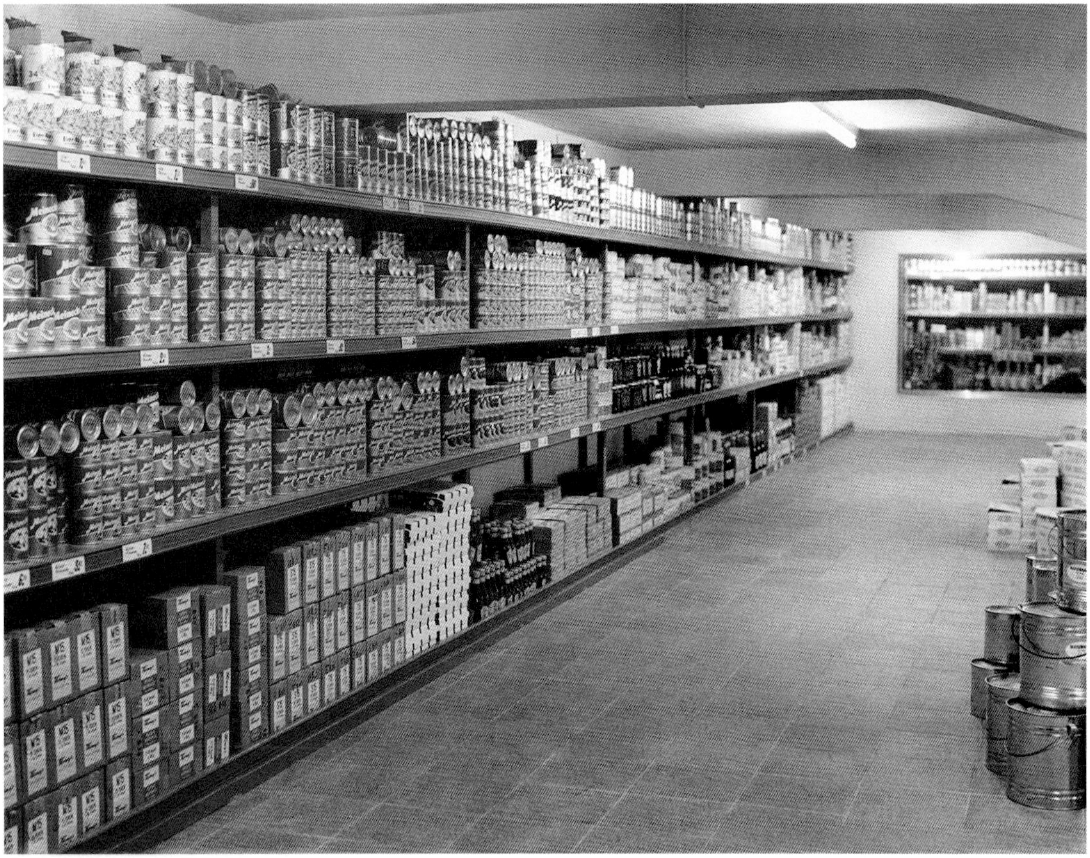

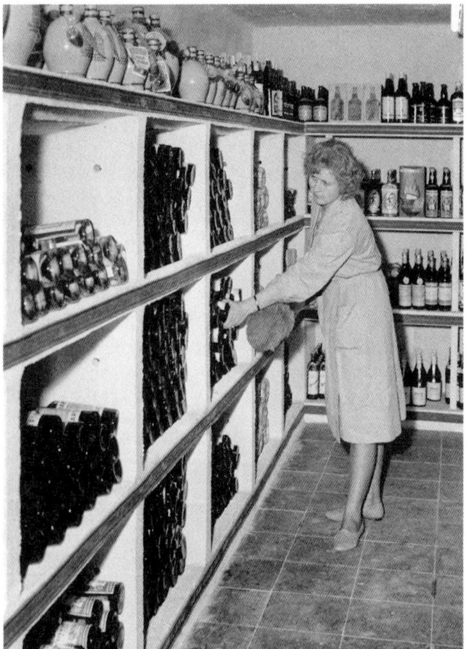

Üppiges Angebot und günstige Preise lockten sogleich neue Käuferschichten in das am Stadtrand in Richtung Gremmendorf gelegene Warenhaus der Firma „Ratio“. Die Idee des großen und günstigen Warenangebots unter einem Dach, verbunden mit optimalen Parkmöglichkeiten in der Peripherie, stammte aus Amerika.

Alkohol aus aller Herren Länder, so weit das Auge reicht: Der Geschmack des Publikums hatte sich ausgangs der 50er Jahre längst auch ausländischen Produkten zugewandt, die zugleich im Rufe von Weltläufigkeit standen.

Die freie Zeit genießen

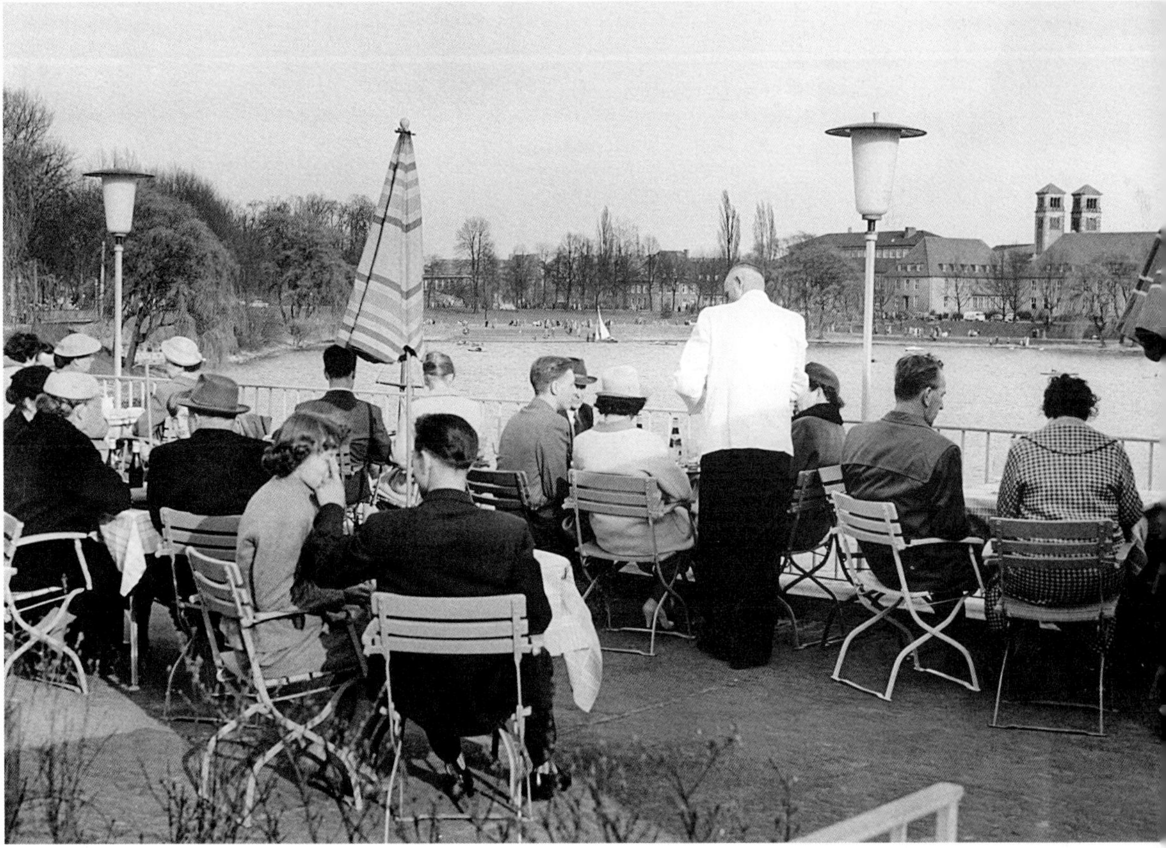

Sonntägliches Wohlstandsglück am Aasee. Die noch wenig mobile Gesellschaft der 50er und beginnenden 60er Jahre suchte ihre Erholung in Stadtnähe, vor allem am Aasee, ein Foto von etwa 1960.

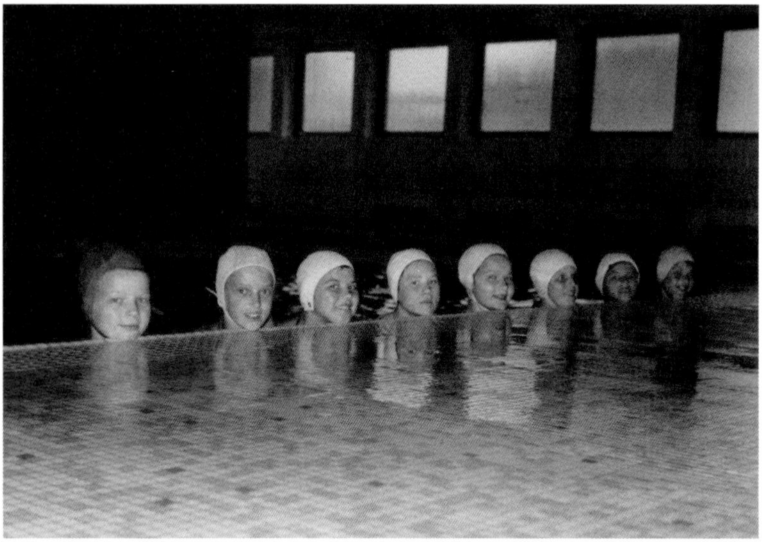

Das 1888 eröffnete und im Zweiten Weltkrieg zerstörte Stadtbad am Zoo, ideal an der Promenade gelegen, wurde im November 1956 wieder eröffnet. Vor allem bei den nahe gelegenen Schulen erfreute sich das Schwimmbad für den Sportunterricht bald größter Beliebtheit.

Geeignete Spielplätze für kleinere Kinder waren in der Nachkriegszeit Mangelware, nicht nur in Münster. Die Sandkästen und Klettergerüste waren für viele Kinder damals der einzige Ort zum Spielen im Freien. Eigene Gärten besaßen nur die wenigsten Familien, Foto von 1961.

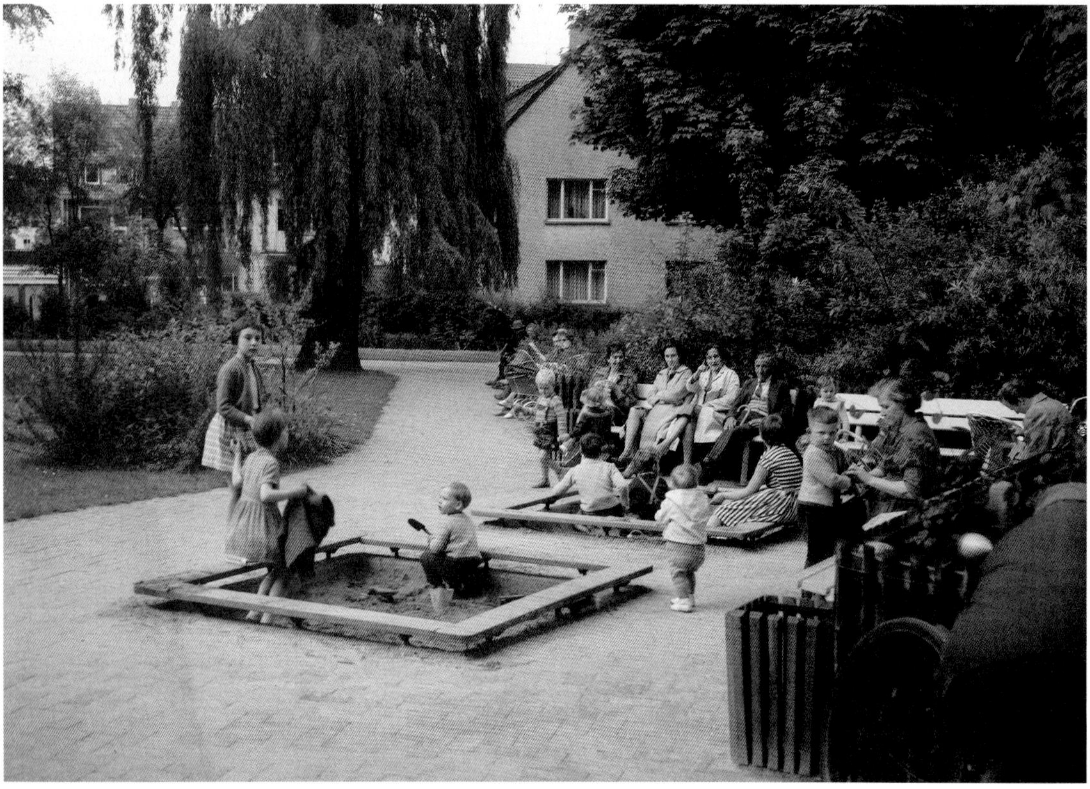

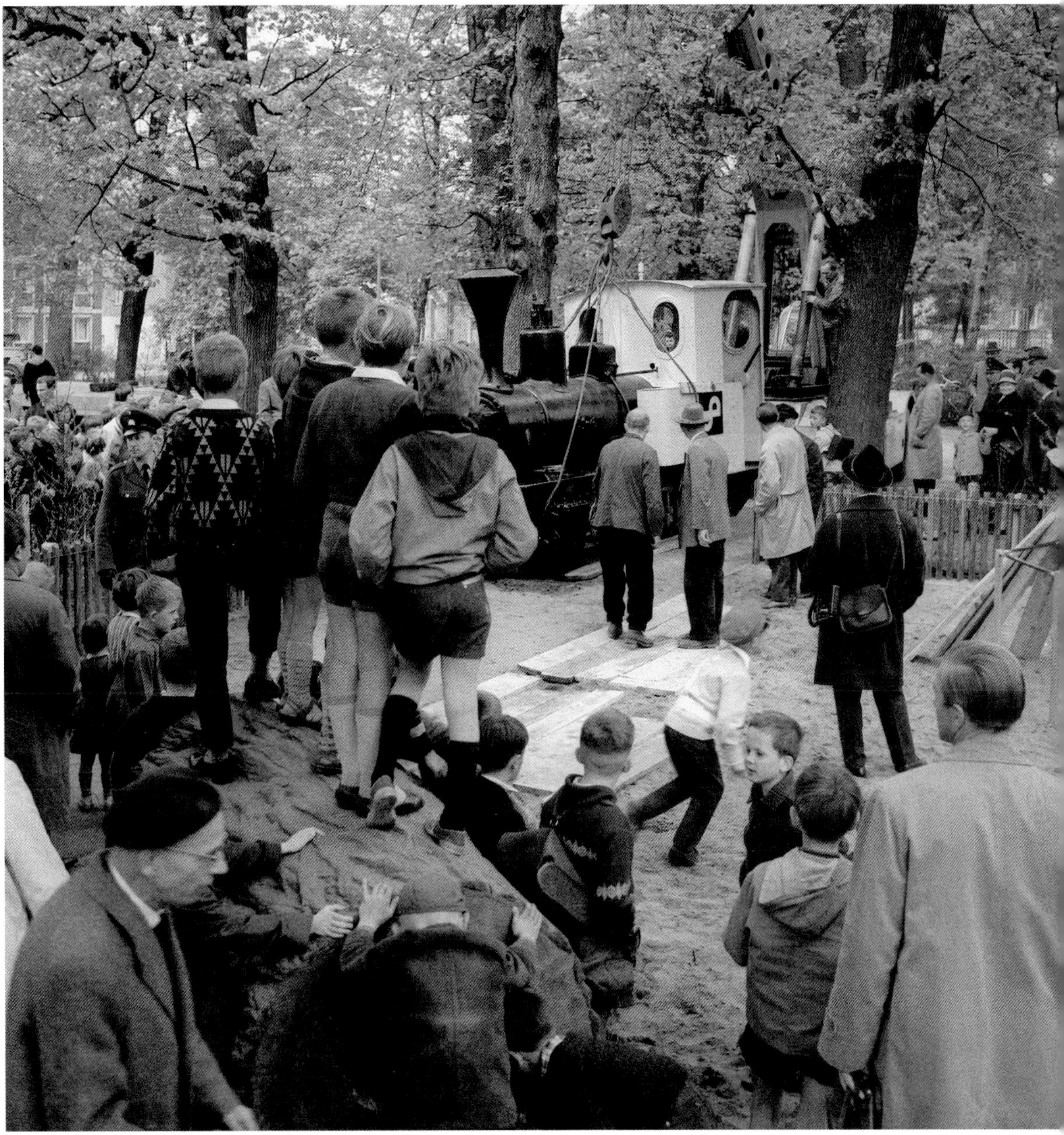

Ein besonderes Ereignis war es, als am 11. Mai 1962 eine alte Trümmerlok auf dem Spielplatz am Coerdeplatz aufgestellt wurde. Über 40 Jahre lang sollte sie die Hauptattraktion für die Kinder bleiben: Hier wurde der weit verbreitete Wunsch, Lokomotivführer zu werden, problemlos verwirklicht. Die Lokomotive war nach dem Krieg jahrelang bei der Trümmerbeseitigung eingesetzt worden.

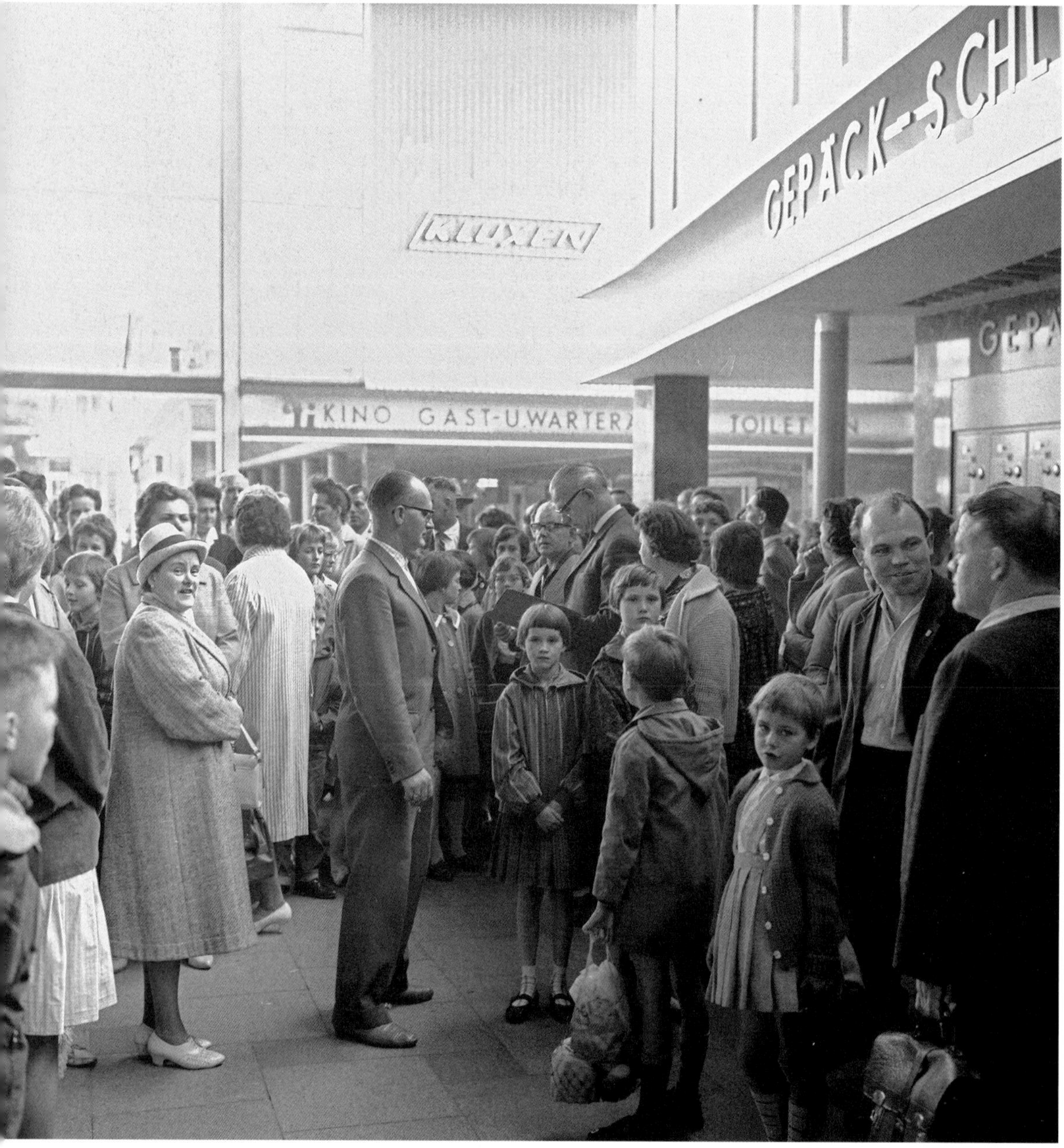

Pünktlich zu den Sommerferien im Juli 1962 verreisten zahlreiche Jungen und Mädchen aus kinderreichen Familien in den Harz. Sie folgten einer Einladung des seit 1922 bestehenden „Bundes der Kinderreichen", seit 1969 „Deutscher Familienverband" genannt, der es sich zum Ziel gesetzt hatte, Heranwachsenden aus sozial schwachen Schichten eine Urlaubsreise zu ermöglichen. Seit 1950 war der Verband in der Lage, seine frühere Aufgabe wieder wahrzunehmen. Bis dahin hatten sich vor allem ausländische Vereinigungen wie etwa das Schweizer Rote Kreuz um Ferienaufenthalt für deutsche Kinder gekümmert.

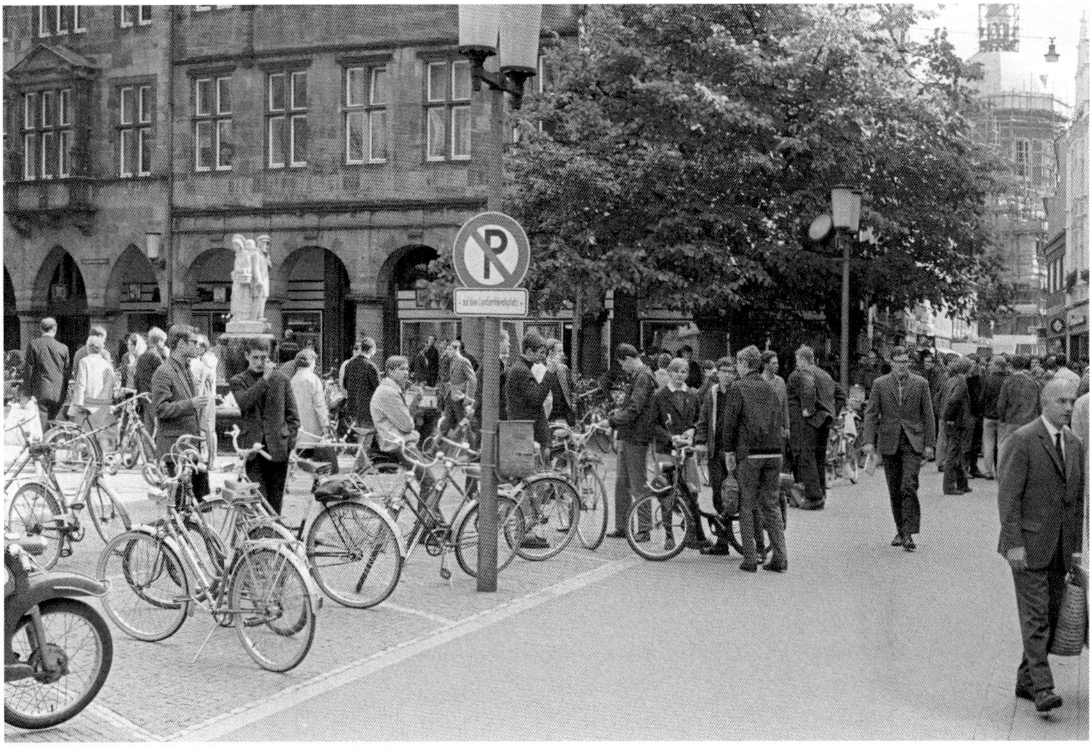

Der Lambertibrunnen entwickelte sich in den 60er Jahren zu dem Treffpunkt für Jugendliche in Münster. Vor allem an Samstagen nach Schulschluss traf man sich am „Brunnen". Diese Aufnahme entstand im September 1966. Mit der späteren Einführung der schulfreien Samstage verschwand diese münsterische Tradition rasch.

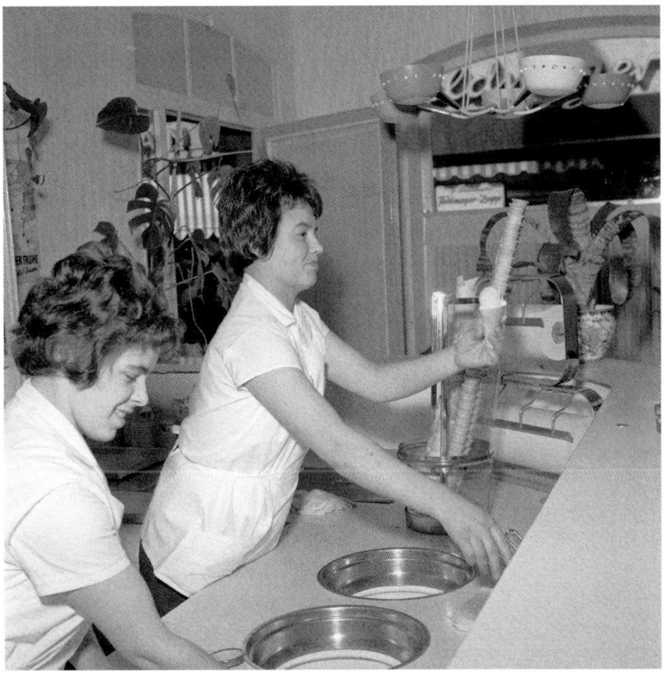

Die italienische Eisdiele von Matteo Cero gab es in Münster bereits seit 1931. Weitere italienische Eisdielen kamen erst im Laufe der 60er Jahre hinzu und gehören seitdem ganz selbstverständlich zum Stadtbild. Die Zeiten, in denen die Eiskugel noch einen Groschen kostete, sind allerdings längst vorbei.

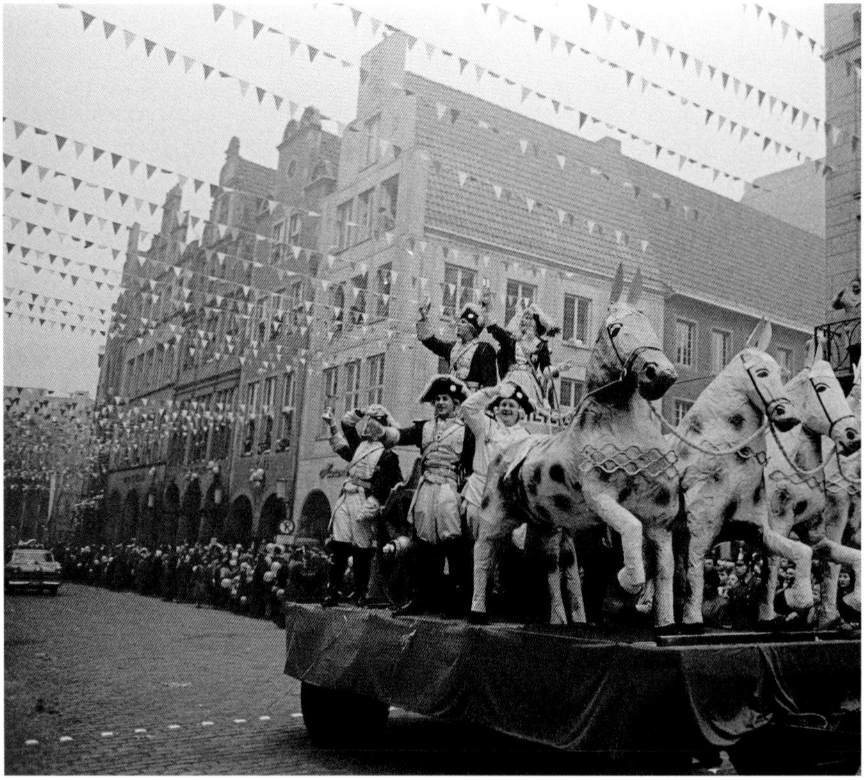

Erstaunlich schnell fand der Karneval nach dem Zweiten Weltkrieg in Münster wieder zu seinen Wurzeln. Zum Rosenmontagszug kamen Zehntausende auch aus dem Umland in die Stadt, so viele wie in späterer Zeit nie mehr.

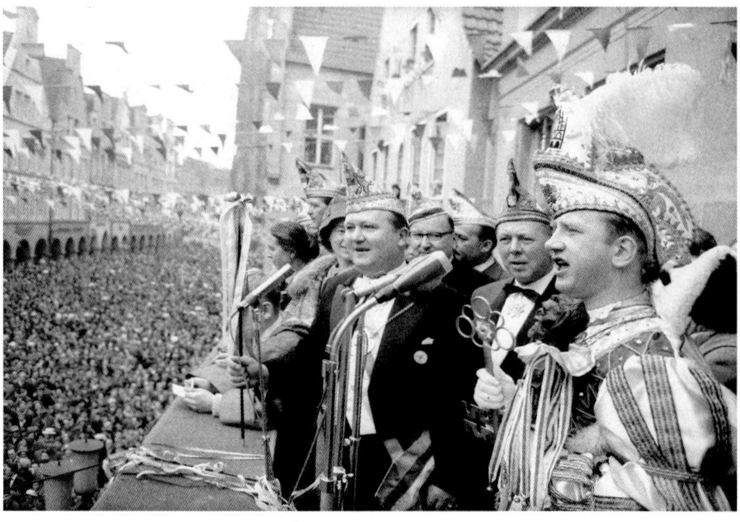

Zu den wichtigsten Ereignissen im jährlichen Veranstaltungskalender Münsters gehörte der Karneval. Das Publikum drängte sich, wenn der Karnevalsprinz für die drei tollen Tage das Regiment in der Stadt übernahm. Oberbürgermeister Busso Peus überreichte am 28. Februar 1960 „Seiner Tollität Prinz Ewald I." den goldenen Schlüssel der Stadt. Neben aktuellen politischen Themen nahmen die Narren in diesem Jahr auch das in der Bevölkerung umstrittene Stadthochhaus aufs Korn.

„Halbstarke" in ihrem Element: Zu den beliebtesten Attraktionen der Jahrmärkte der 50er und 60er Jahre gehörte der Autoscooter. Vermeintliche Fahrkünste samt Geschicklichkeit vor den Augen umschwärmter junger Damen wurden gerne zum Besten gegeben. Man war schon wer, vor allem mit Röhrenhosen und spitzen Schuhen.

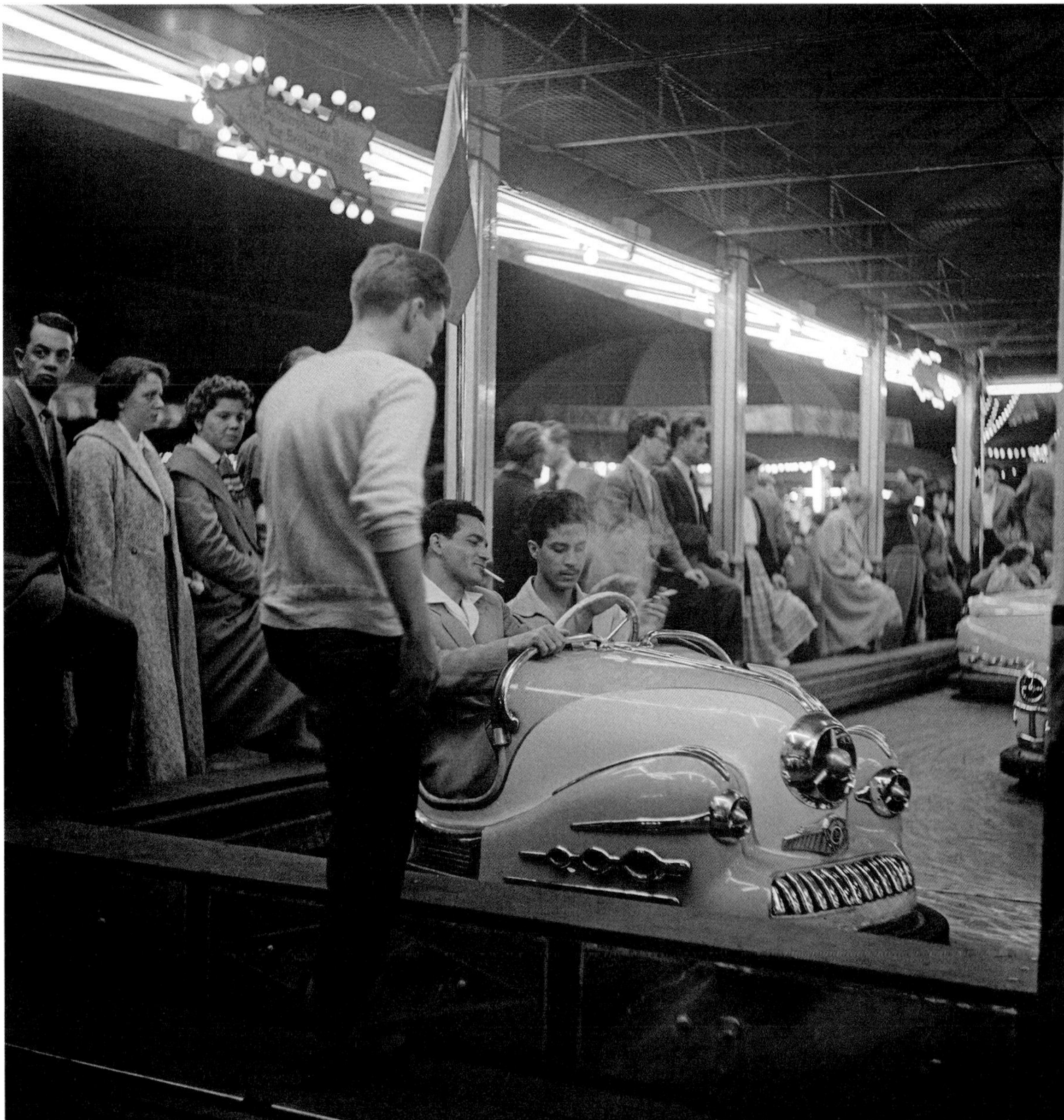

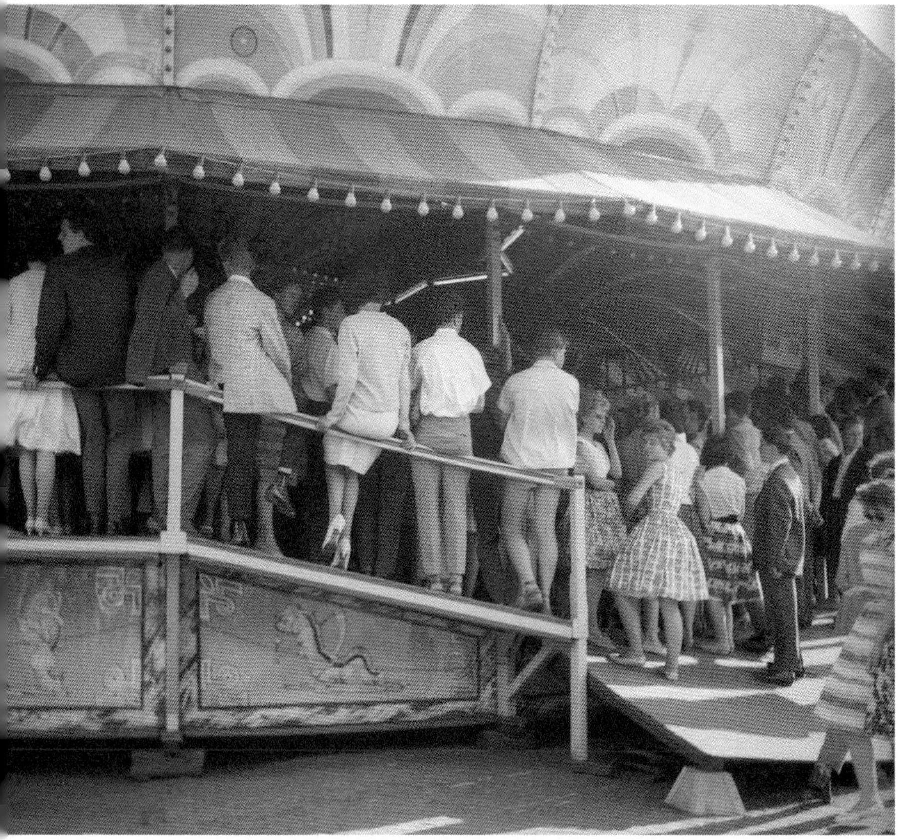

Frühjahrssend 1960: Nicht weniger attraktiv war die Raupe, ein schnell hoch und tief fahrendes Karussell, dessen Sitze zeitweise verdeckt werden konnten. Gerade dieser Effekt erfreute sich bei Teenagern größter Beliebtheit.

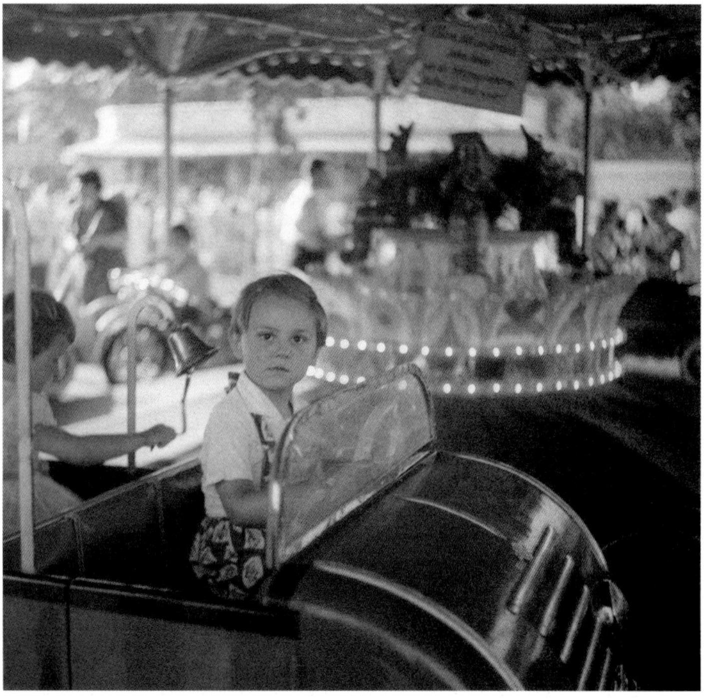

Einmal am Steuer sitzen können, ein großer Kindertraum. Das Autokarussell macht's möglich.

Unter dem Motto „Ein Wiedersehen mit Freddy" stand der Abend des 14. Januar 1962 in der Halle Münsterland. Gemeint war natürlich Freddy Quinn, einer der damals populärsten deutschen Schlagersänger. Mit weiteren Auftritten von der kaum mehr bekannten Ulla Nielsen zu den umschwärmten Stars wie Helmut Zacharias und dem Amerikaner Bill Ramsey war das Angebot dieses Schlagerabends weit gespannt. Die Fotos zeigen Freddy Quinn und Bill Ramsey, der sicher auch seinen Hit „Zuckerpuppe" zum Besten gab.

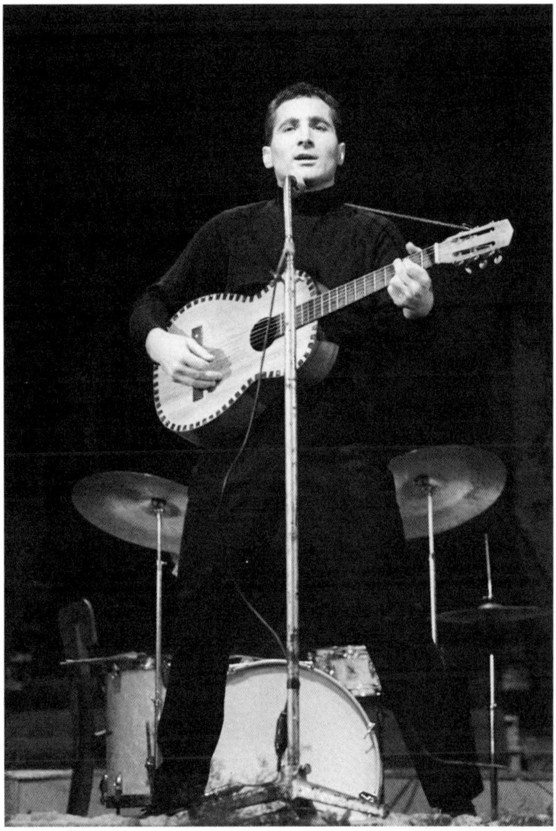

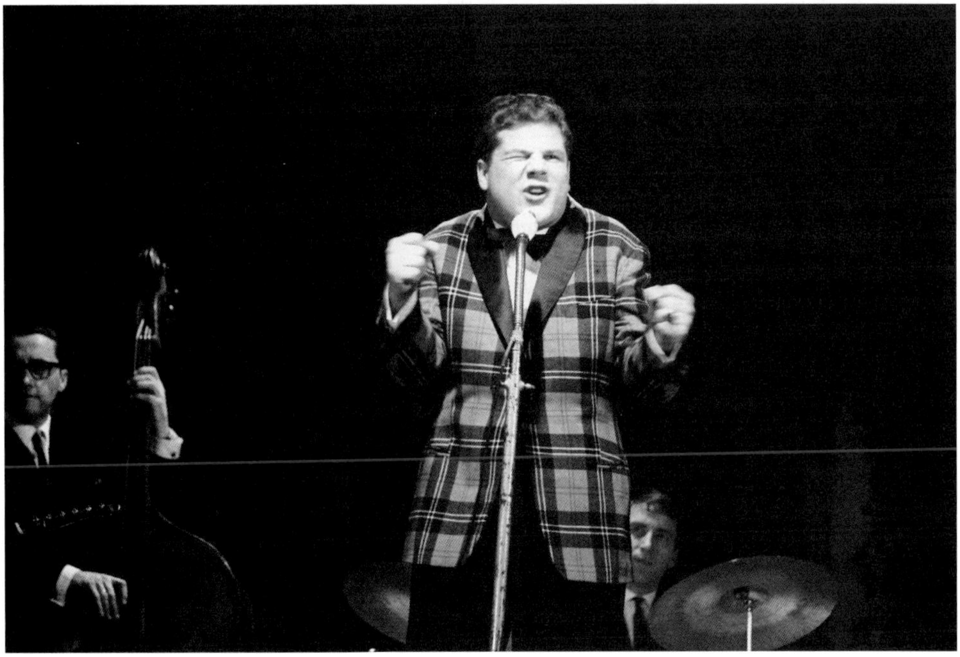

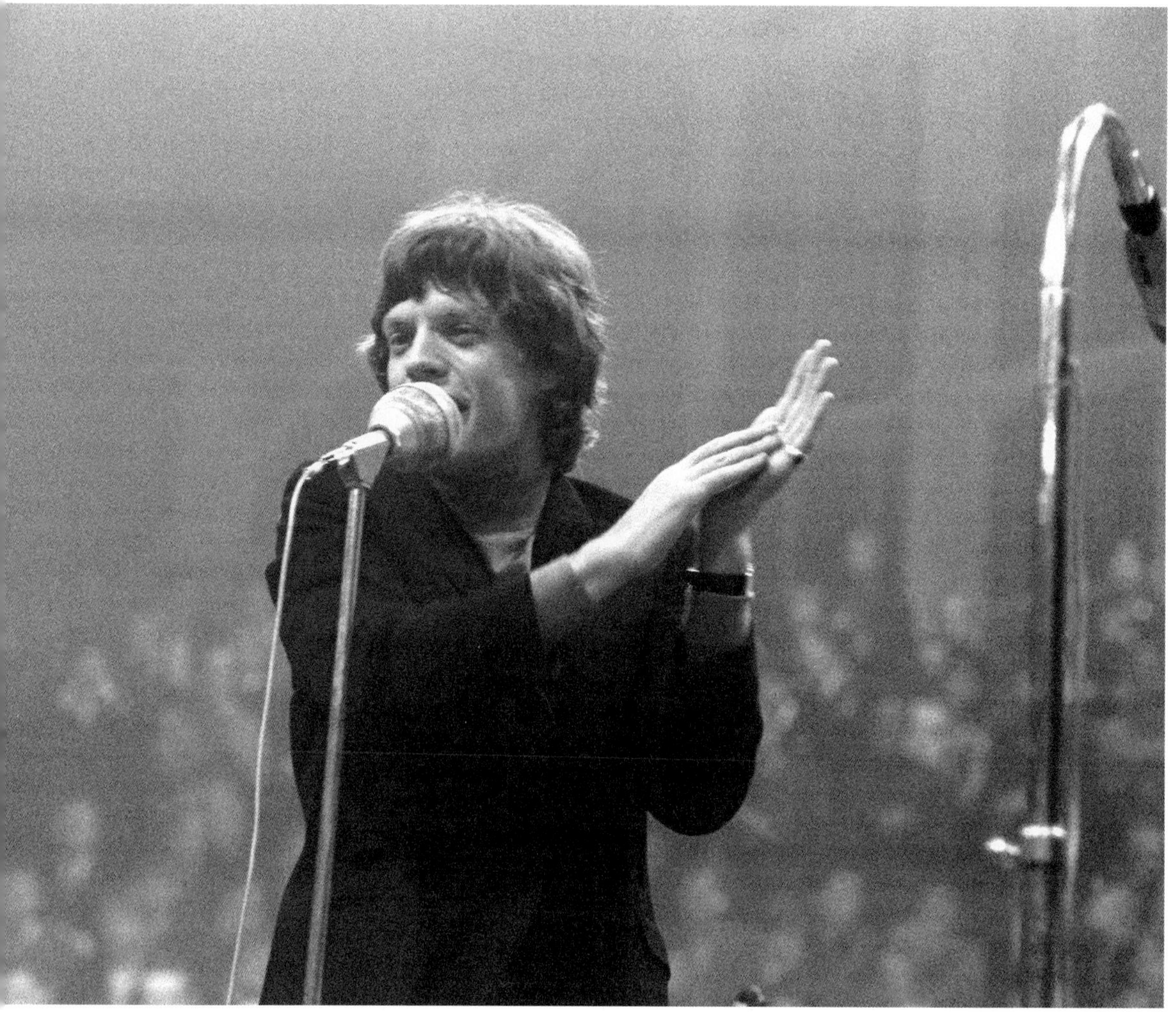

Sensation: Am 11. September 1965 gaben die „Rolling Stones" zum ersten Mal ein Konzert auf dem europäischen Kontinent, und das ausgerechnet in Münster. Der Ansturm auf die Karten war so groß, dass die Band nachmittags und abends auftrat. Die Presse titelte später: „Zehntausend in Beat-Ekstase". Unter den Zuhörern befanden sich auch die Polizeipräsidenten aus München, Essen, Hamburg und Berlin, die sich auf die Konzerte der „Rolling Stones" in ihren Städten vorbereiten wollten. Die befürchteten Ausschreitungen beim Auftritt der damals als „härteste Band der Welt" bezeichneten „Stones" fanden in Münster jedoch nicht statt. Lediglich ein knappes Dutzend zerstörter Stühle war zu verzeichnen.

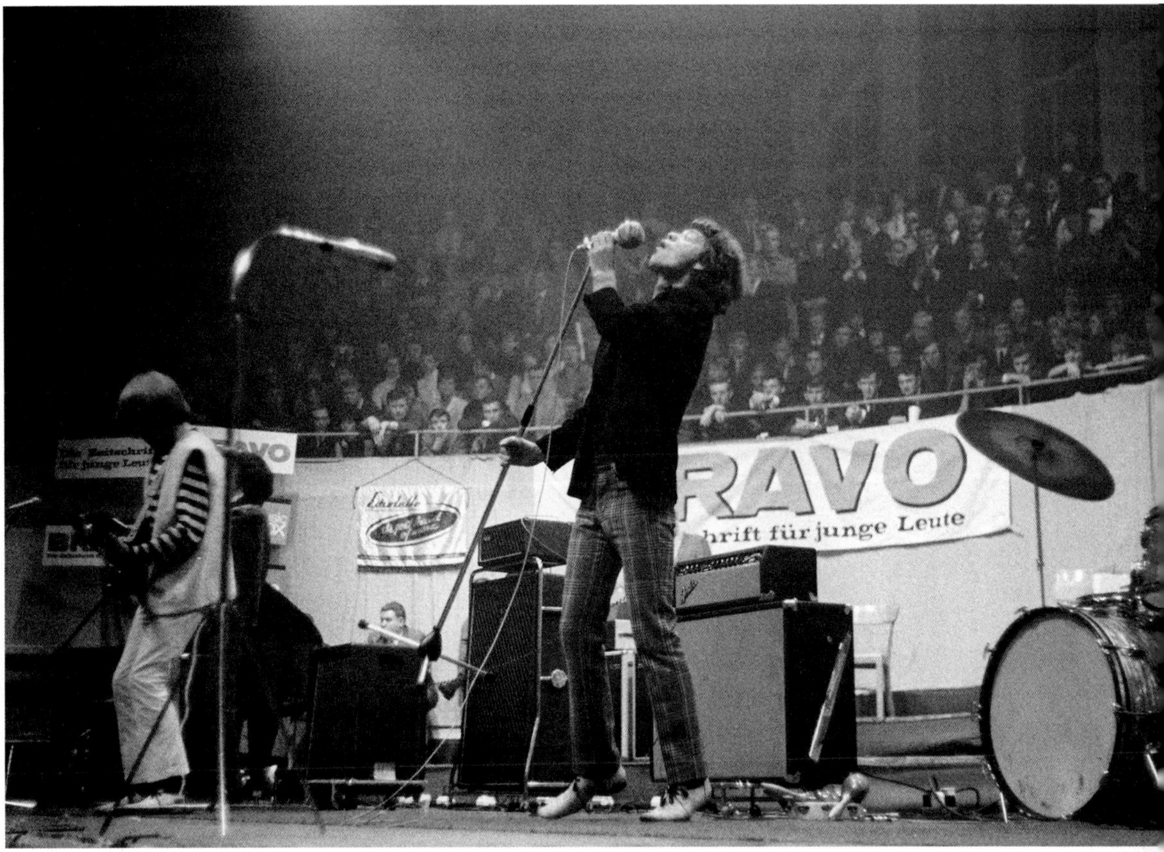
RAVO
hrift für junge Leute

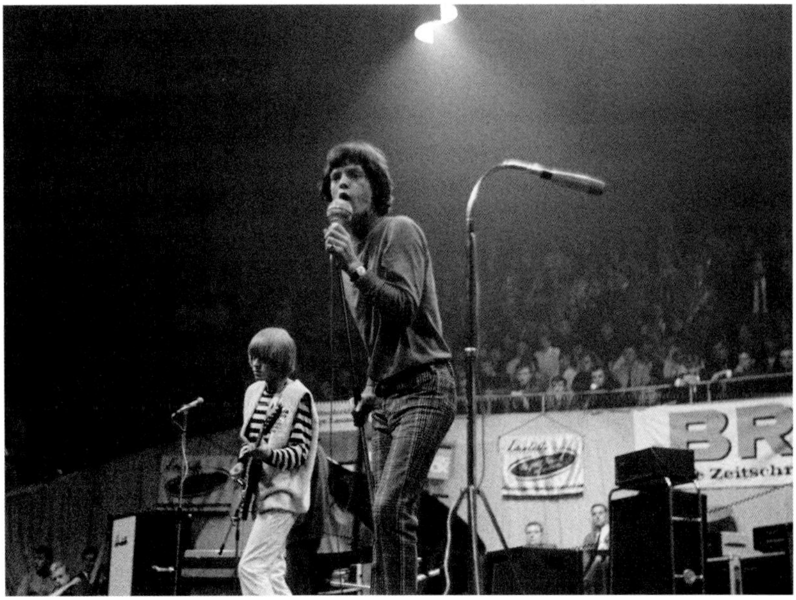
BR
e Zeitschr

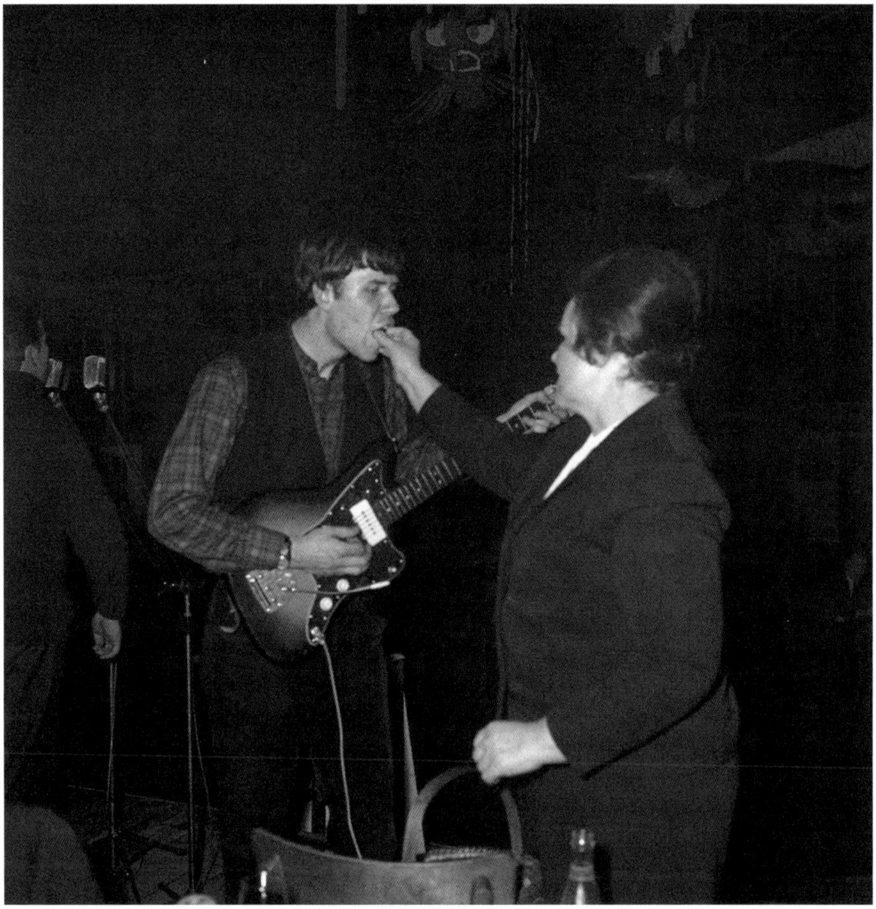

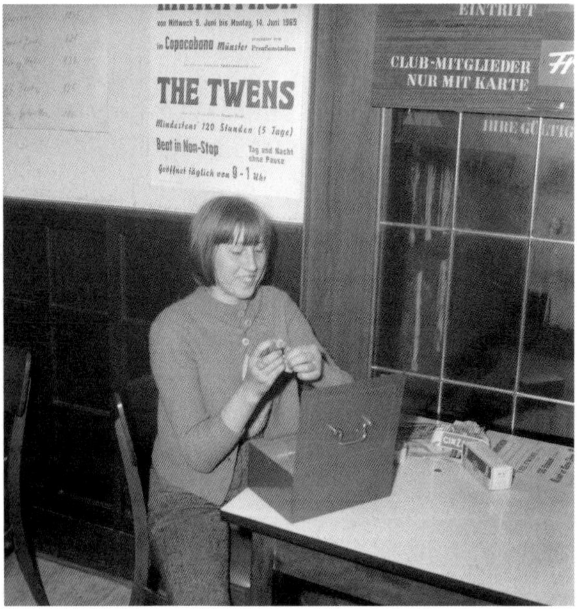

1964/65 erreichte der Beat Deutschland, und damit zog auch blitzschnell eine neue Jugendkultur ins Land. Elvis war gestern, heute waren die Beatles und andere Gruppen angesagt. Den großen Vorbildern folgten viele Bands auf dem Fuße und buhlten um ihr Publikum. Im „Copacabana Tanzpalast" in der Hammer Straße in den Räumlichkeiten des Lokals „Hof zur Geist" gegenüber dem Preußenstadion spielte vom 9. bis 14. Juni 1965 die Gruppe „The Twens" auf, und das gleich Non-Stop, mindestens 120 Stunden in fünf Tagen, so ihr Ziel. Der Musik-Marathon forderte natürlich seinen Tribut, trotz mütterlicher Unterstützung.

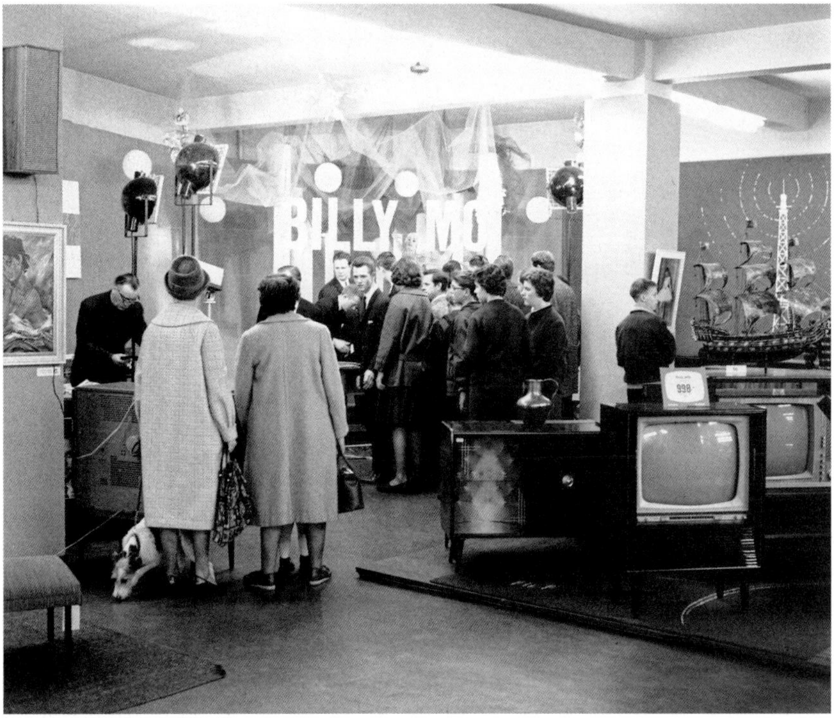

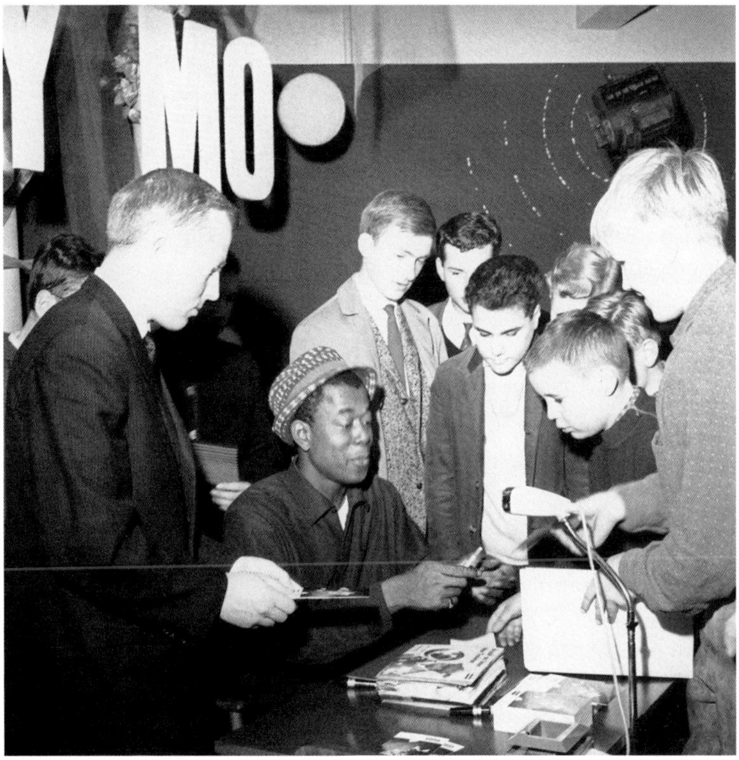

Zu den populären Schlagersängern der 50er und 60er Jahre gehörten einige Amerikaner – ehemalige Besatzungssoldaten –, die in ihrer Heimat unbekannt waren, aber in Deutschland auf einer Welle des Erfolgs schwammen, so Bill Ramsey und Gus Backus. Aus Trinidad stammte der im Juli 2004 gestorbene Billy Mo – im wirklichen Leben ein exzellenter Jazztrompeter –, der mit seinem 1963 aufgenommenen Schlager „Ich kauf' mir lieber einen Tirolerhut" einen Hit landete. Im Sommer 1963 kam er zu einer Signierstunde in das Kaufhaus „Althoff".

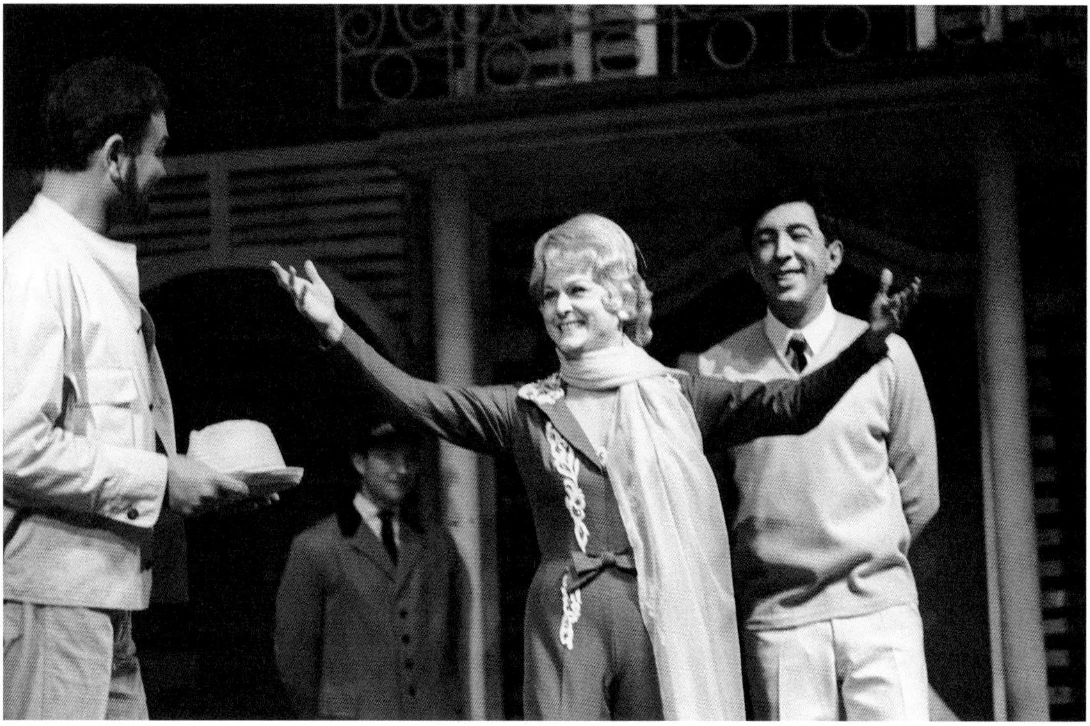

Die Spielzeit 1966/67 des münsterischen Stadttheaters bot mehrere publikumsträchtige Inszenierungen. Eine war die Operette „Maske in Blau" mit Marika Rökk als Hauptdarstellerin. Die eher seichte Operette lebte von der schon damals nicht mehr ganz jungen, aber beim Publikum äußerst beliebten Marika Rökk. So lautete die Überschrift einer Zeitungskritik: „Marika spielte alles an die Wand". Die 27 Aufführungen in Münster bescherten den Städtischen Bühnen ein herausragendes Kassenergebnis.

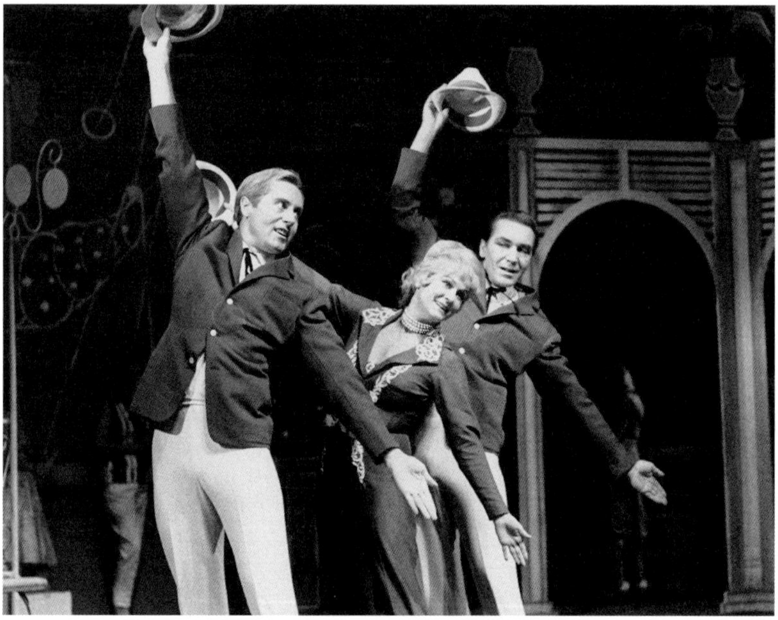

Vollbeschäftigung, Arbeitskräftemangel und soziale Not

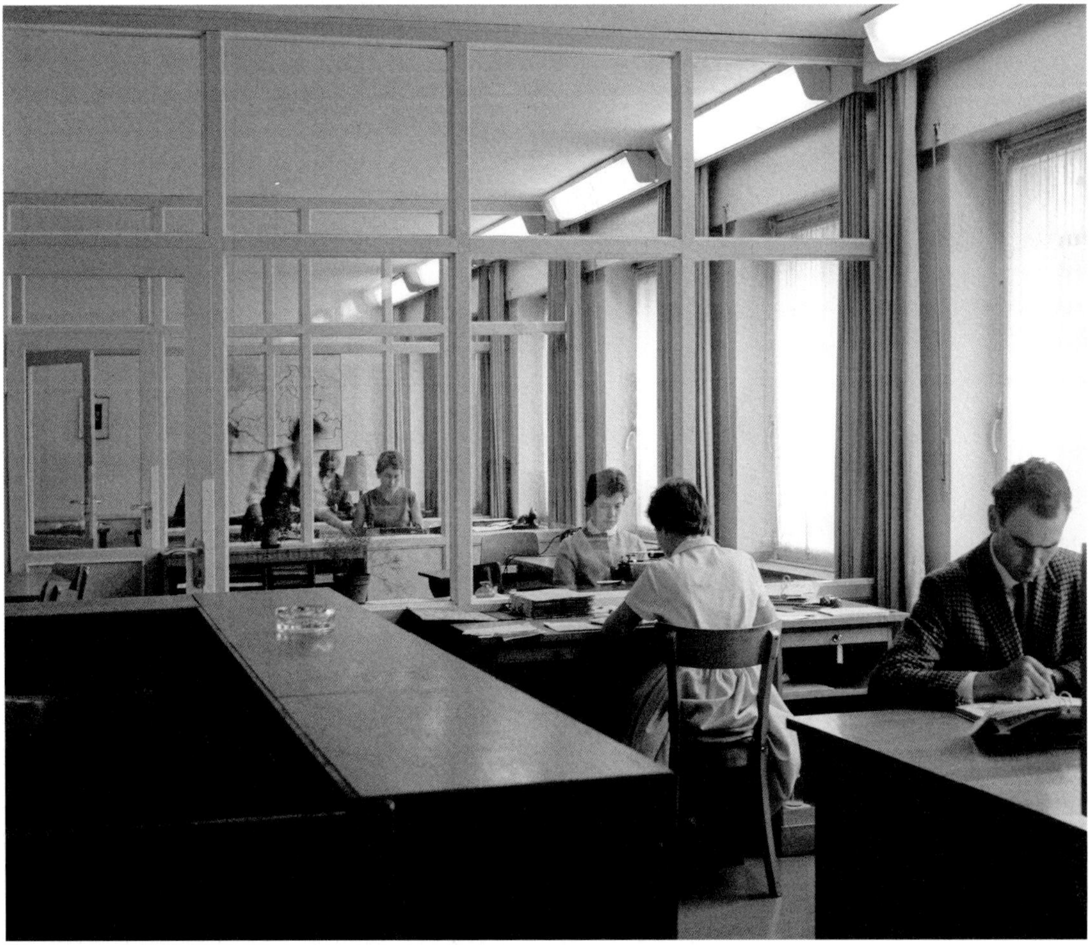

Ein Blick in das typische Büro der späten 50er Jahre, hier der Allianz-Versicherungen an der Engelstraße. Der Weg zum Großraumbüro ist nicht mehr weit, noch trennen mit großen Glasflächen versehene Rahmenkonstruktionen einzelne Arbeitsbereiche voneinander ab. Am Ende des Raumes befand sich das Büro des Vorgesetzten, der so einen guten Überblick über seine Mitarbeiter besaß, aber auch selbst stets sichtbar war.

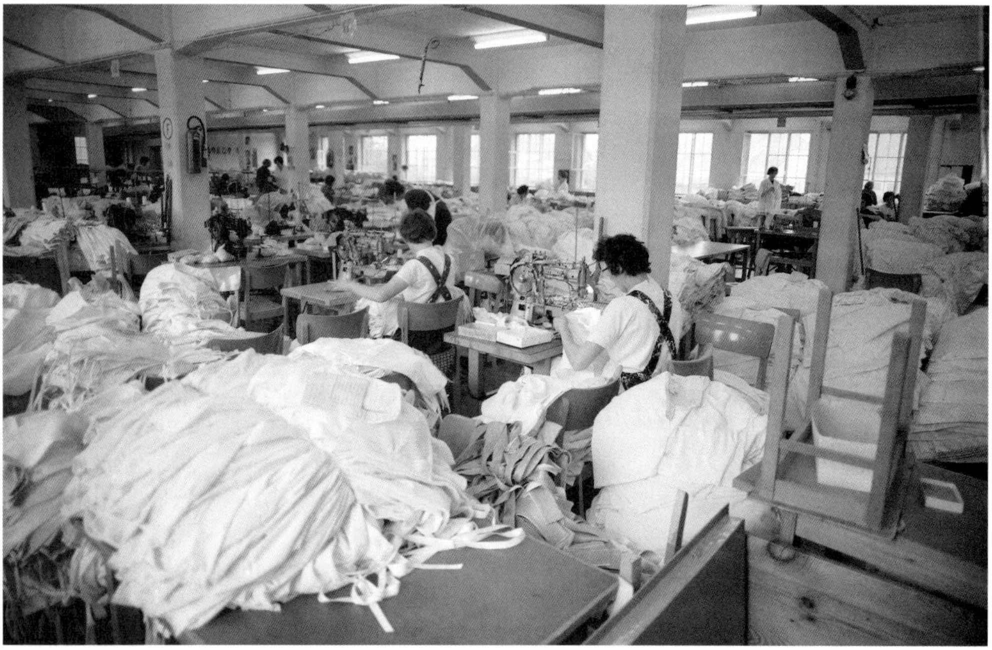

Münster ist traditionell stark vom Dienstleistungssektor geprägt. Nach 1945 versuchte die Stadt, neue Industriebetriebe anzusiedeln. Hierzu gehörten die Wäschefabrik Rawe und der Maschinenbauer Hamel. Die bis Ende der 70er Jahre in Münster bestehende Firma Rawe befand sich an der Steinfurter Straße und beschäftigte zeitweise über 300 Arbeiterinnen. Der Maschinenbauer Hamel war in den 60er Jahren der zweitgrößte Industriebetrieb der Stadt mit rund 500 Mitarbeitern.

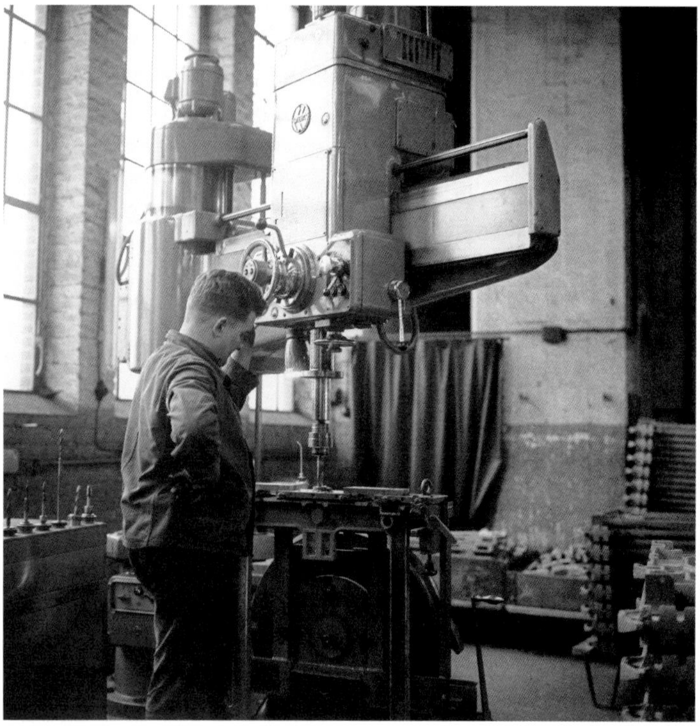

Im Gegensatz zu späteren Jahren herrschte damals angesichts von Vollbeschäftigung ein Mangel an Auszubildenden: Lehrstellen gab es im Überfluss. In den Zeitungen waren Serien über Lehrberufe von der Verkäuferin über die Verwaltungskraft bis zum Automechaniker keine Seltenheit.

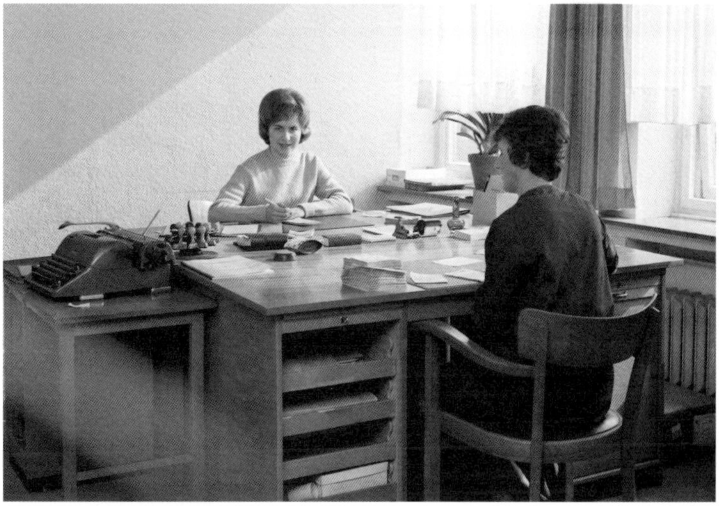

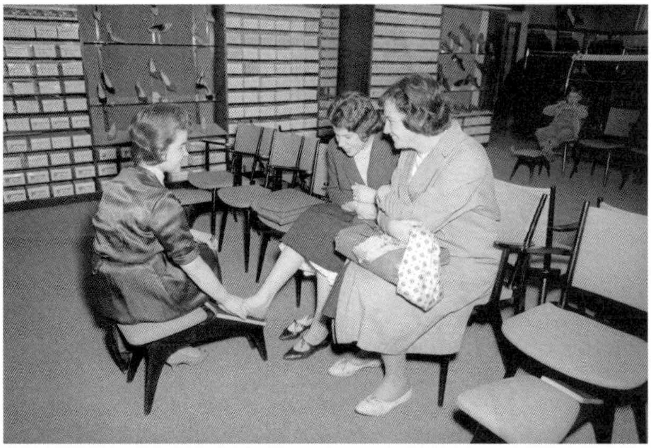

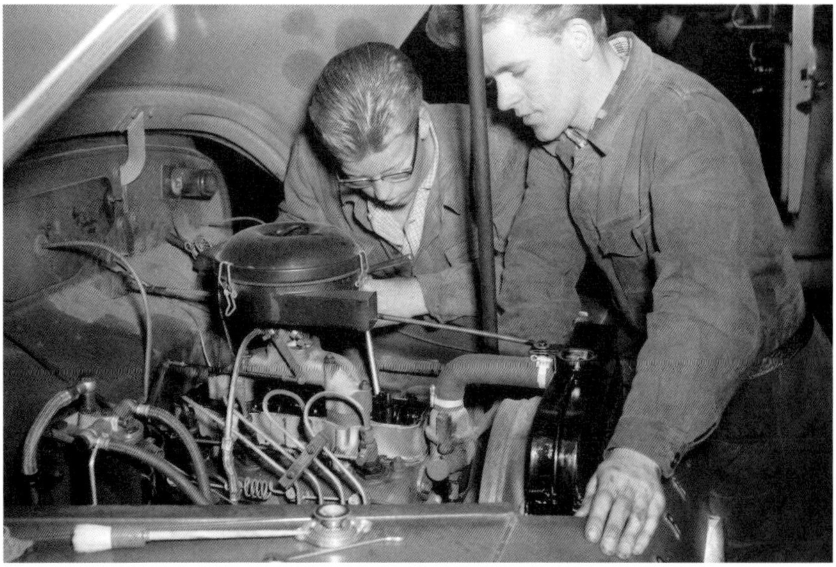

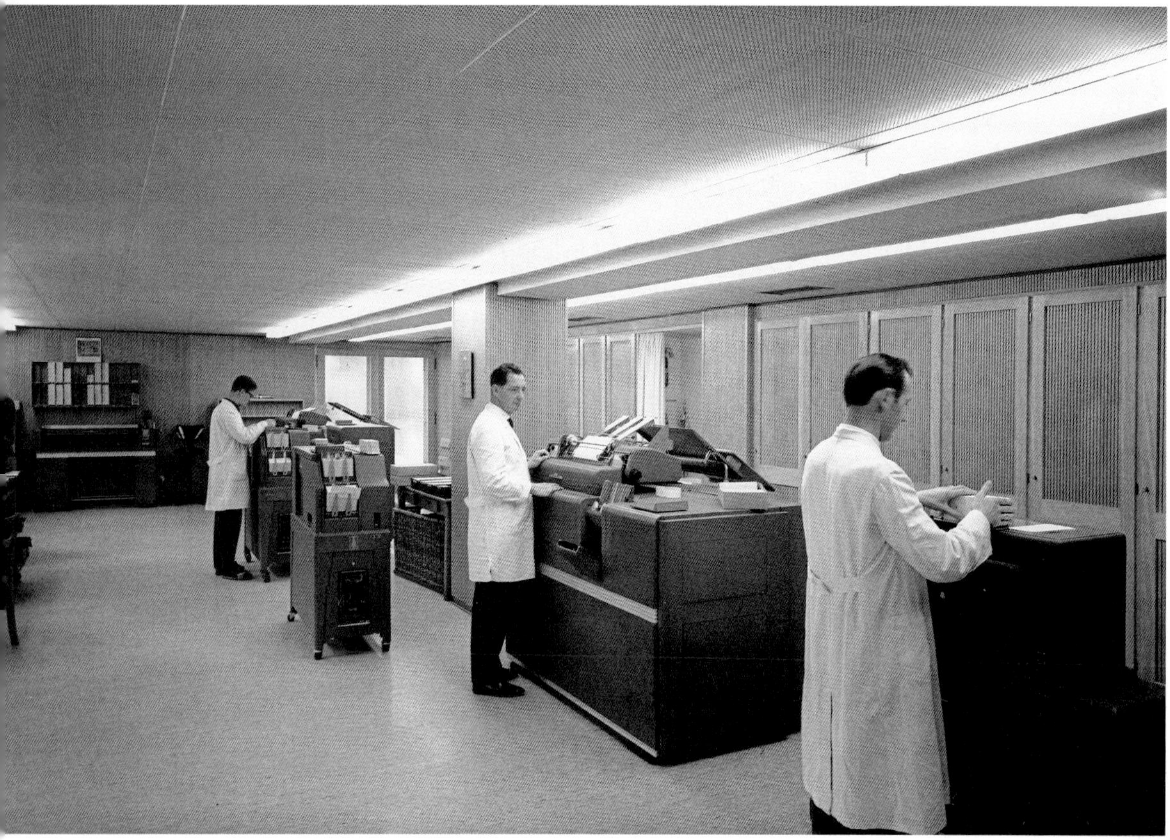

In den 60er Jahren begann der Siegeszug der elektronischen Datenverarbeitung. Computer konnten damals wegen ihres hohen Preises wie auch des für spätere Vorstellungen unglaublichen Raumbedarfs nur von Großunternehmen eingesetzt werden. Im Foto sind Datenverarbeitungsgeräte der damaligen Provinzial-Lebensversicherung an der Warendorfer Straße zu sehen, die von speziell ausgebildetem Fachpersonal bedient wurden.

Nach Italienern kamen zu Beginn der 60er Jahre Spanier und Griechen, wenig später auch Portugiesen und Türken, um in Münster und Umgebung zu arbeiten. Von einem Urlaub in der Heimat träumten alle. Dieser Europabus fuhr im Dezember 1965 von Münster aus nach San Sebastian und Madrid.

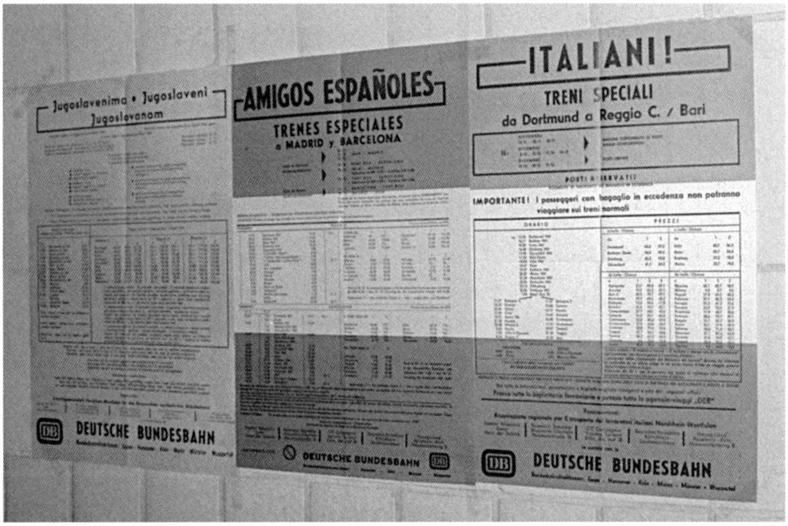

Im Vergleich zum Ruhrgebiet war die Zahl der im Ausland angeworbenen Arbeitnehmer in Münster und Umgebung eher gering. Trotzdem setzten viele Bau- und Industriebetriebe der Region auf deren Arbeitskraft, und selbst in Münster waren Gastarbeiter keine Seltenheit mehr. Regelmäßig zur Weihnachtszeit setzte die Bundesbahn Sonderzüge ein, die die ausländischen Arbeitnehmer in ihre Heimat brachten.

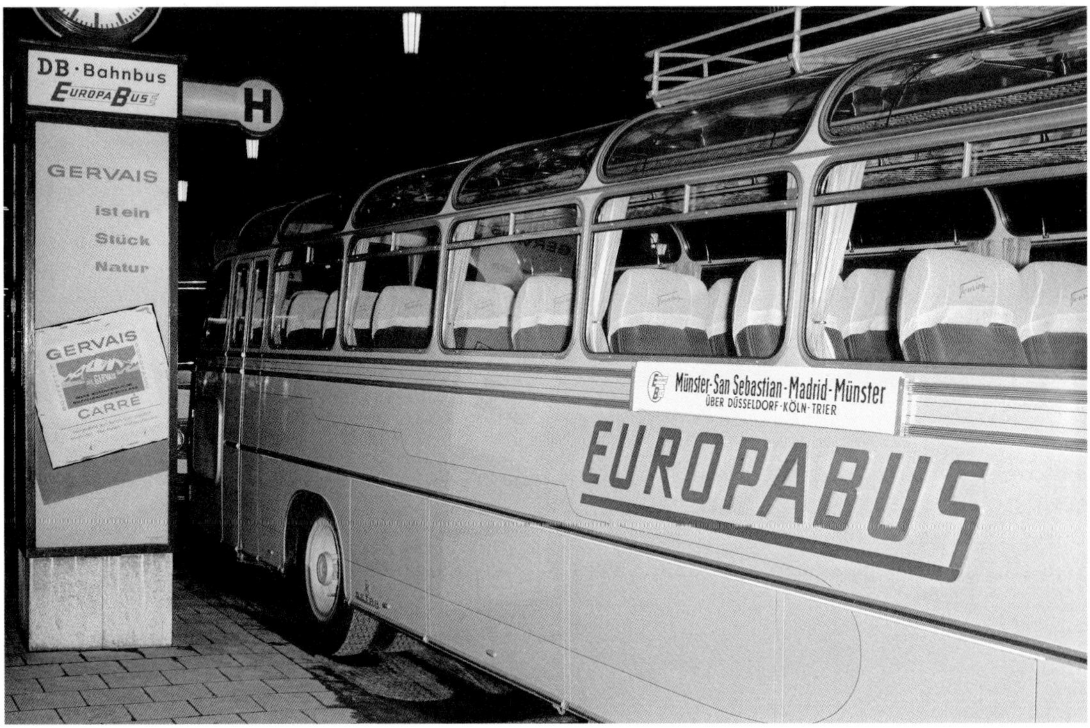

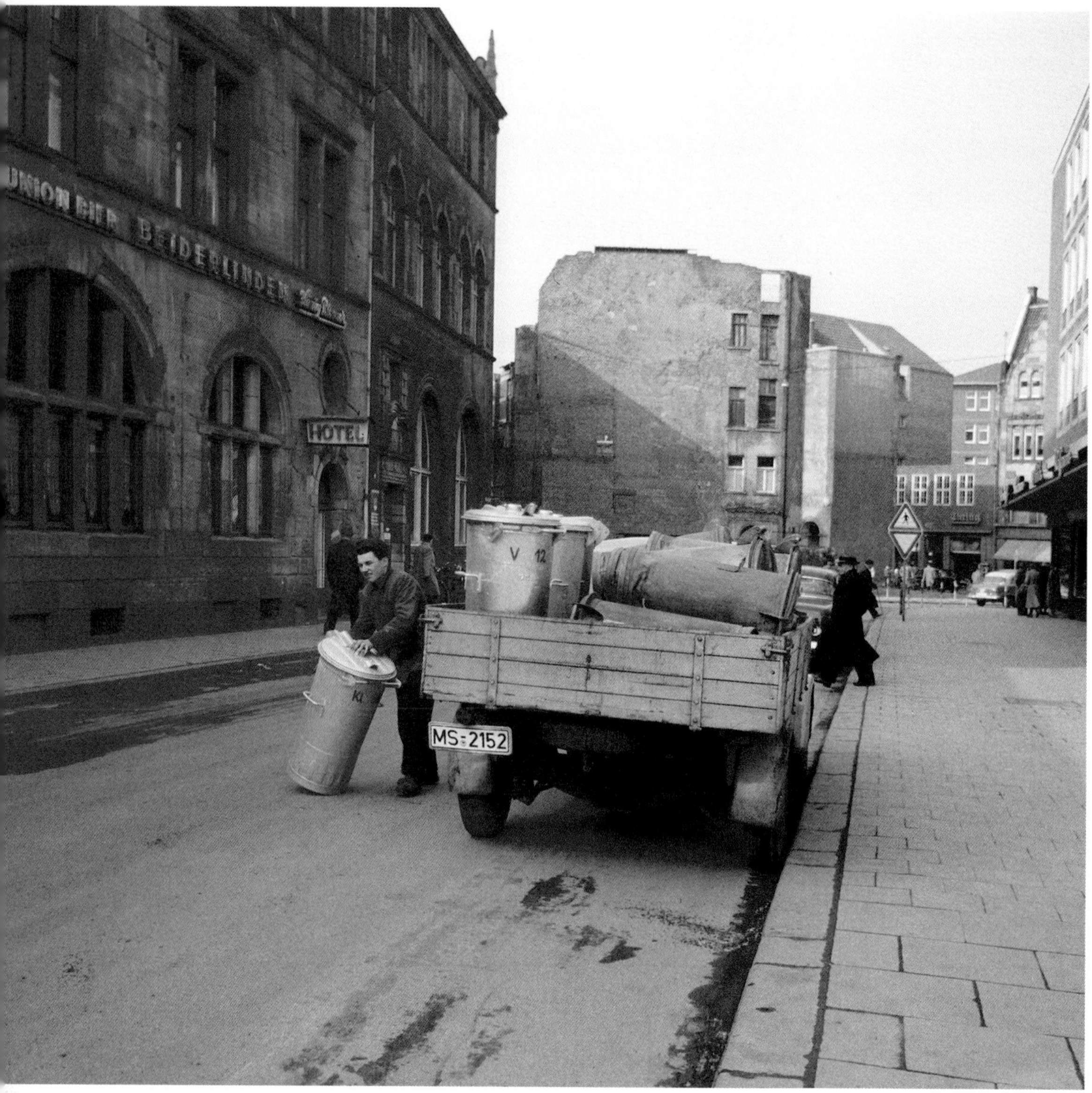

Neue Mülltonnen, die schweren aus verzinktem Metall, erhielten die Münsteraner in den späten 50er Jahren. Zuvor war die Abfallwirtschaft noch recht behelfsmäßig organisiert. Die damals wenig angesehene Arbeit bei der Müllabfuhr erfuhr in den folgenden Jahren durch hohe Löhne, aber auch durch technische Verbesserungen eine Aufwertung.

Zu den großen, in der Öffentlichkeit aber weitgehend unbekannten Erfolgen der Regierung Adenauer gehörte die Integration der vielen Millionen Vertriebenen und Flüchtlinge in Westdeutschland. Im Flüchtlingslager an der Grevener Straße lebten Ende Februar 1959 noch 300 Flüchtlinge aus der Sowjetzone und 100 Vertriebene. Weitere Lager befanden sich in der so genannten Boniburg, in der Weißenburgkaserne und am Toppheideweg in Gievenbeck.

Der Strom der aus den deutschen Ostgebieten stammenden Vertriebenen riss auch in den 50er Jahren nicht ab. Hinzu kamen die vielen Flüchtlinge aus der Sowjetzone. Vor allem zahlreiche Schlesier ließen sich in Münster nieder. Ihnen fehlte es zunächst an allem. Aufrufe für Sammelaktionen zu ihren Gunsten verhallten nicht ungehört. Im großen Stil wurden vor allem Kleidungsstücke gespendet.

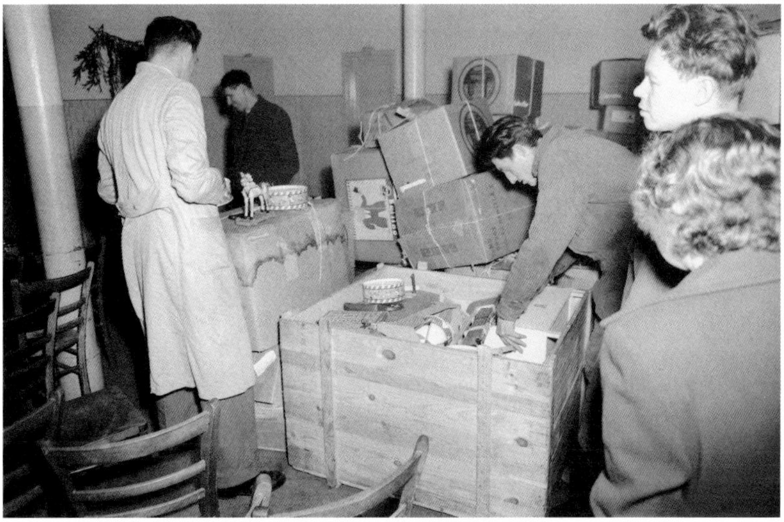

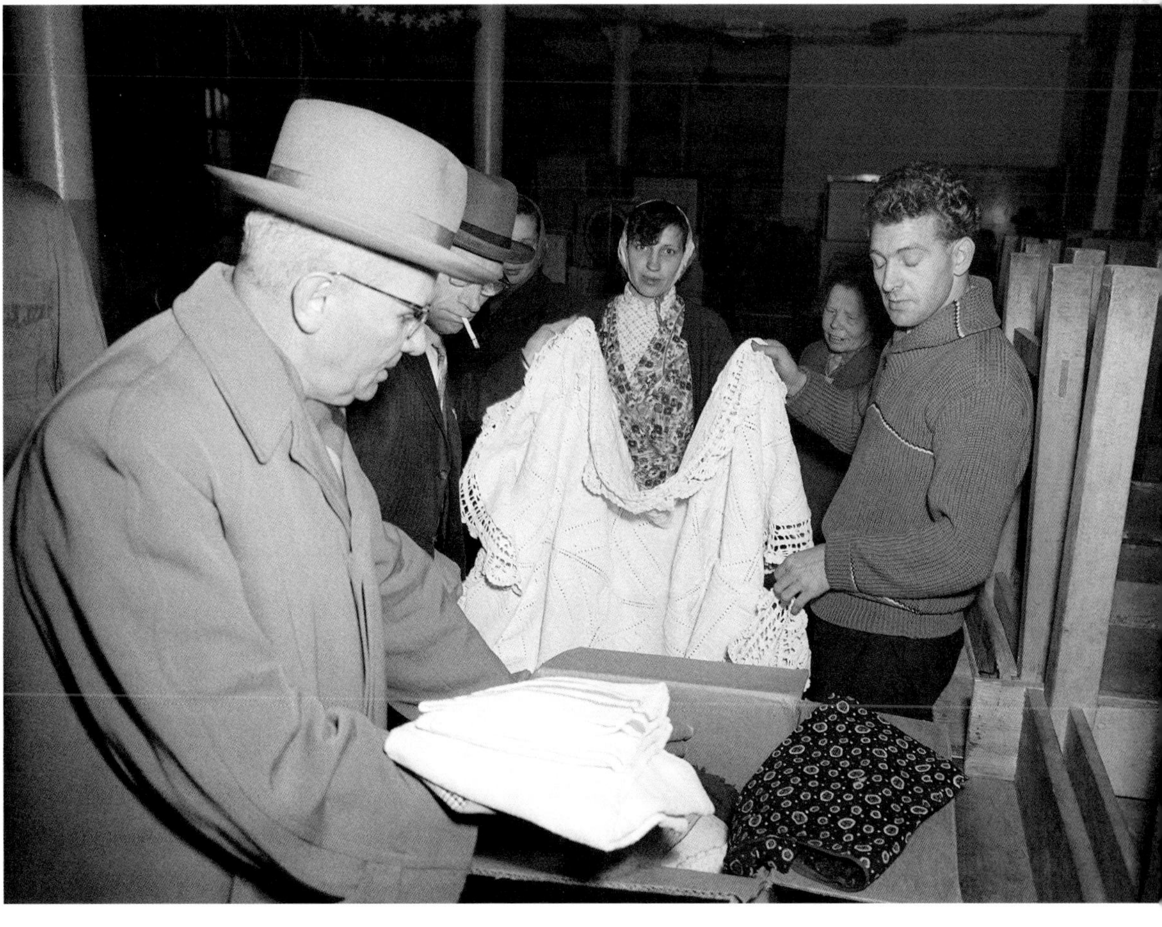

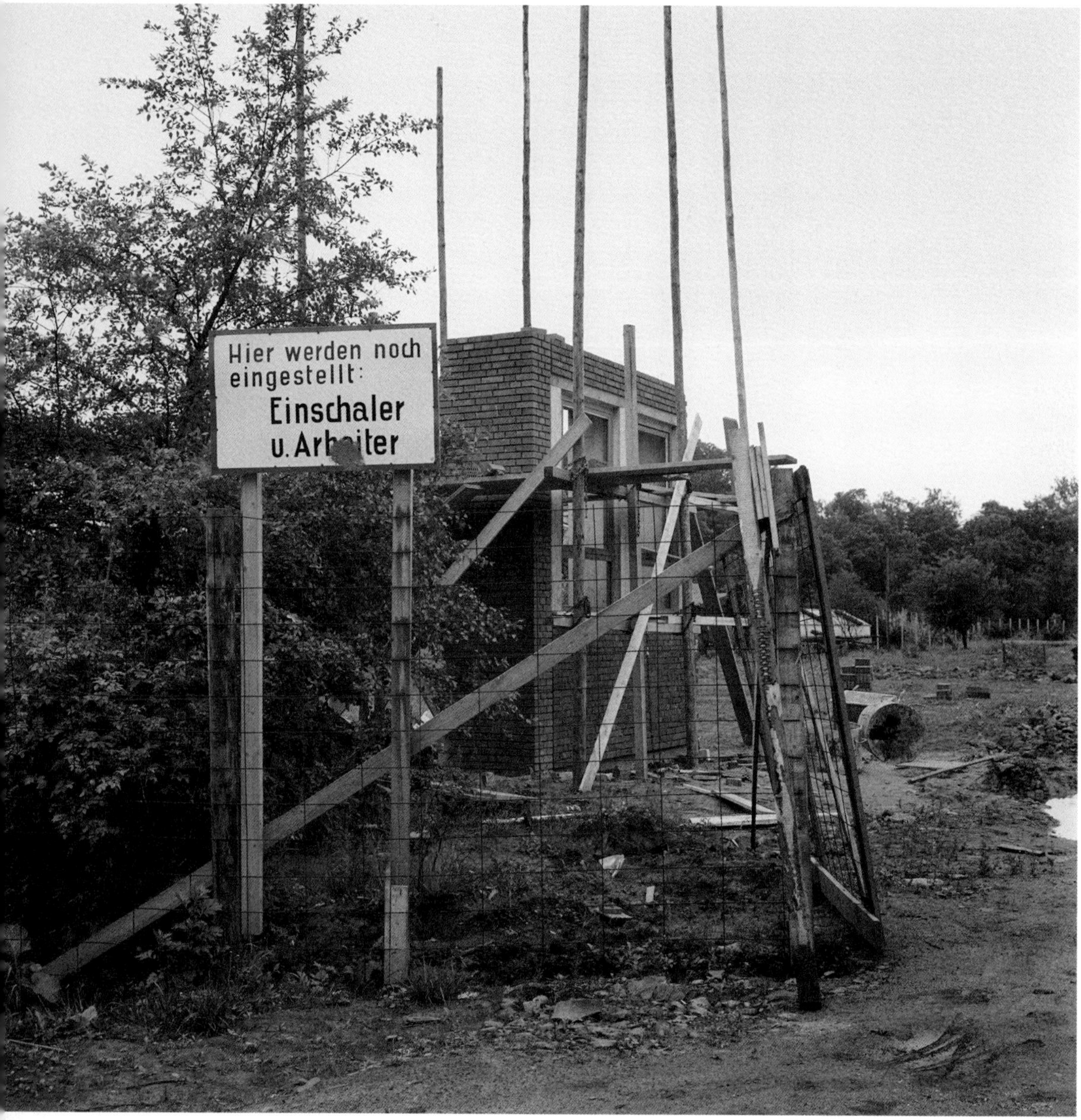

Nachdem in den 50er Jahren die Arbeitslosigkeit beständig zurückgegangen war, machte sich in den frühen 60er Jahren auch in Münster ein Arbeitskräftemangel bemerkbar. Vor allem in der verarbeitenden Industrie und auf dem Bau wurden dringend neue Arbeitskräfte benötigt. Auf nahezu allen größeren Baustellen dieser Zeit gab es damals Schilder wie dieses beim Bau des Instituts für Pharmazie am Coesfelder Kreuz: „Hier werden noch eingestellt ...“

Bildung für Jedermann

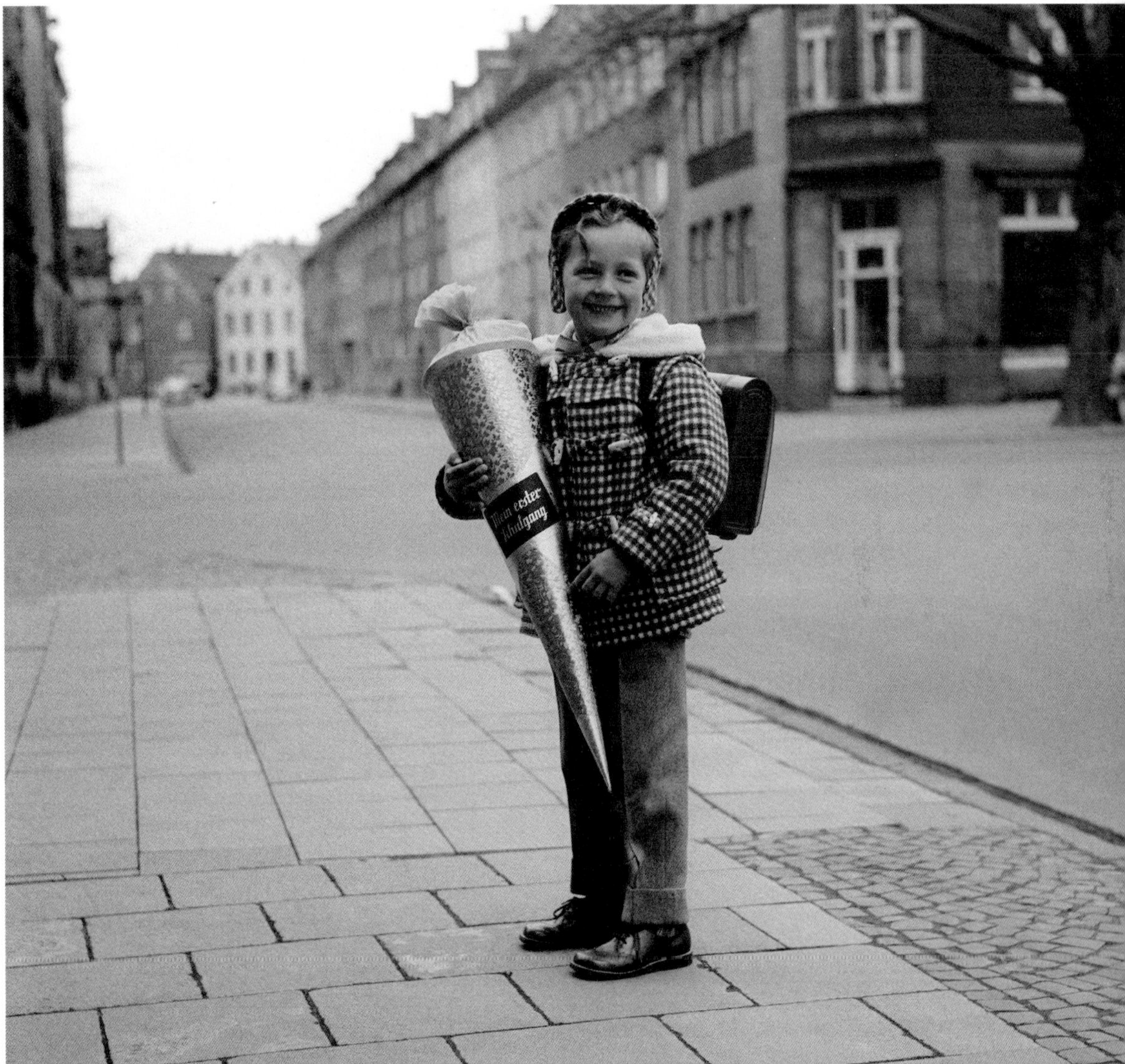

Erster Schultag 1958.

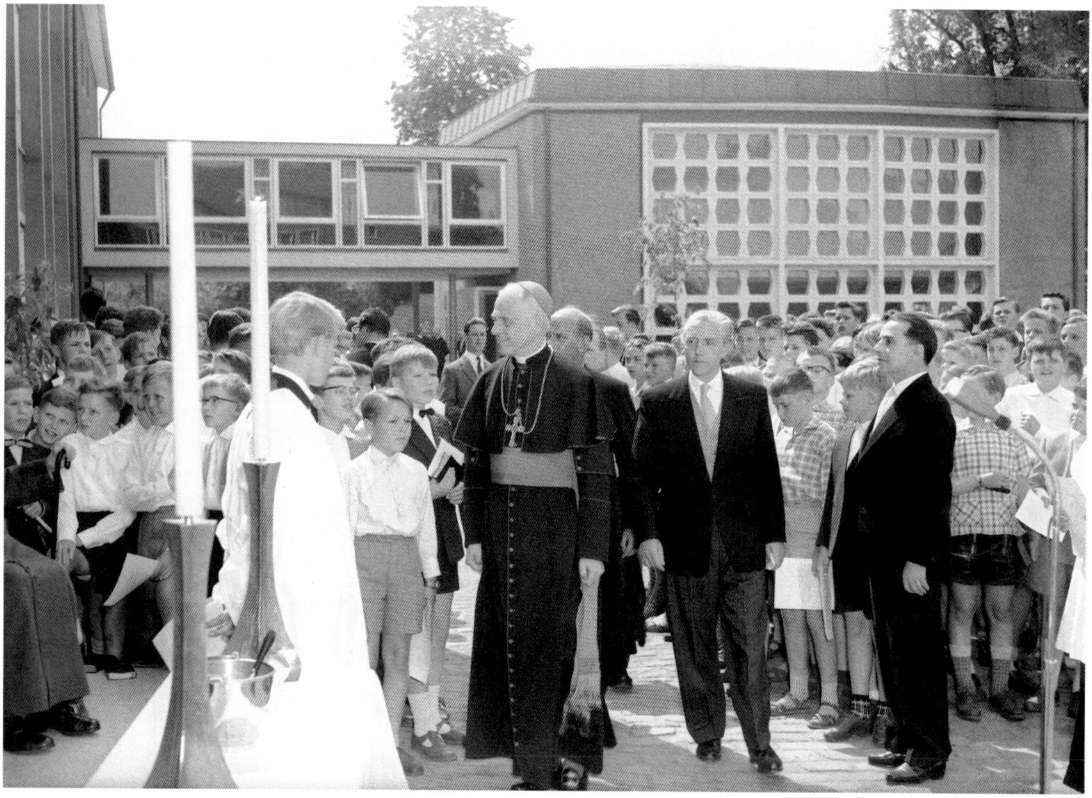

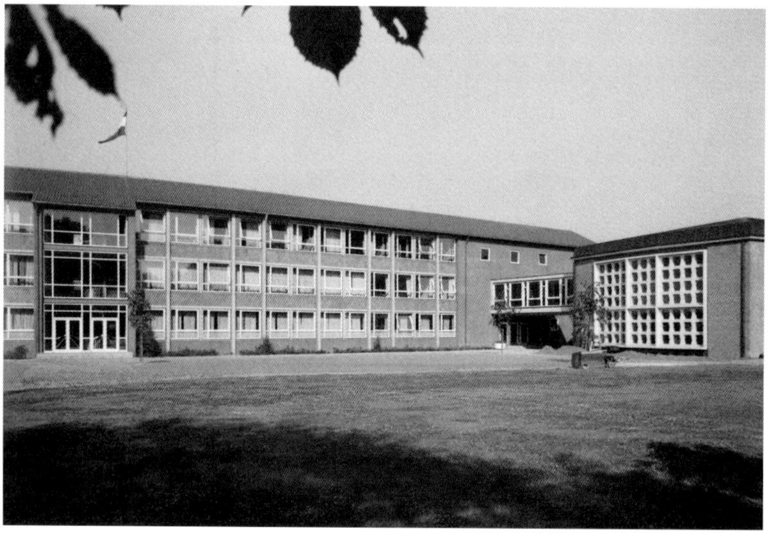

Ein Dauerthema nach dem Krieg war der unbeschreibliche Mangel an Schulräumen in der Stadt. Mehrere Schulen mussten sich im Schichtunterricht dieselben Räume teilen. Am 4. September 1957 konnte Bischof Michael Keller das Gymnasium Paulinum an seinem neuen Standort „Am Stadtgraben" einweihen. Damit war für das traditionsreiche katholische Gymnasium das über zehn Jahre andauernde „Exil" im protestantischen Schillergymnasium beendet. Die Gebäude des Paulinum gehörten zu den ersten Schulneubauten nach 1945 in Münster.

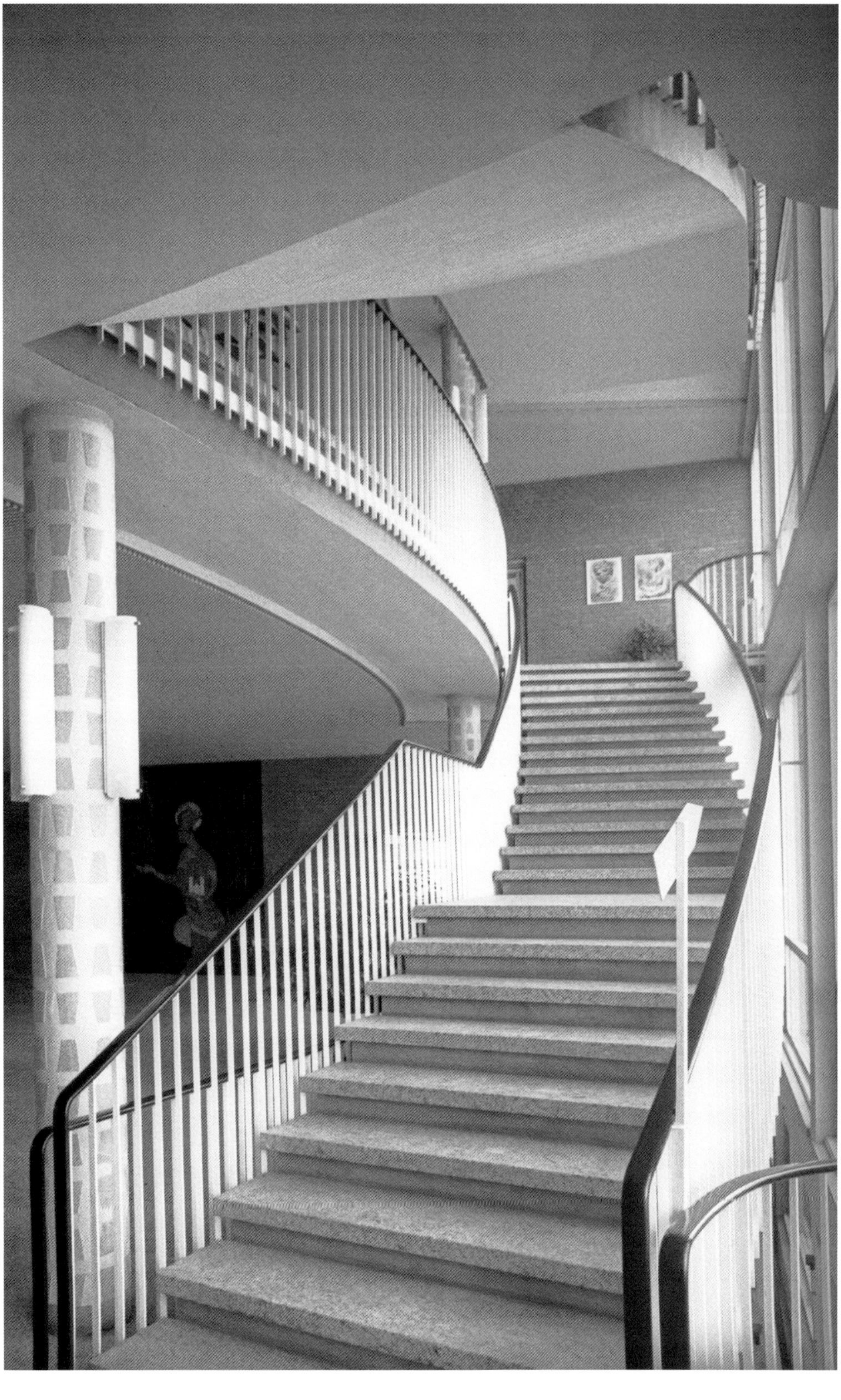

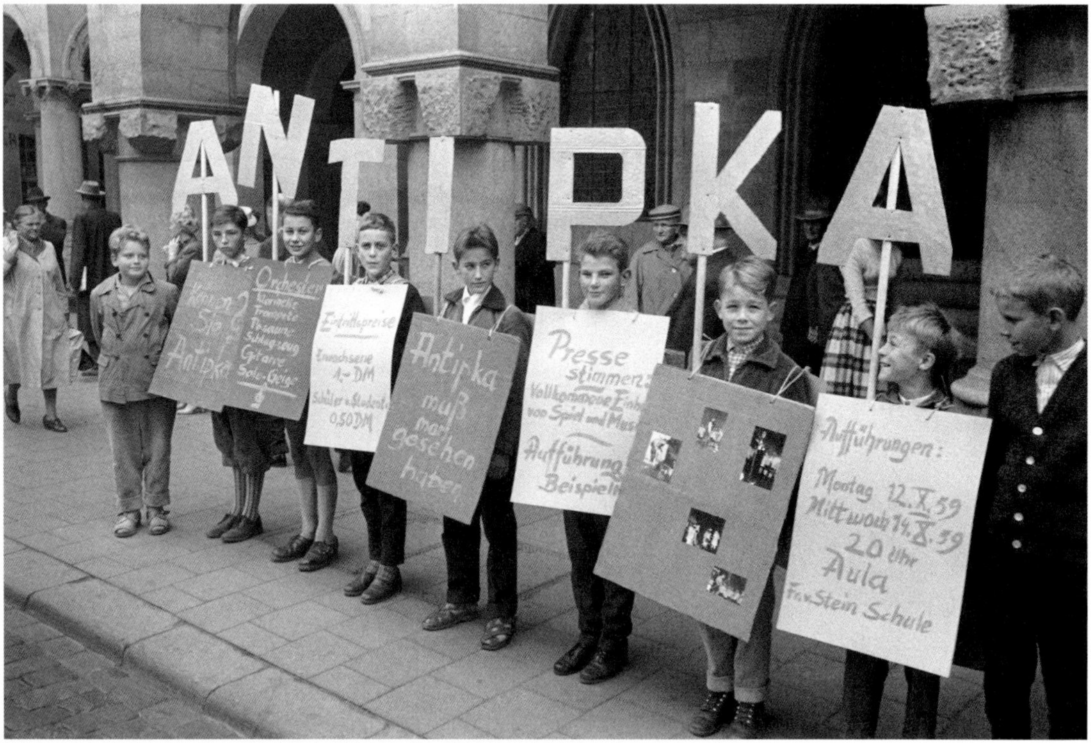

Die Paul-Gerhardt-Realschule verfügte 1959 nicht über eine eigene Aula. Deshalb fanden die Aufführungen der Schuloper „Antipka" in der Freiherr-vom-Stein-Schule statt. Die ungewöhnliche Werbung der Schüler mit selbst gemachten Transparenten vor dem Rathaus war der Lokalpresse damals eine eigene Nachricht mit Foto wert.

Bereits zu Beginn der 60er Jahre machte in der Bundesrepublik Deutschland das Wort von der „Bildungskatastrophe" die Runde. Das deutsche Bildungssystem fand sich zum Entsetzen der verantwortlichen Politiker im internationalen Vergleich auf den hinteren Plätzen zusammen mit einigen Entwicklungsländern wieder. Bereits damals wurden die zu geringe Chancengleichheit und die zu niedrige Abiturientenzahl kritisiert. Im Rahmen der danach einsetzenden Bildungsreform fanden auch neue didaktische Methoden Anwendung: Auf dem Foto ist der Einsatz eines Sprachlabors in einer münsterischen Bildungseinrichtung zu sehen.

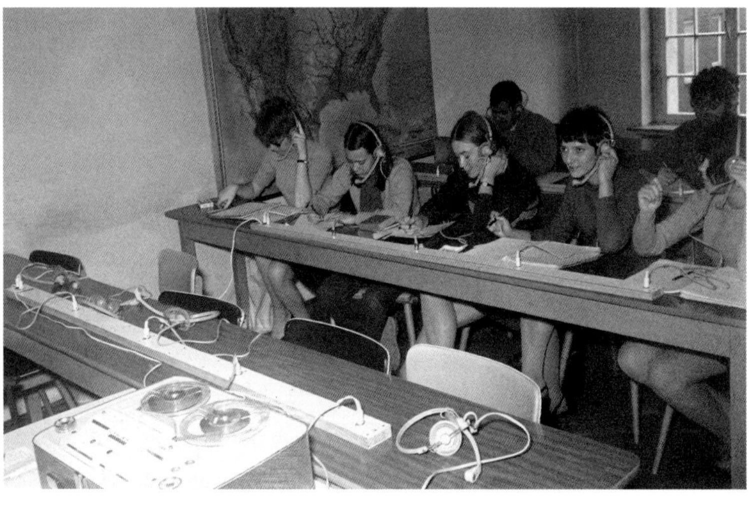

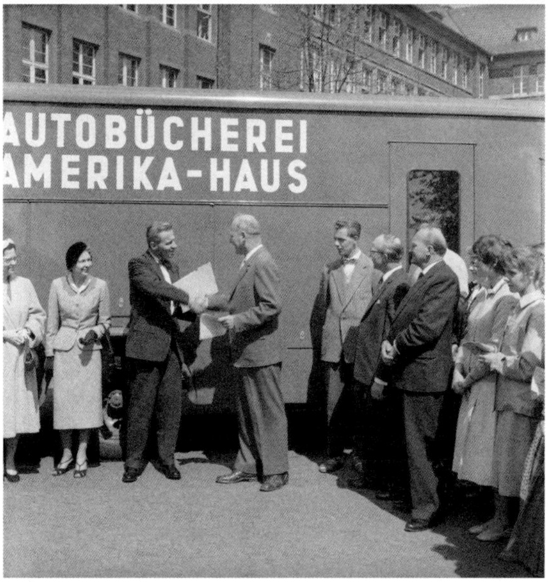

Aus den Beständen des Amerika-Hauses in Essen erhielt die Stadtbücherei im April 1958 einen Bücherbus, der die Außenbezirke der Stadt mit Literatur versorgen sollte. Oberstadtdirektor Heinrich Austermann, rechts, bei der Übergabe des Busses durch einen Vertreter des Amerika-Hauses. Die Beschriftung wurde noch im Beisein der amerikanischen Gäste geändert.

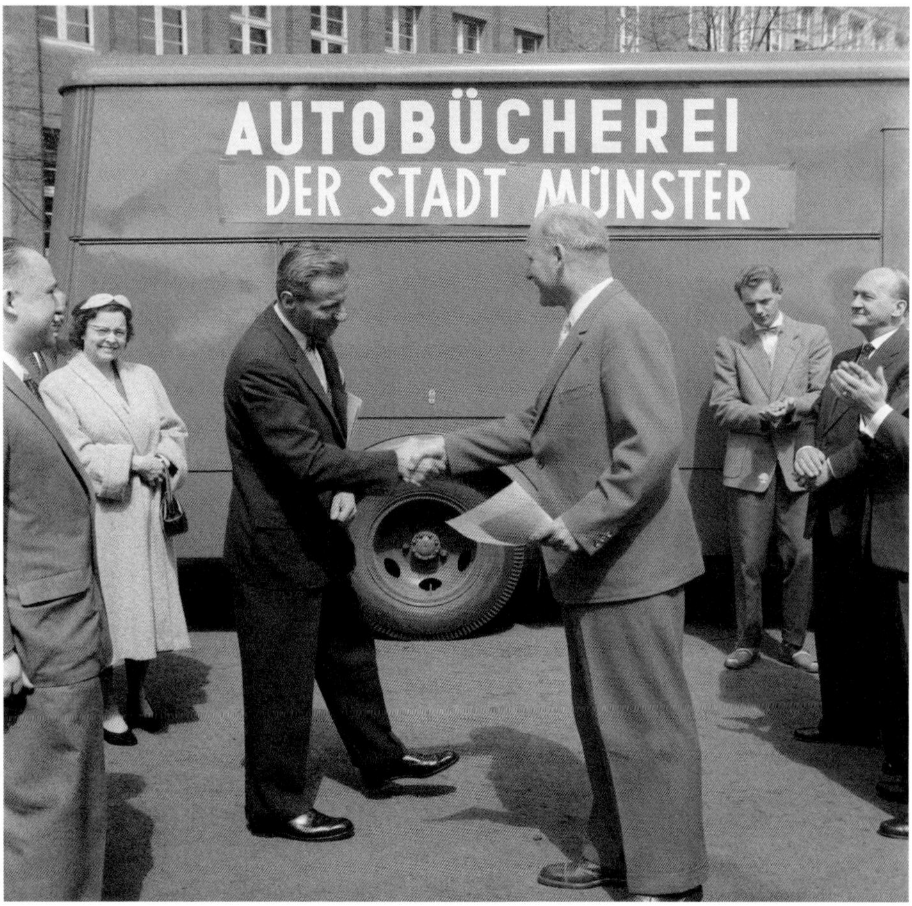

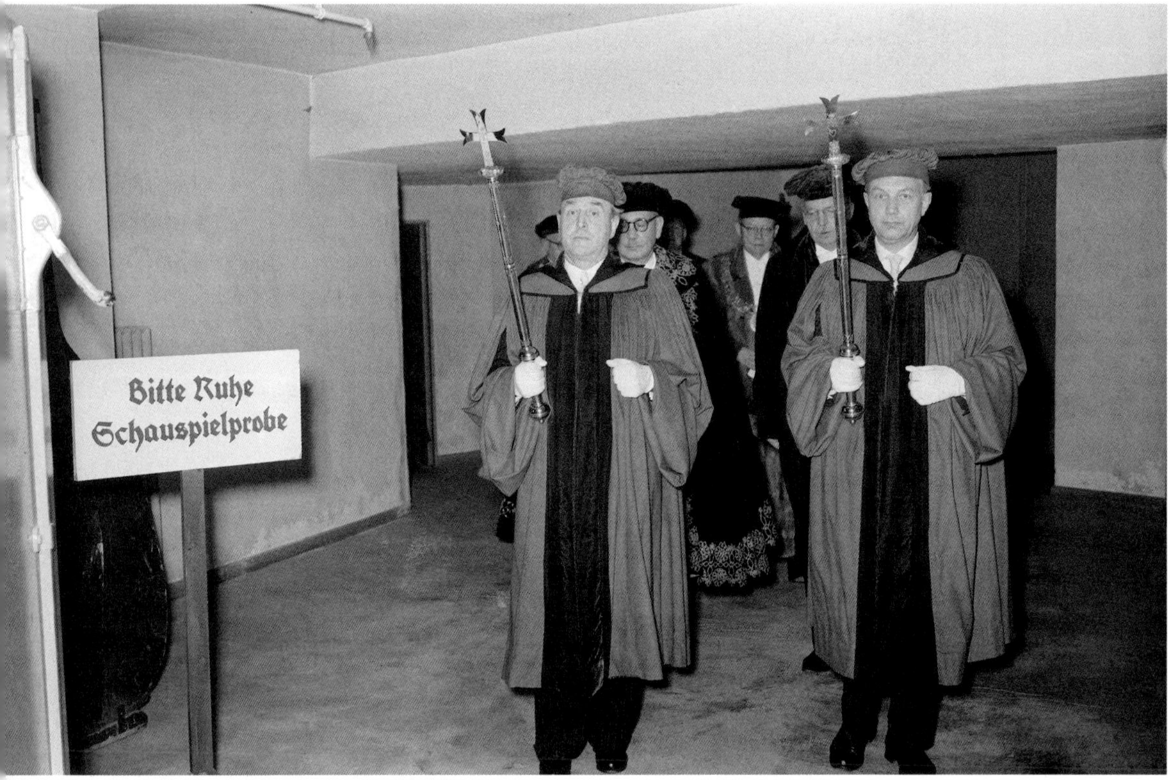

Rektoratsübergabe für das akademische Jahr 1958/59. An die Spitze der Universität trat der Chemiker Professor Dr. Wilhelm Klemm, zweiter von links. Seit der Eröffnung des neu erbauten Stadttheaters 1956 fand der feierliche akademische Akt, ein gesellschaftliches Ereignis weit über die Hochschule hinaus, dort statt. Nach massiven Studentenprotesten 1968 verschwand die Feier aus der Öffentlichkeit und wurde zu einem reinen Verwaltungsvorgang.

Feierliche Rektoratsübergabe am 9. November 1961 im Stadttheater Münster. Auf den katholischen Theologen Professor Dr. Bernhard Kötting, rechts, folgte der Mediziner Professor Dr. Hermann Goecke. Die Amtsdauer des Rektors betrug lediglich ein Jahr.

An der Veranstaltung nahm auch die von 1947 bis 1954 amtierende nordrhein-westfälische Kultusministerin Christine Teusch, zweite von links in der untersten Reihe, teil. Die CDU-Politikerin, bereits von 1920 bis 1933 Mitglied des Deutschen Reichstags für die Zentrumspartei, gehörte zu den profiliertesten Köpfen des deutschen Laienkatholizismus. Der Universität Münster war sie während ihrer Zeit als Ministerin besonders zugetan und förderte deren Wiederaufbau nachhaltig. Teusch, 1888 in Köln geboren, starb dort 1968.

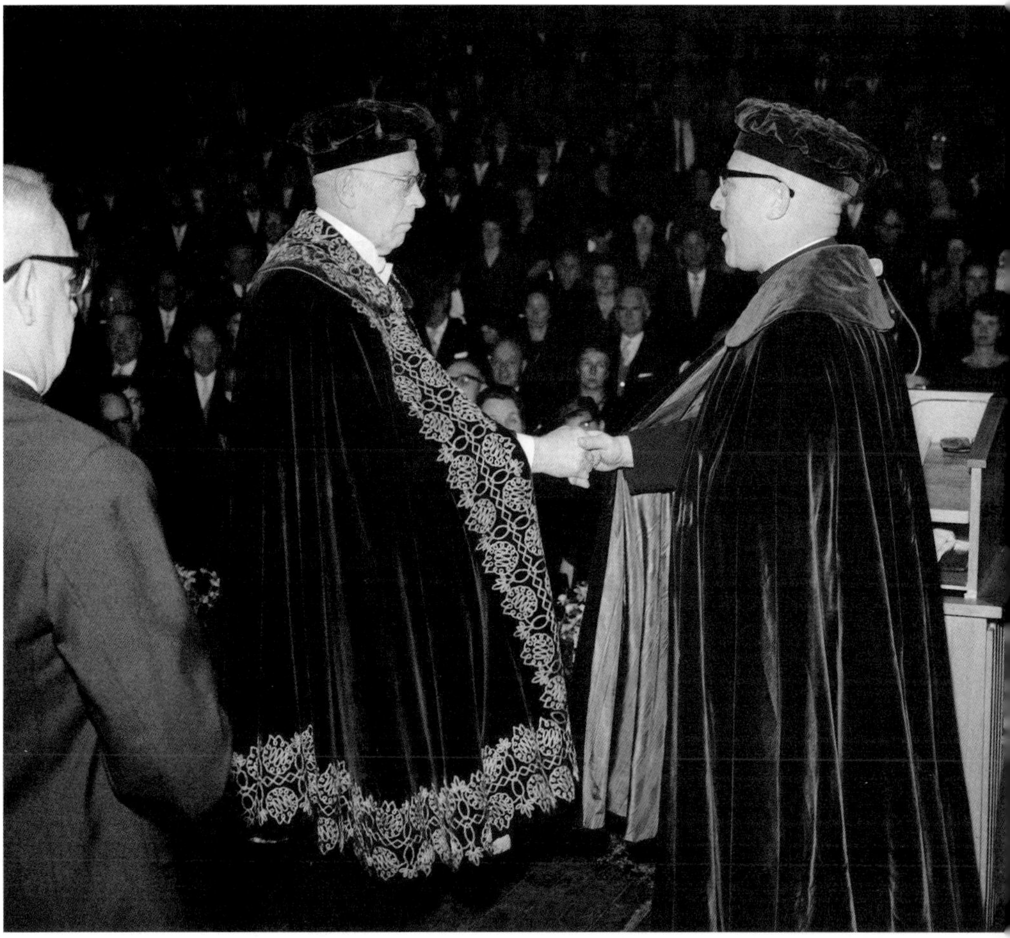

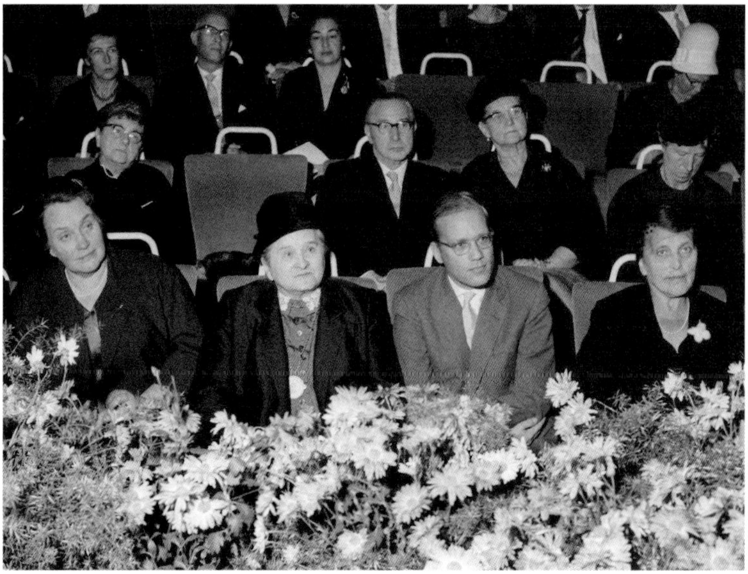

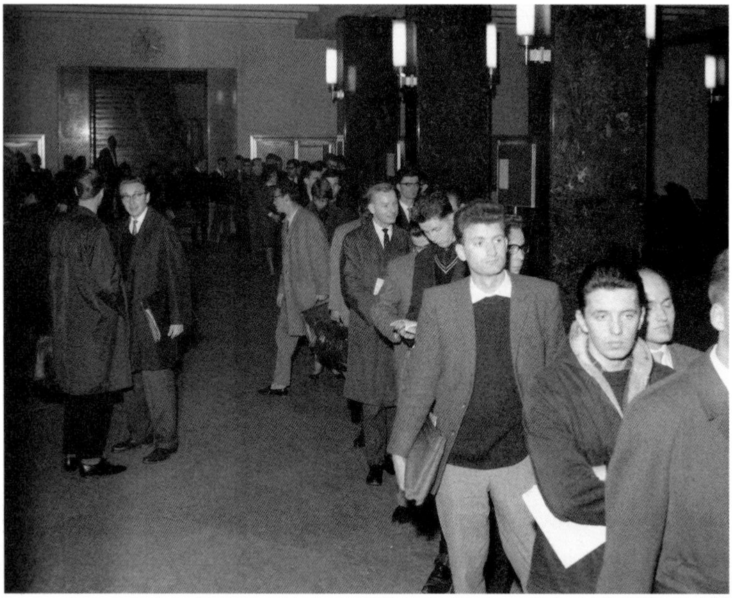

Zu Beginn eines jeden Semesters bot sich in der Aula des Schlosses dasselbe Bild: Lange Schlangen bei der Rückmeldung der Studierenden. Eine lästige Pflichterfüllung, die angesichts ständig steigender Studentenzahlen mitunter mehrere Stunden dauern konnte, Aufnahmen vom 5. November 1962.

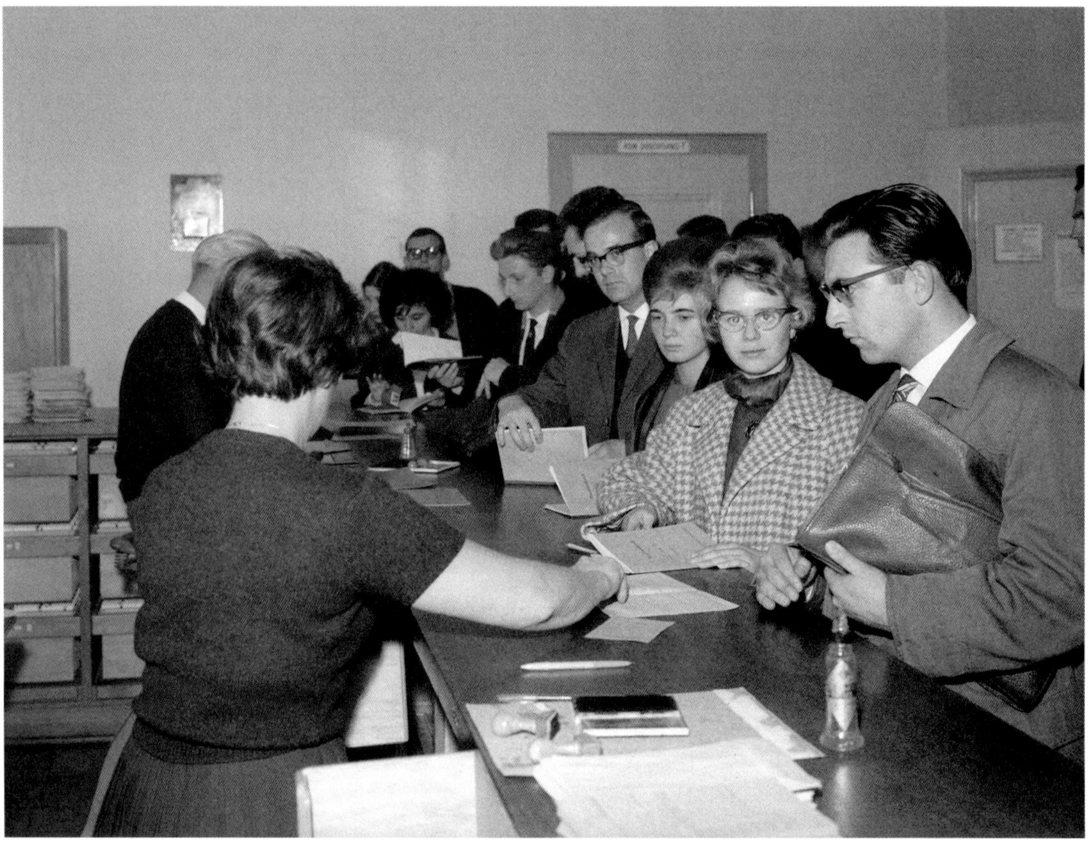

Auf die sich seit Mitte der 60er Jahre formierende Massenuniversität war Münster wie auch andere Hochschulstädte nicht vorbereitet. Es fehlte nicht nur an Ausbildungsplätzen, etwa in den naturwissenschaftlichen und medizinischen Fächern, es mangelte vor allem an „Studentenbuden". Glücklich jene, die im Zimmernachweis der Universität eine Unterkunft fanden.

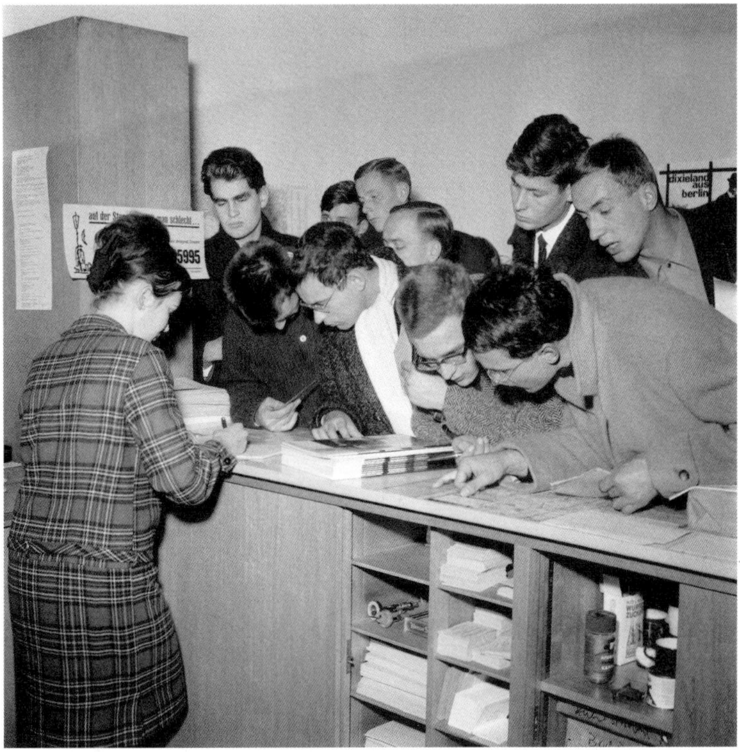

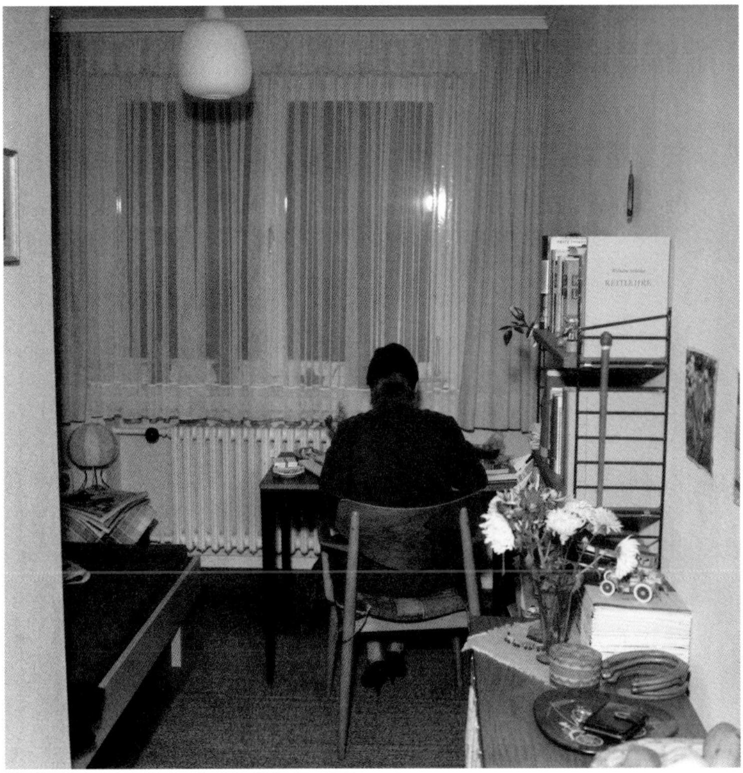

Die Wohnungsnot der Studierenden war ein beständiges Thema. 1960 gab es nur für knapp zehn Prozent der gut 11.000 Studierenden Unterkunft in Heimen. Etwa 1.500 Studenten waren Einheimische und wohnten bei Eltern und Verwandten, über 5.000 zur Untermiete. Als Student oder Studentin ein eigenes Zimmer in einem neuen Wohnheim zu erhalten war deshalb ein seltener Glücksfall. Im Bild das nach späteren Vorstellungen recht kleine Zimmer einer Bewohnerin des evangelischen Vogtmann-Hauses in der Blumenstraße.

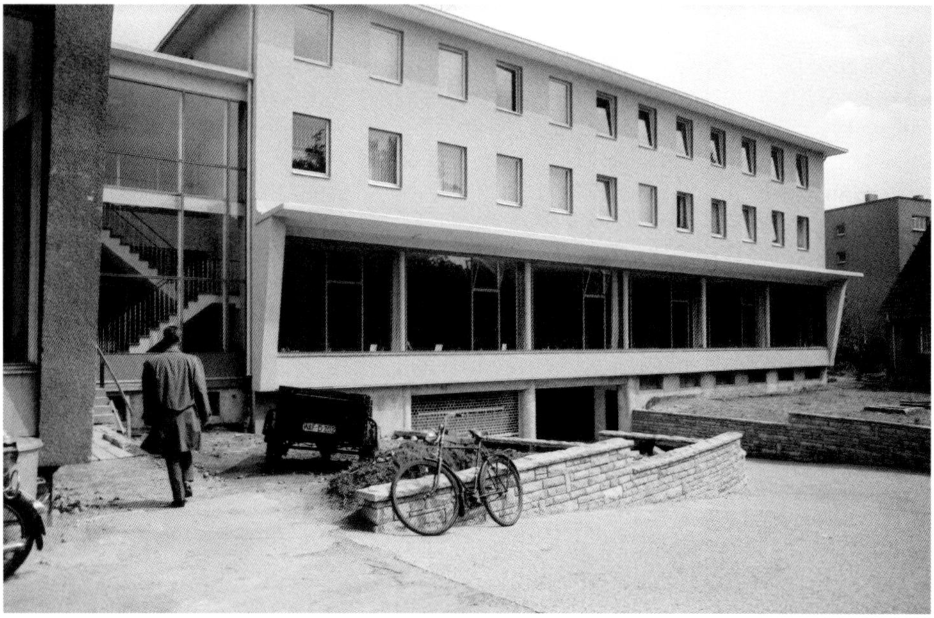

Die Anzahl der Studierenden an der Westfälischen Wilhelms-Universität hatte sich von 1950 bis 1960 auf über 11.000 mehr als verdoppelt und stieg auch in den folgenden Jahren weiter an. Zwar aßen nicht alle Studierenden in der Mensa, doch für viele war dies die einzige Möglichkeit, eine preiswerte warme Mahlzeit zu erhalten. Die Mensa wie die umliegenden Studentenheime wurden im Laufe der Jahrzehnte nach dem Zweiten Weltkrieg mehrfach renoviert. Die Fotos zeigen die durchaus moderne Einrichtung des Speisesaales im Jahr 1961.

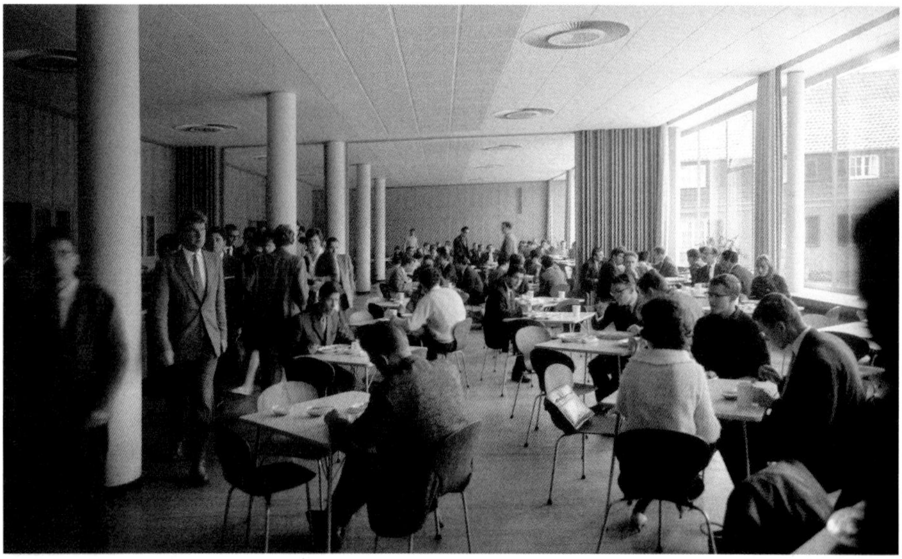

Provozierende Frage mit gleichwohl bitterem historischen Beigeschmack. Die sich in Preußen-Deutschland seit 1871 tatsächlich wie Bürger zweiter Klasse vorkommenden Katholiken erlangten erst in der 1949 beginnenden Ära Adenauer einen aus ihrer Sicht akzeptablen Rang. Das Vorurteil, dass Katholiken aufgrund ihres oftmals kleinbürgerlichen Herkommens nicht bildungsbürgerlichen Maßstäben entsprächen, hielt sich indes hartnäckig. Katholiken forderten daher gerade in Zeiten der Bildungsmisere bessere Chancen.

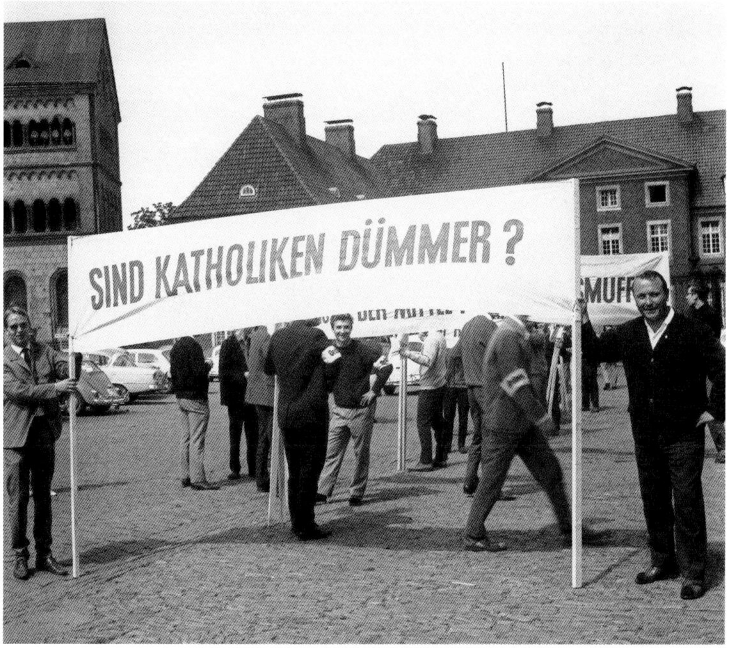

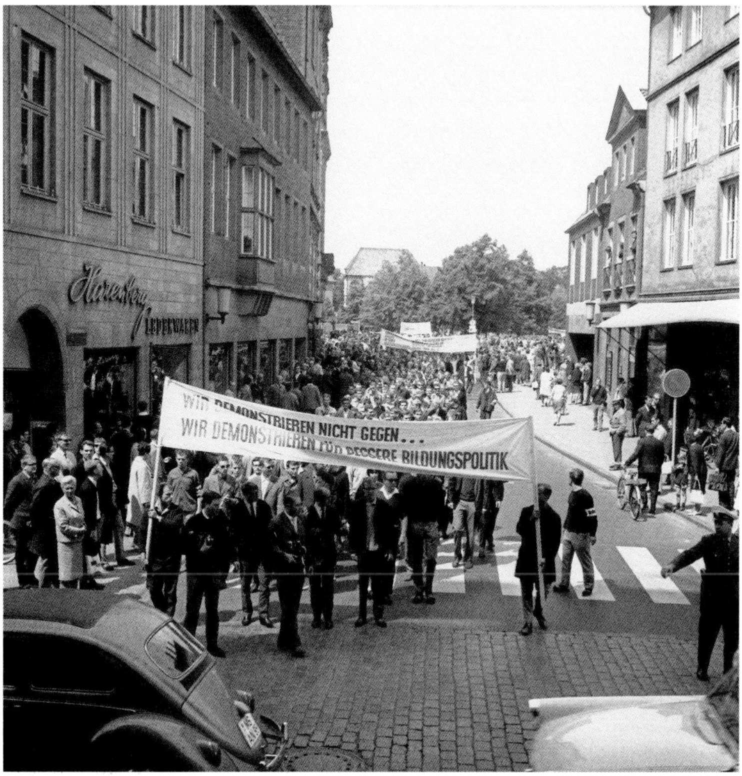

Am 1. Juni 1965 erlebte Münster die erste große Studentendemonstration. 7.000 der rund 19.000 eingeschriebenen Hochschüler, dazu eine Anzahl Professoren protestierten gegen den Bildungsnotstand, ein zu dieser Zeit häufig verwandtes Schlagwort für die auch von Fachleuten nicht bestrittenen, oftmals miserablen Ausbildungsbedingungen, die auch von der UNESCO kritisiert worden waren. Es sollte indes noch schlimmer kommen. Der „Numerus Clausus“ für zahlreiche Studienfächer schränkte die Berufswahl angehender Akademiker erheblich ein. Immerhin wurden aber seit Beginn der 70er Jahre große Summen in den Neubau zahlreicher Seminare und Institute investiert.

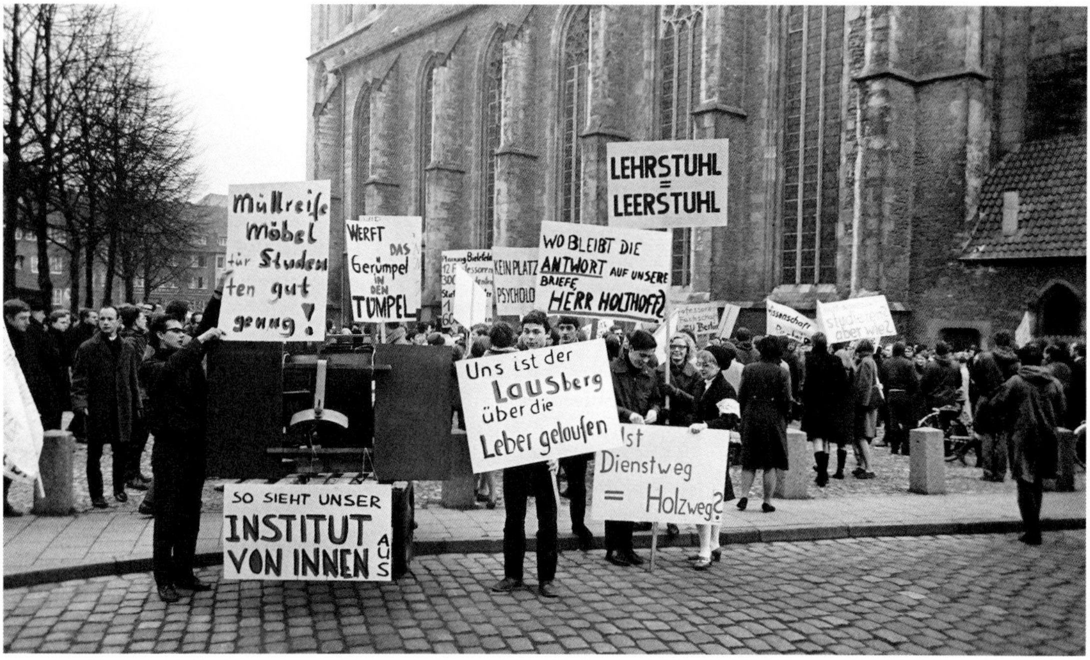

Auch in Münster gingen die Studenten immer öfter auf die Straße. Allerdings blieb der Protest hier zunächst weniger politisch motiviert als andernorts. Im Mittelpunkt standen vielmehr die schlechten Studienbedingungen, auf die hier Studierende der Psychologie im Januar 1968 hinwiesen. Die Kritik der Demonstranten richtete sich an den Dekan des Philosophischen Seminars Professor Dr. Heinrich Lausberg und den Kultusminister des Landes Nordrhein-Westfalen Fritz Holthoff.

1961 kam die erste Antibabypille in Deutschland auf den Markt, die allerdings zunächst nur verheirateten Frauen mit mindestens zwei Kindern verschrieben wurde. Erst im Verlauf dieses Jahrzehnts setzte sich die „Pille" als gebräuchliches Verhütungsmittel durch. Mit seinem Plakat befürwortete der Allgemeine Studentenausschuss (AStA) nicht allein die Anwendung der Pille, sondern auch die Betreuung der Kinder von Studierenden. Ironischerweise klebte dieses Plakat über dem eines Episodenfilmes mit dem Titel „Das älteste Gewerbe der Welt", der im Frühjahr 1967 in Münster anlief.

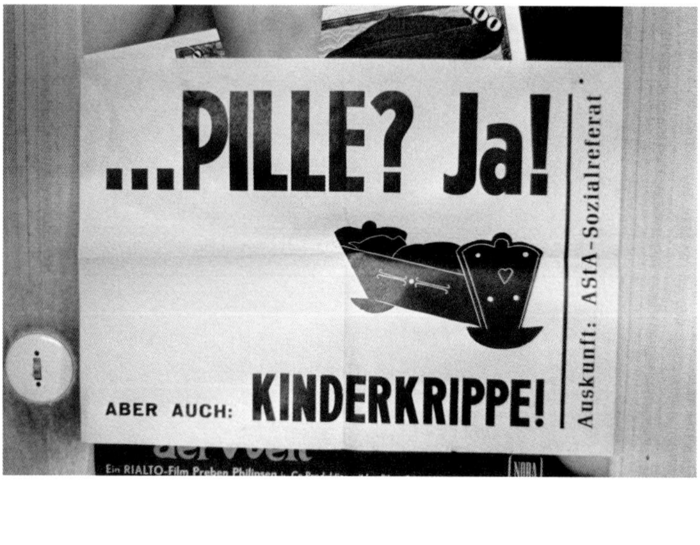

Höhen und Tiefen im Sport

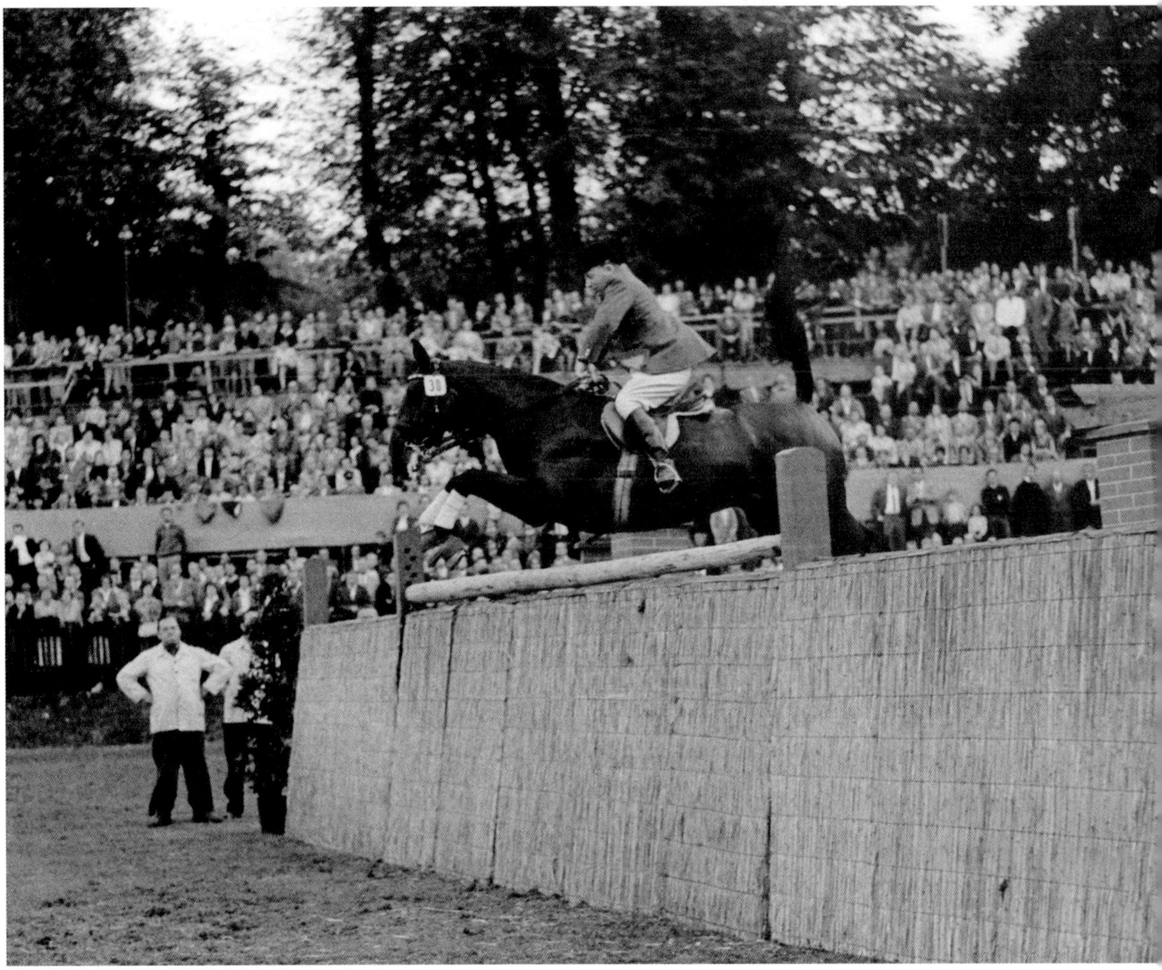

„Turnier der Sieger" vom 2. bis 4. Oktober 1959, fester Bestandteil im deutschen Reitsport, und wiederum eilte die Elite der Reiterei nach Münster. Traditionsgemäß fand die Veranstaltung auf der Westerholt'schen Wiese statt. 10.000 Zuschauer bejubelten Hans Günter Winkler auf „Romanus", den Sieger im Großen Preis von Nordrhein-Westfalen.

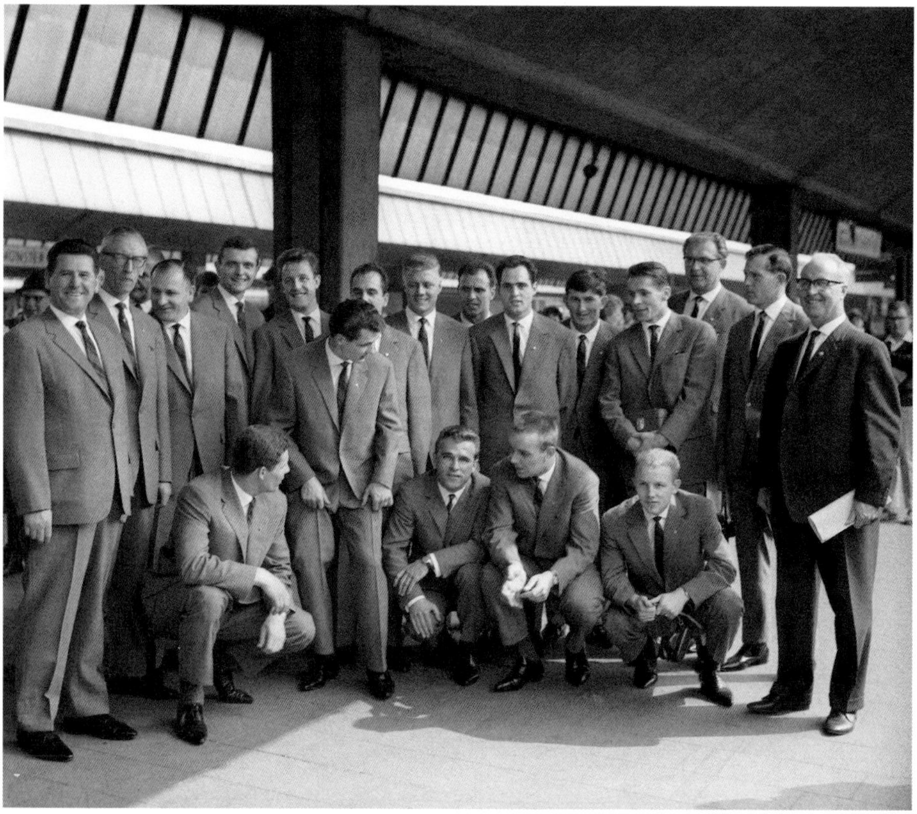

Ein letztes Mannschaftsbild vor der Abreise auf dem münsterischen Bahnhof. Auf große Südamerikafahrt gingen die Spieler von Preußen Münster im Frühsommer 1962. Chile, Ausrichter der Fußballweltmeisterschaft 1962, hatte die Westfalen als Vorbereitungsmannschaft ausgewählt. Die Preußen bestritten Spiele gegen die Nationalmannschaften von Chile, Argentinien und Uruguay, in denen sie sich tapfer schlugen. Gegen Uruguay gelang ihnen sogar ein Unentschieden.

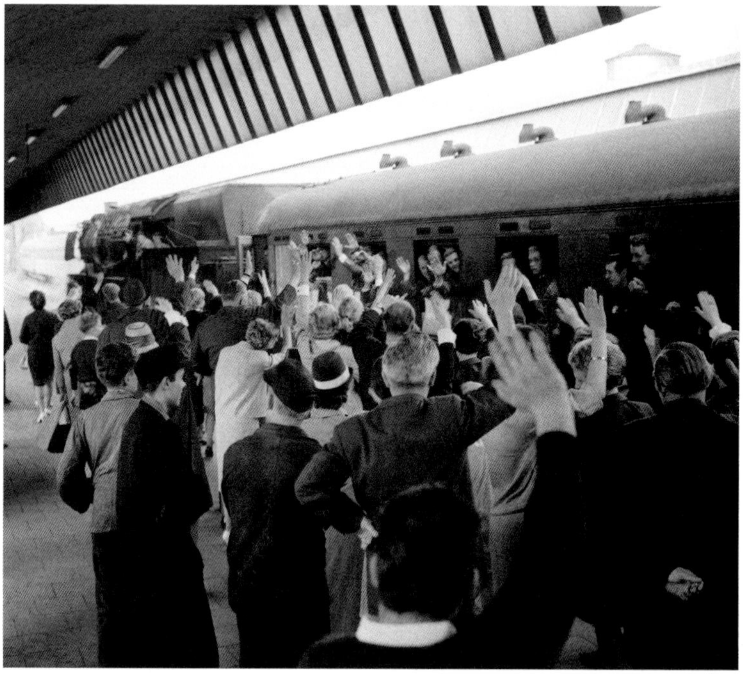

Preußen Münster auf dem Weg nach ganz oben. Am 7. April 1963 besiegte die Oberligamannschaft den TSV Marl-Hüls auf dessen Platz mit 2:1, ein weiterer wichtiger Sieg auf dem Weg zur bald startenden Fußballbundesliga.

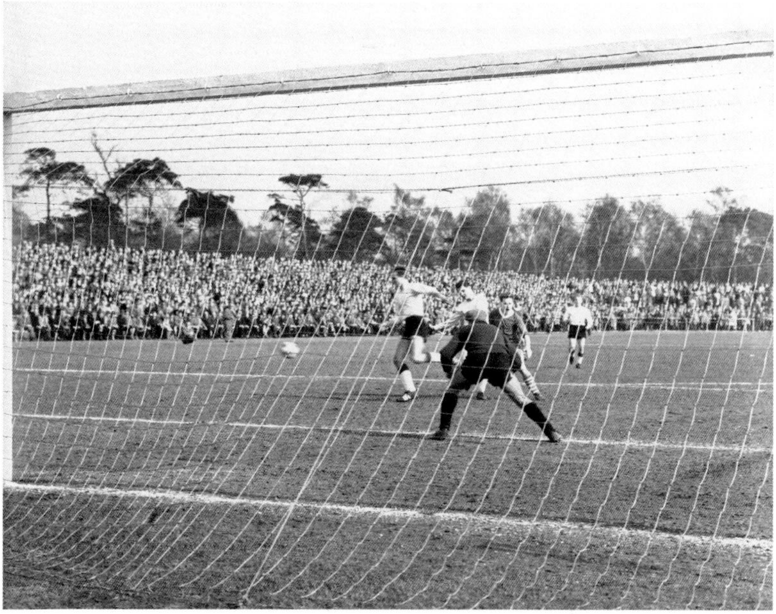

Nach langem Bangen stand es am 6. Mai 1963 fest: Preußen Münster konnte an der ersten Saison der neu gegründeten Bundesliga teilnehmen. Zunächst gelang ein guter Start, und die Fans kamen in Scharen. Beim ersten Spiel gegen den HSV am 24. August 1963 wurden sogar Laufbahn und Rasen am Spielfeldrand für die Zuschauer freigegeben. Beim Schlusspfiff stand es unentschieden, doch konnten die Preußen das hohe Niveau nicht halten: Am Schluss der Saison folgte der Abstieg.

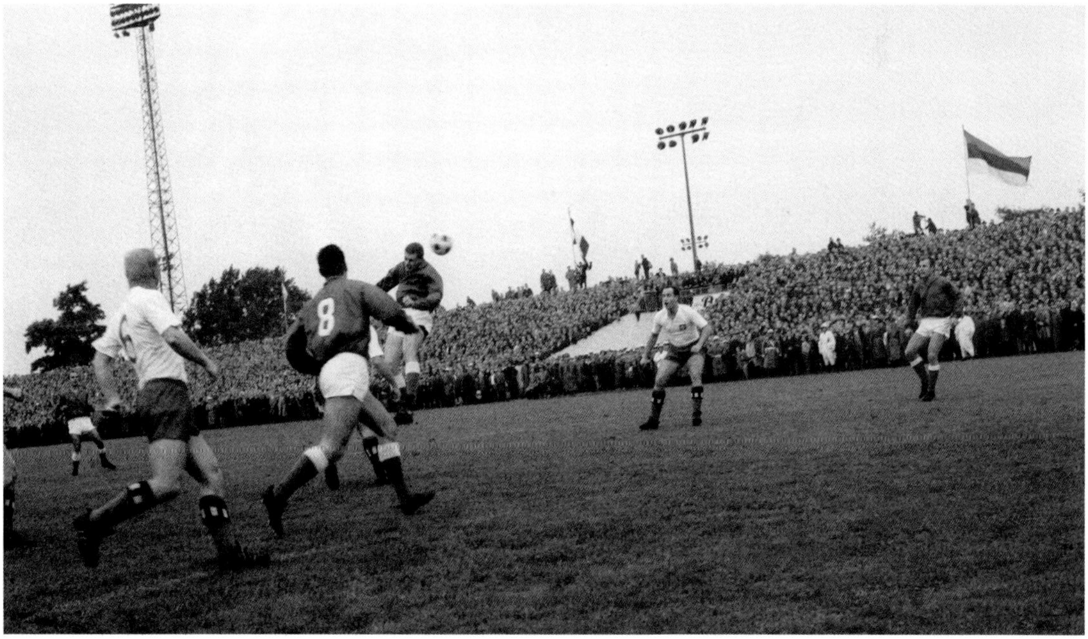

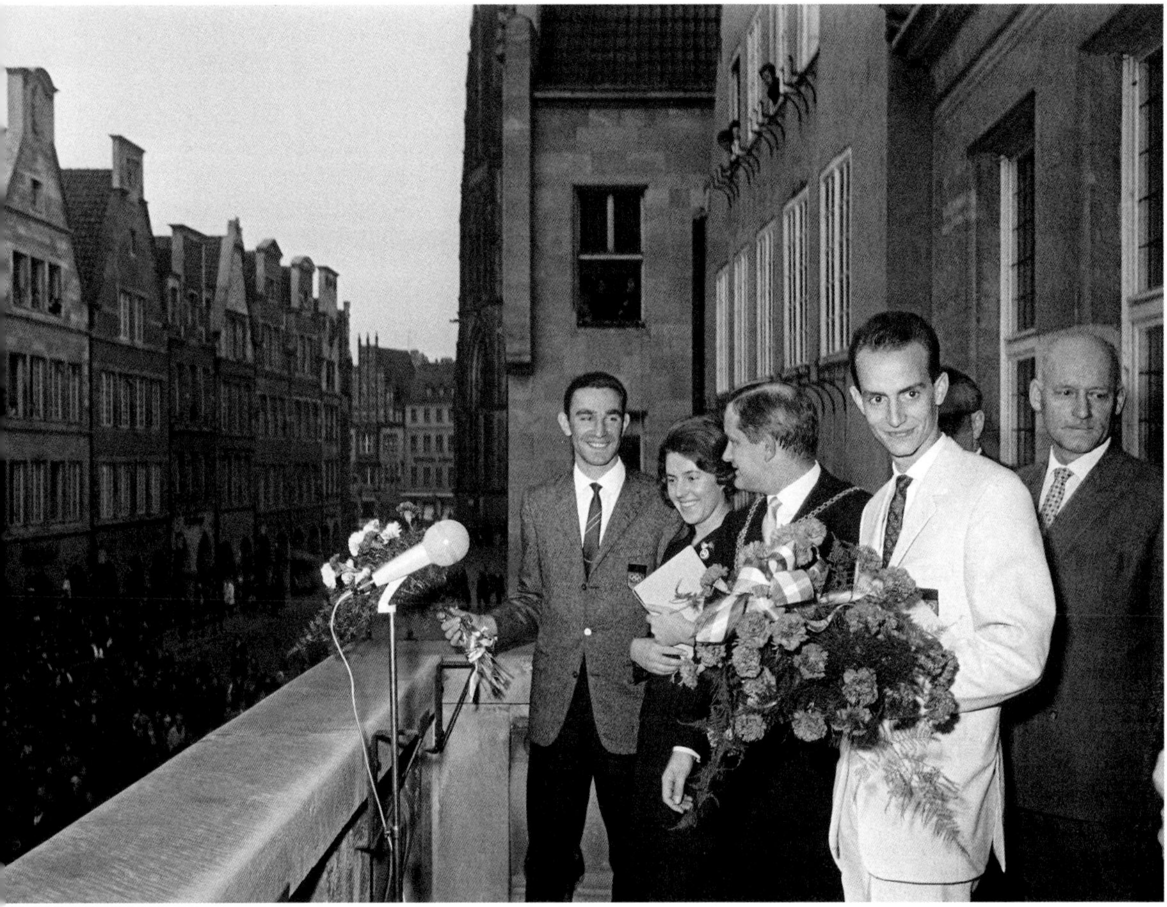

Am 6. November 1964 fand im Rathaus und auf dem Prinzipalmarkt der städtische Empfang für die beiden münsterischen Medaillengewinner der Olympischen Spiele in Tokyo statt. Harald Norporth, zweiter von rechts, gewann die Silbermedaille im 5.000-m-Lauf. Die Goldmedaille für Dr. Reiner Klimke, links, im Mannschafts-Dressurreiten war der Beginn einer beispiellosen Erfolgsgeschichte: Mit insgesamt sechs Gold- und zwei Bronzemedaillen ist Klimke bis heute einer der erfolgreichsten deutschen Olympiateilnehmer.

Bereits 1949 wurde das erste Radrennen nach dem Krieg in der Halle Münsterland gestartet, deren Bahn aufgrund ihrer steilen Kurven als eine der schnellsten in Europa galt. Die regelmäßig von 1950 bis 1981 (letztmalig 1987) stattfindenden Sechs-Tage-Rennen von Münster waren sportliche Großereignisse mit nationalen und internationalen Radsportgrößen. Rudi Altig, Sportler des Jahres 1966, war beim Rennen vom 8. bis 14. Dezember 1966 der große Publikumsmagnet.

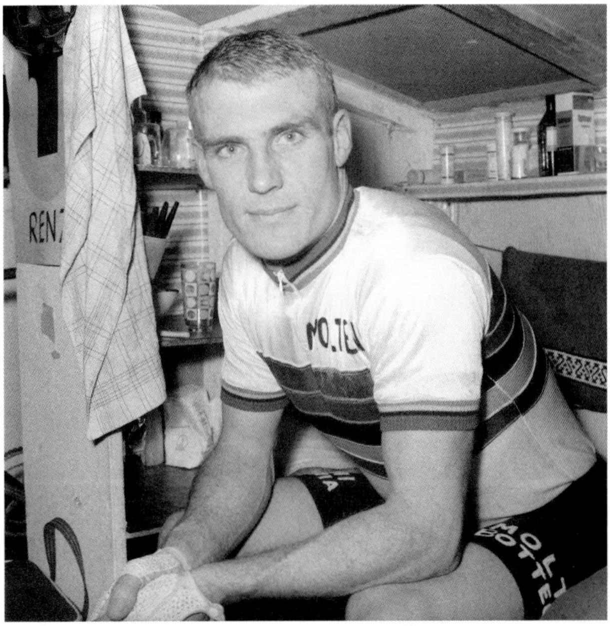

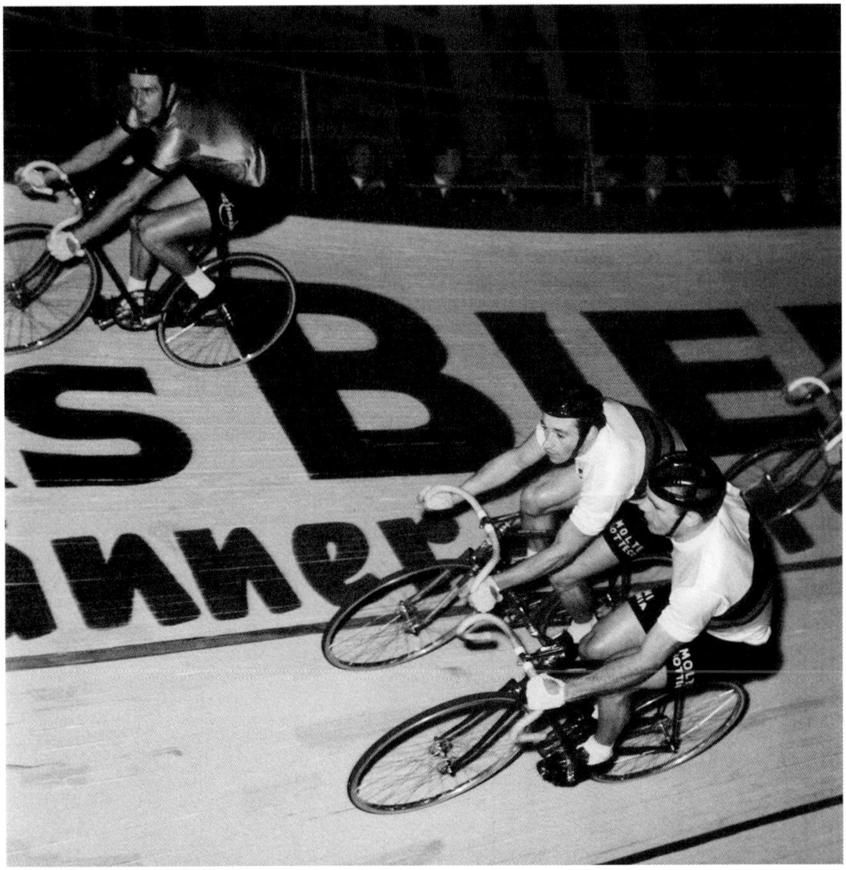

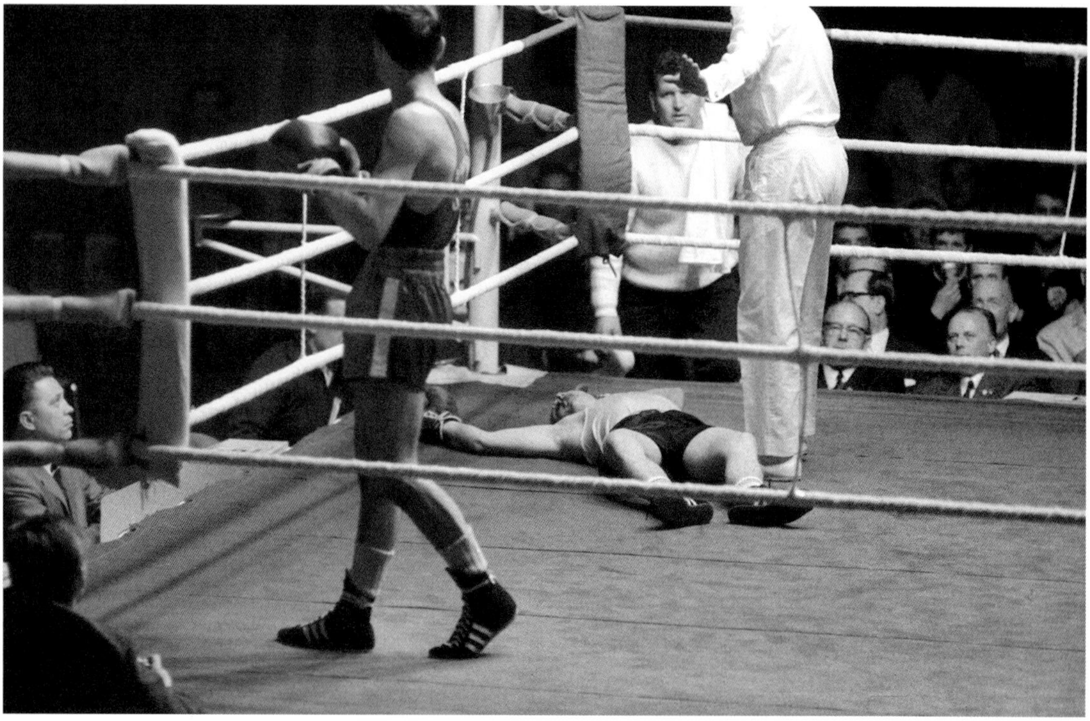

Radsport und Boxen zählten damals zu den beliebtesten Sportveranstaltungen in der Halle Münsterland wie übrigens auch in vielen anderen deutschen Arenen. Zu sehen ist ein K.-o.-Sieg am ersten Abend der Deutschen Boxamateurmeisterschaften am 25. April 1967.

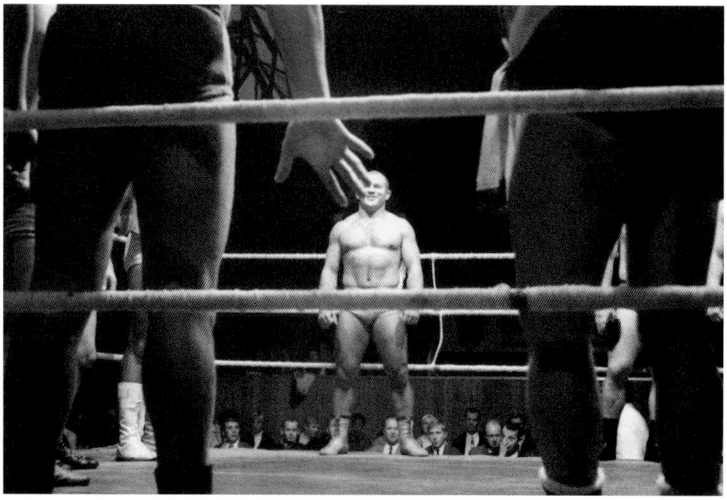

Was später vornehm als Wrestling bezeichnet wird, hieß früher Catchen und war weder ein besonders angesehener noch anerkannter Sport. Dennoch fanden bis in die 70er Jahre regelmäßig Catcher-Wettkämpfe in der Halle Münsterland statt, die durchaus ihr begeistertes Publikum fanden. Offensichtlich redete man hierüber aber nicht gerne: Weder in den Zeitungen noch in offiziellen Veranstaltungsübersichten tauchten diese Wettkämpfe auf.

Wieder Garnisonstadt

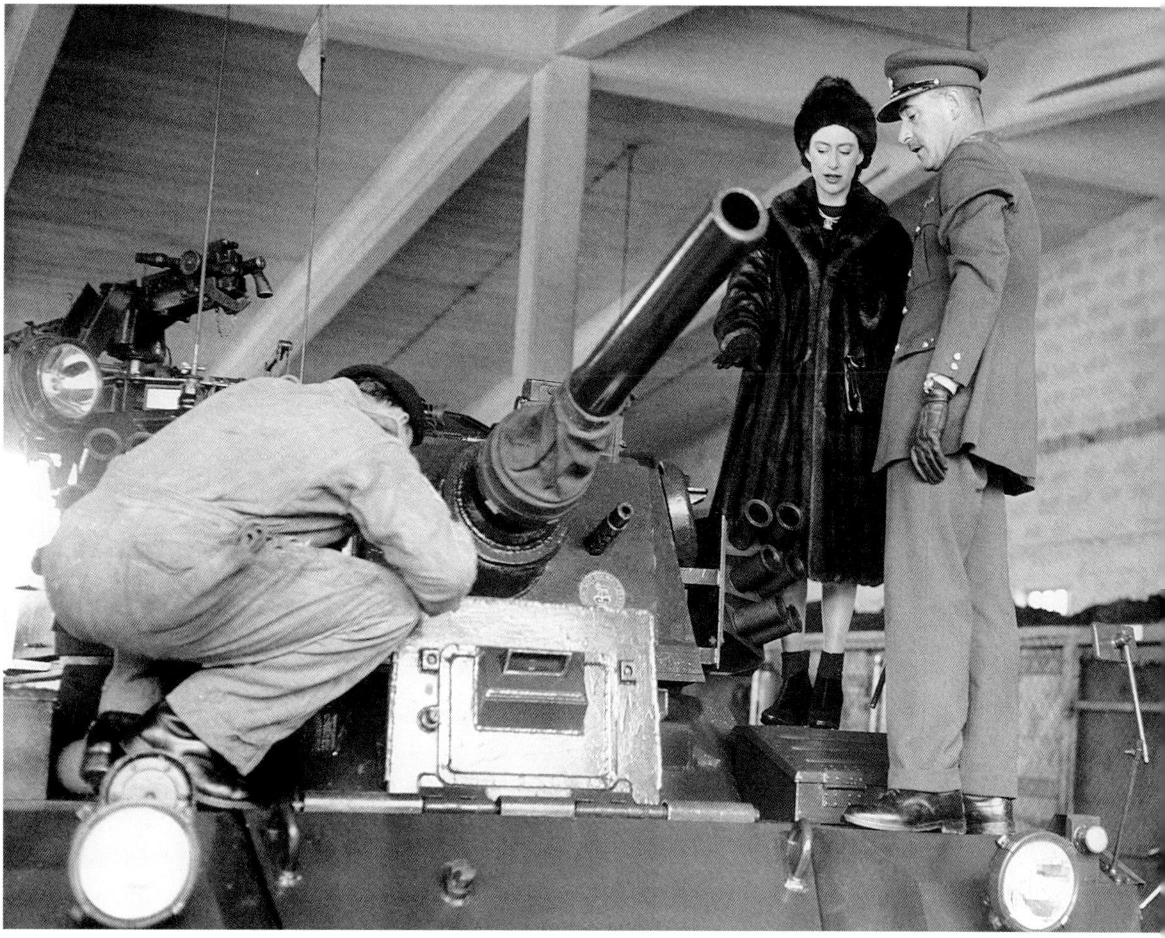

Königlicher Glanz in Münster. Am 29. und 30. März 1958 inspizierte Prinzessin Margaret Rose, die Schwester der englischen Königin Elizabeth II., ein in Gremmendorf stationiertes Husarenregiment, dessen Ehrenkommandantin sie zugleich war.

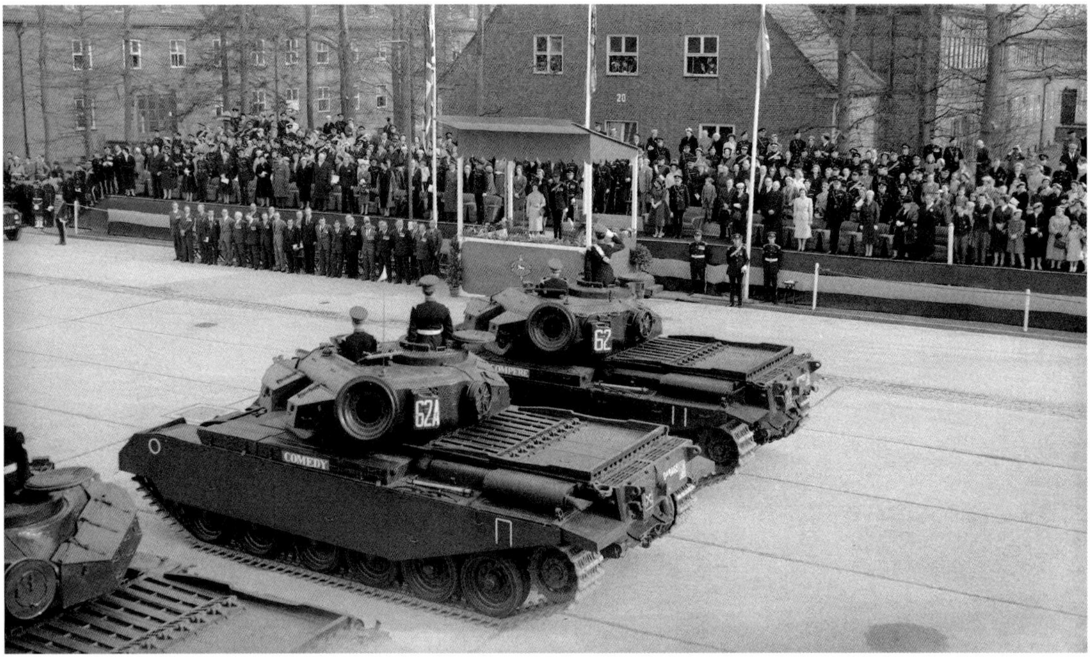

Höhepunkt des Besuches der Prinzessin war die Abnahme der Truppenparade mit der Vorbeifahrt zahlreicher Panzer. Es war die bis dahin größte Militärschau in Münster nach dem Krieg.

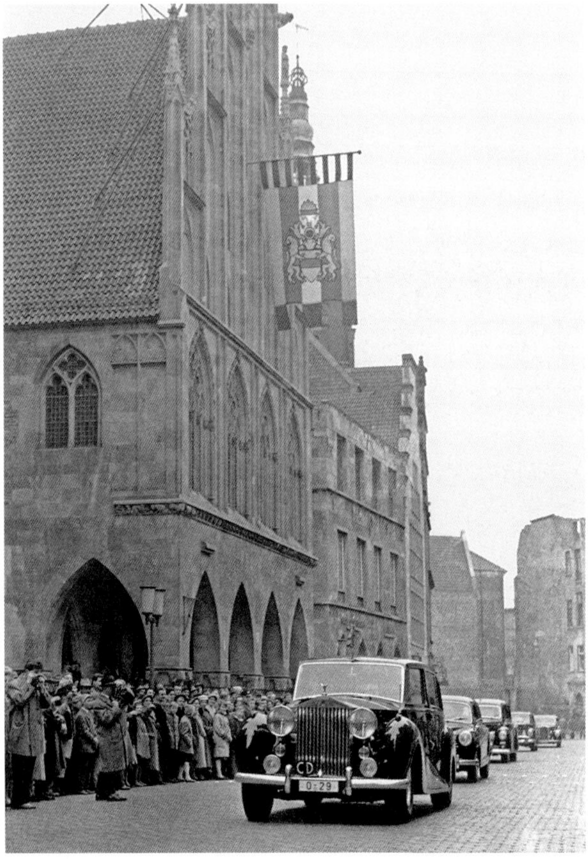

Kurz vor dem Rückflug nach London vom Flughafen in Gütersloh aus ließ sich die Prinzessin bei einer Rundfahrt die Sehenswürdigkeiten Münsters zeigen. Dazu hatten sich zahlreiche Schaulustige am Straßenrand eingefunden.

Im Gegensatz zu den großen Stützpunkten der Amerikaner im Süden Deutschlands fielen die Briten im münsterischen Stadtbild nicht auf. Lebensstil und ausgeprägt traditionsbewusstes Gebaren wurden innerhalb ihrer Quartiere gepflegt. An der Von-Esmarch-Straße unterhielt die Rheinarmee ein eigenes Krankenhaus für Soldaten und ihre Angehörigen.

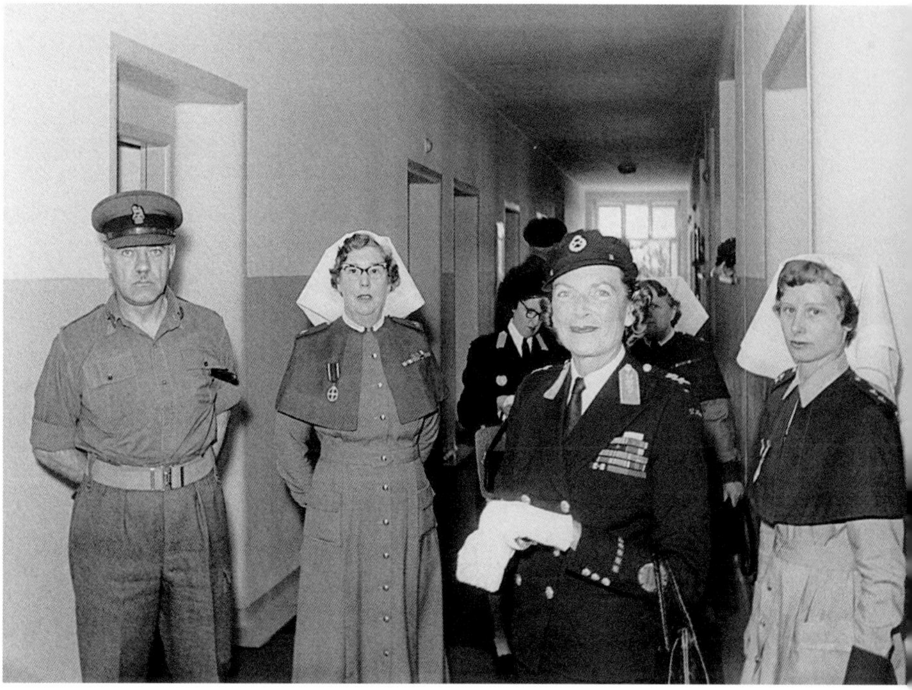

Münster gehörte nach dem Krieg zu den ausgewählten Standorten der britischen Rheinarmee und galt als eine der größten Garnisonen der vormaligen Besatzungsmacht. Vertreter des Königshauses und der verschiedenen Waffengattungen und des Sanitätswesens machten hier oft ihre Aufwartung.

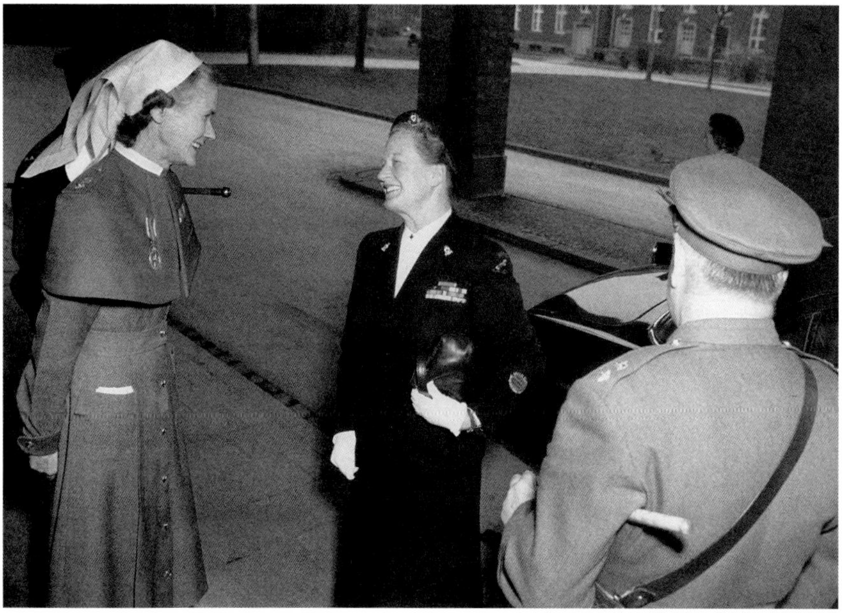

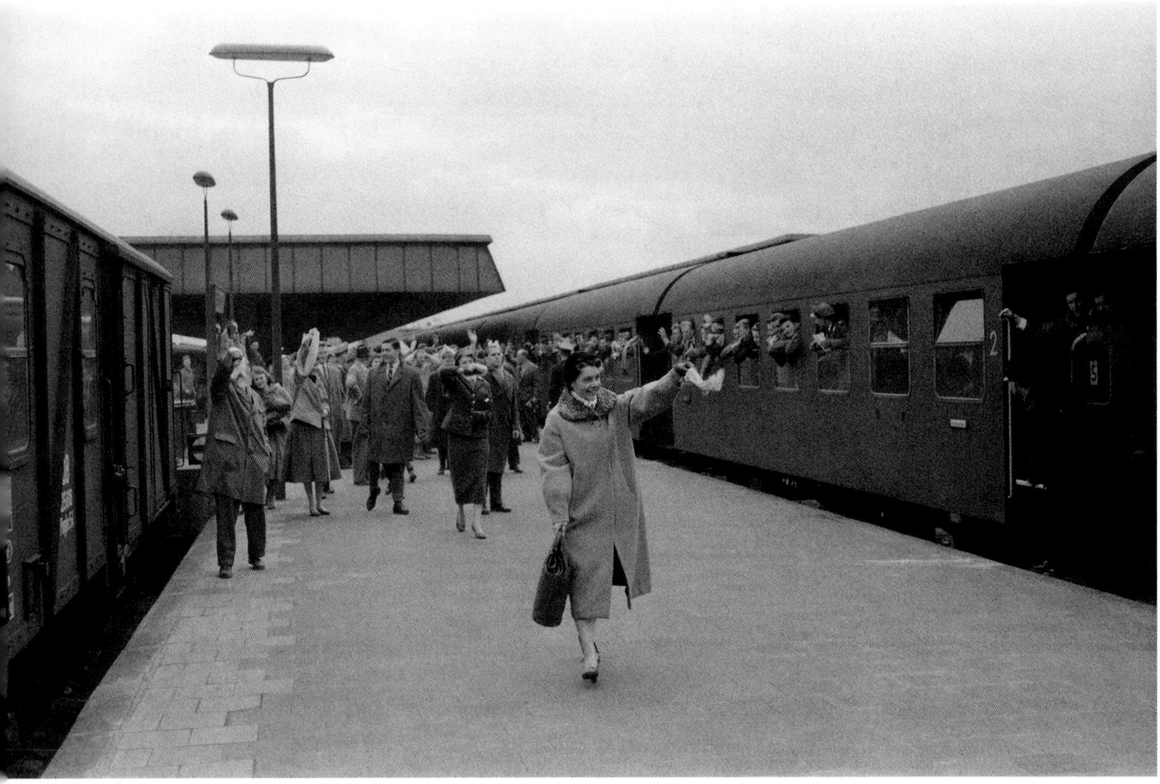

Mit der Gründung der Bundeswehr 1956 und der Einführung der allgemeinen Wehrpflicht erlangte Münster seinen früheren Status als eine der führenden Garnisonen Deutschlands zurück. Das hier ansässige Kreiswehrersatzamt nahm in vermehrtem Maße Musterungen vor. Münsterische Rekruten verlassen 1958 den Hauptbahnhof ihrer Heimatstadt.

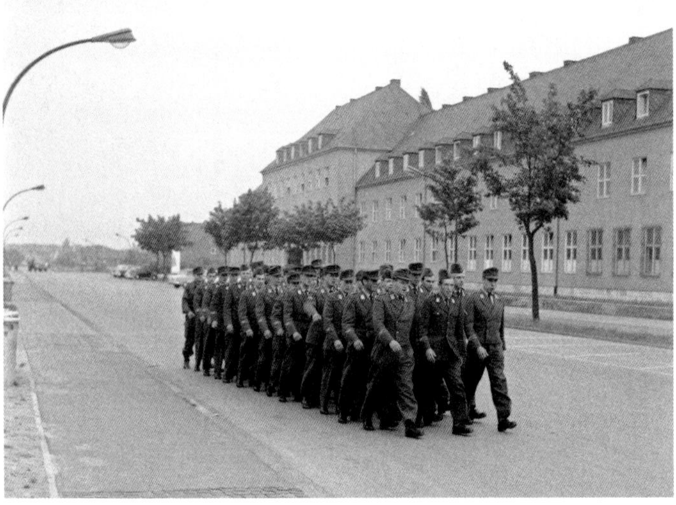

Ende 1956 nahmen die ersten Offiziere des neu gegründeten I. Korps ihre Arbeit auf. Die Anfänge der Bundeswehr gestalteten sich schwierig. Es fehlte an Ausbildern, vor allem aber an geeigneten Räumlichkeiten. Vielfach wurden die noch aus dem Kaiserreich und aus der NS-Zeit stammenden Kasernen, sofern sie nicht von den Briten requiriert worden waren, wieder hergerichtet. Die Aufnahme zeigt Soldaten in der Manfred-von-Richthofen-Straße.

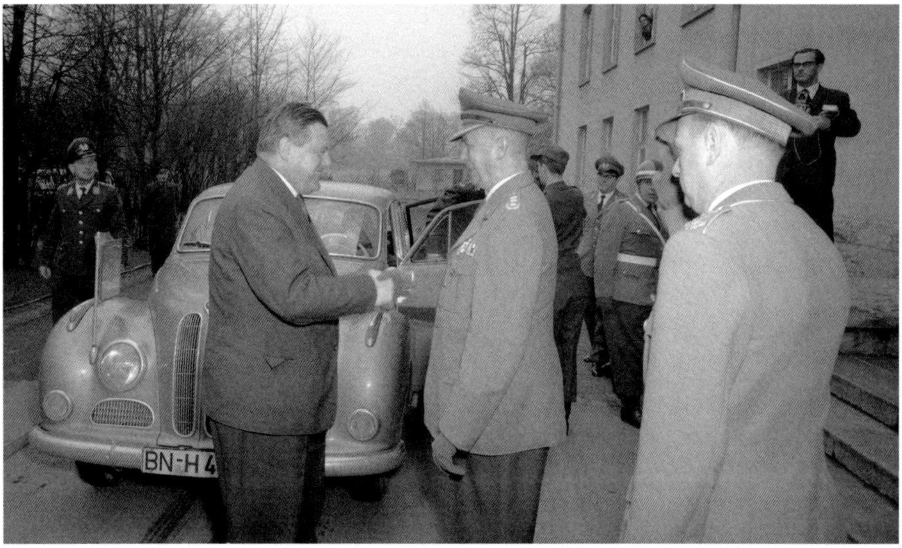

Ein eher seltener Gast in Münster: Franz Josef Strauß, der über Jahrzehnte maßgeblich die Bundespolitik mit bestimmte. Nachdem er von 1956 bis 1962 als Verteidigungsminister den Aufbau der Bundeswehr vorangetrieben hatte, gab er in der Folge der Spiegel-Affäre 1962 das Amt auf. Am 26. Februar 1960 kamen neben Strauß weitere hohe Angehörige von Bundeswehr und Nato nach Münster, so Generalinspekteur Adolf Heusinger und Nato-General Sir James Cassels. An diesem Tag verlieh Strauß Generalleutnant Gerhard Matzky aus Anlass seiner Verabschiedung das „Große Verdienstkreuz mit Stern". Anschließend fand vor dem Schloss der erste Große Zapfenstreich nach dem Zweiten Weltkrieg statt.

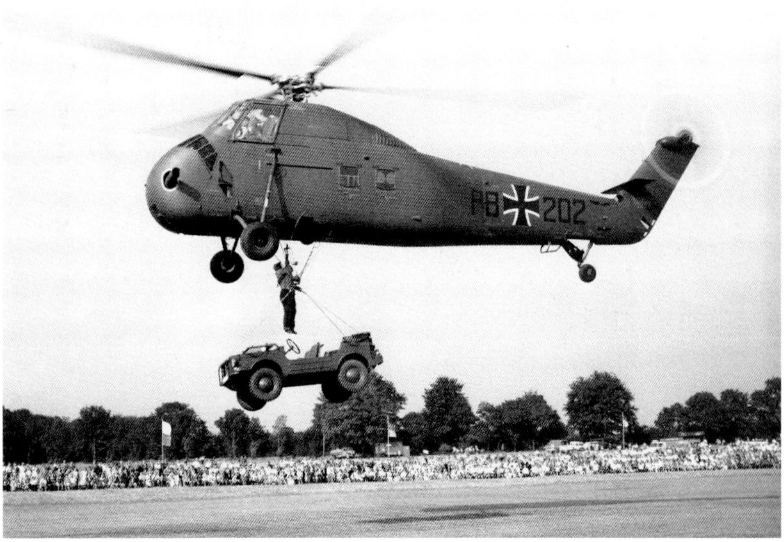

Werbung in eigener Sache. Mit öffentlichkeitswirksamen Auftritten warb die Bundeswehr seit 1956 um Vertrauen und hoffte damit zugleich Jugendliche für den Beruf des Soldaten zu begeistern. Tatsächlich zogen Flugtage und Vorführungen technischen Geräts viel Publikum an.

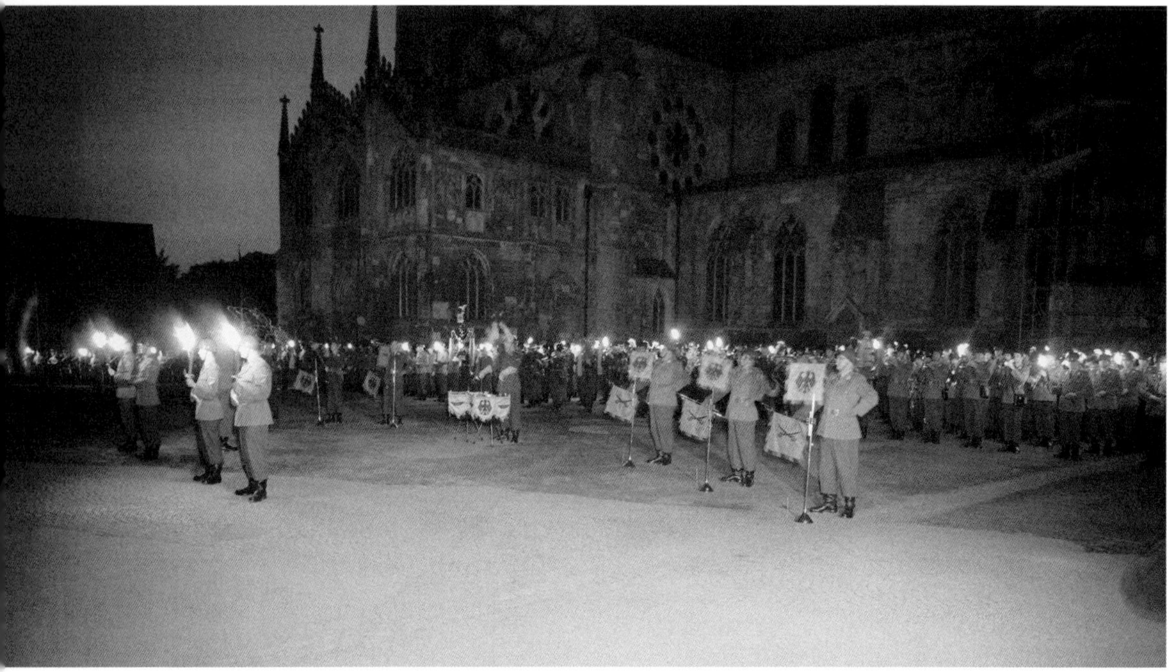

Zapfenstreich auf dem Domplatz für den am 30. September 1963 aus dem aktiven Dienst scheidenden Generalmajor der Luftwaffe Eugen Walter. Die damals noch junge Bundeswehr suchte durchaus die Öffentlichkeit und nutzte gerade solche Anlässe, für den Soldaten- und Offiziersberuf zu werben.

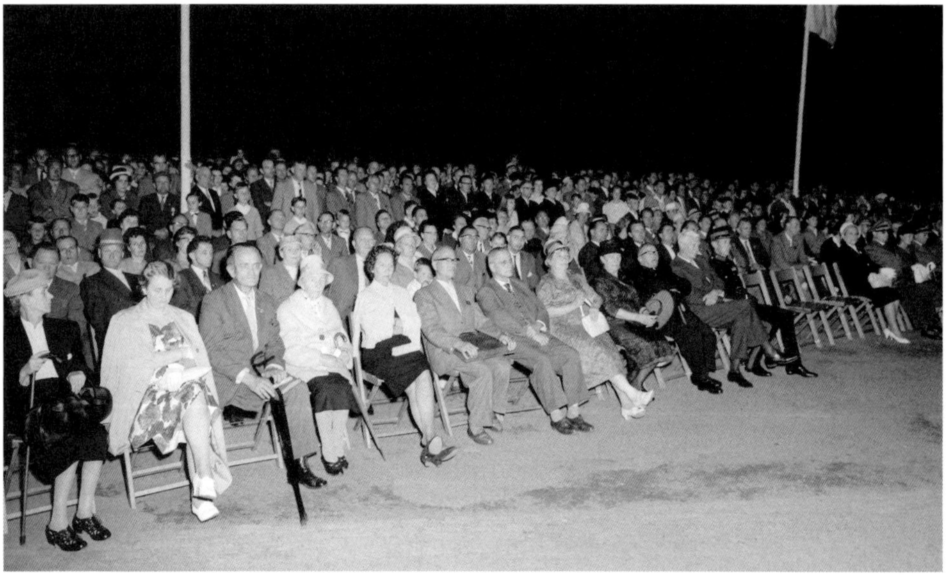

Persönlichkeiten und Ereignisse

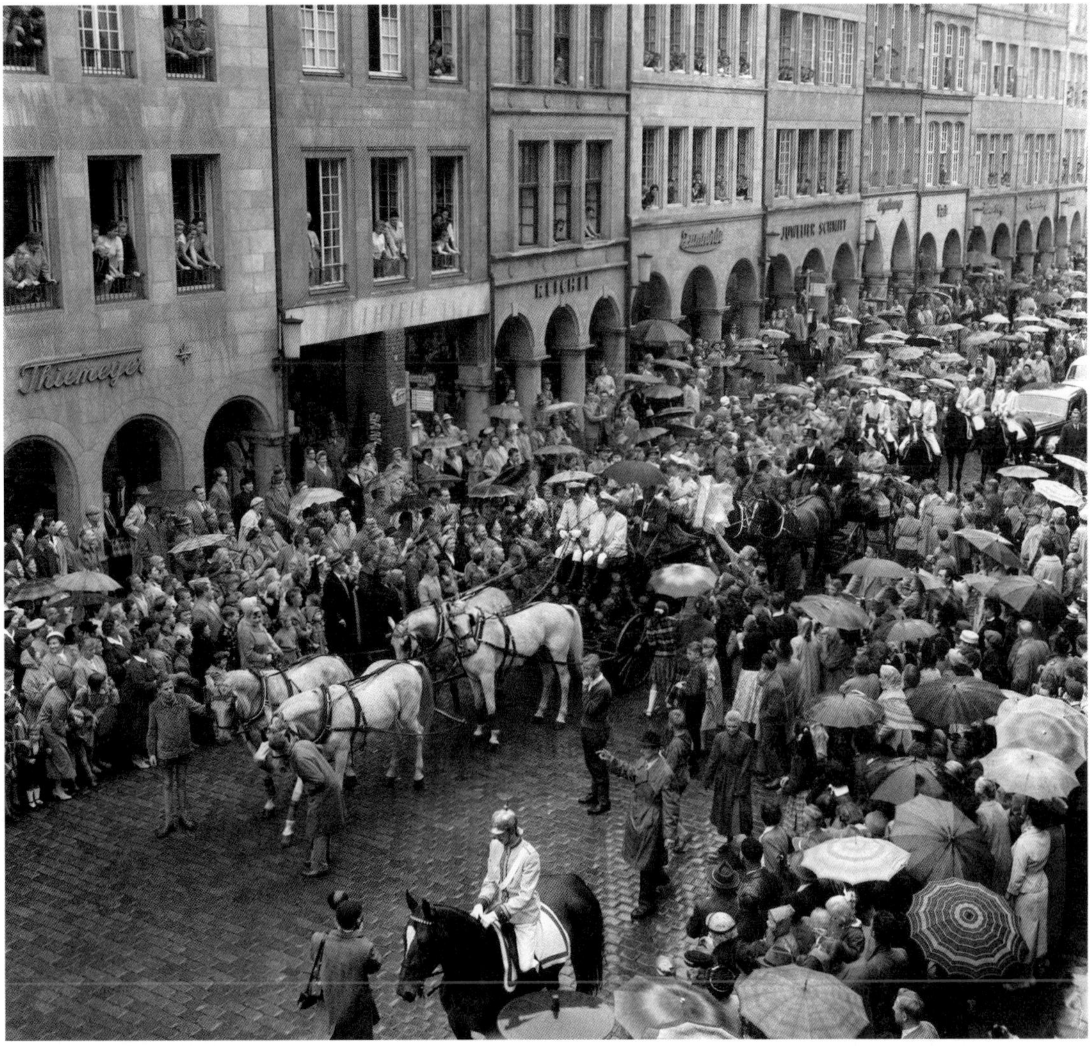

Zur Uraufführung des Films „Der tolle Bomberg" besuchte Hauptdarsteller Hans Albers am 21. August 1957 Münster. Er wurde hier mit großem Jubel empfangen und ließ sich in einer Kutsche, begleitet von münsterischen Originalen, zur Gaststätte Pinkus Müller fahren. Der Film im Stil einer Klamotte blieb eine Fußnote in der deutschen Kinogeschichte.

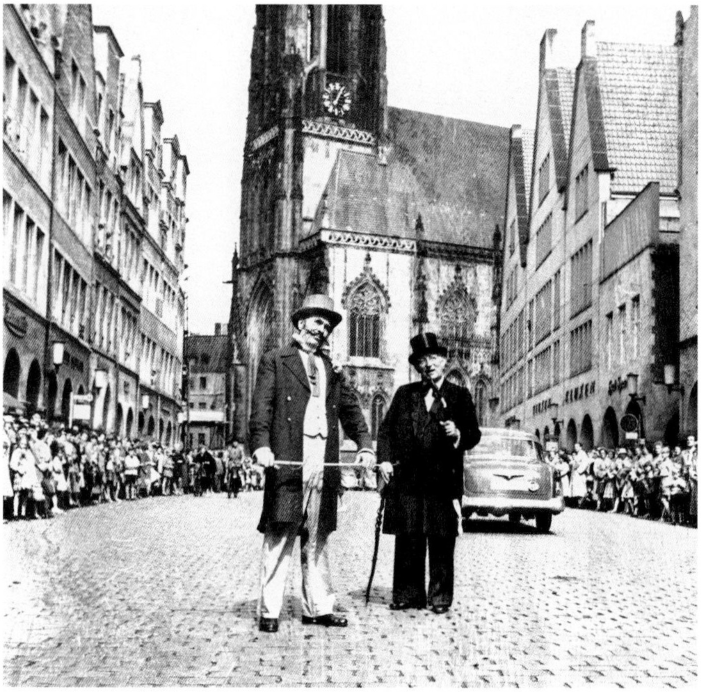

Gisbert Freiherr von Romberg, genannt der „Tolle Bomberg", und Professor Landois in Erwartung des Schauspielers Hans Albers. Der ausgesprochen populäre Mime zehrte am Ende seiner langen und erfolgreichen Karriere hauptsächlich von Erfolgen der Vergangenheit. Für ein großes Comeback war er zwar nicht zu alt, aber sein Typ war nicht mehr so sehr gefragt.

Gedenkveranstaltungen und Fackelzüge, hier am Vorabend des 17. Juni 1958 auf dem Prinzipalmarkt, kündeten von unbedingter Solidarität mit den Landsleuten jenseits des Eisernen Vorhangs.

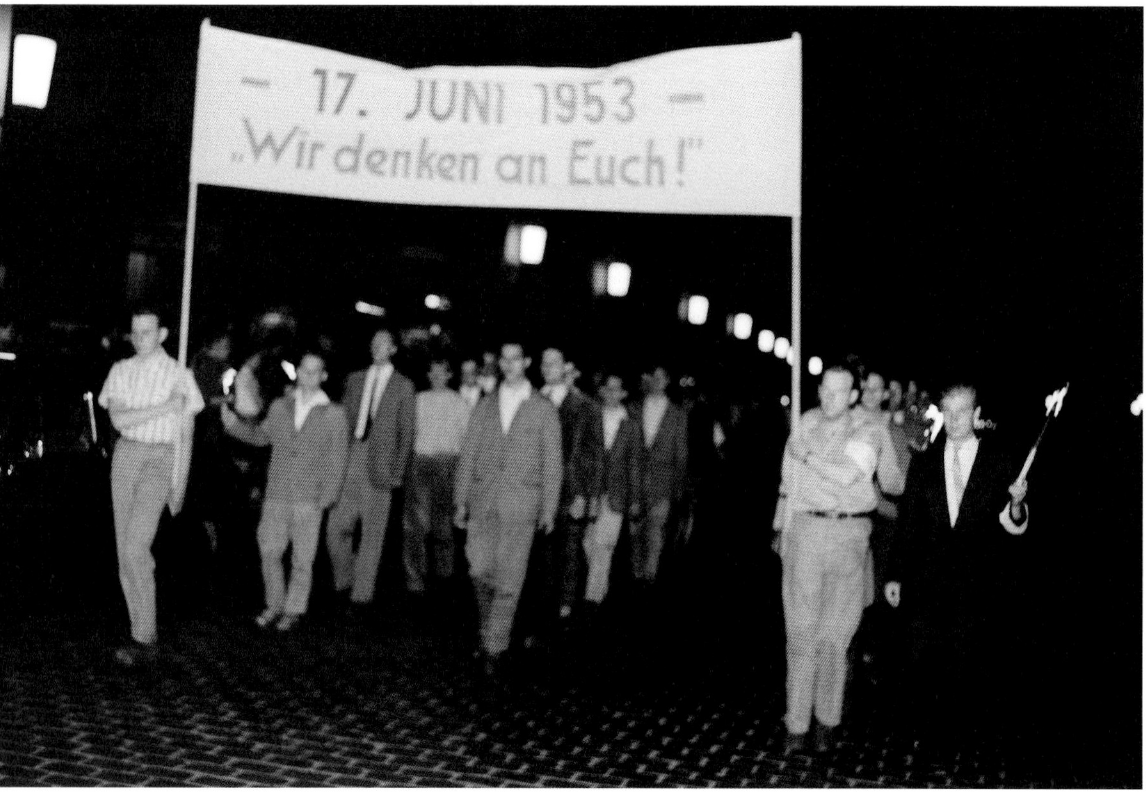

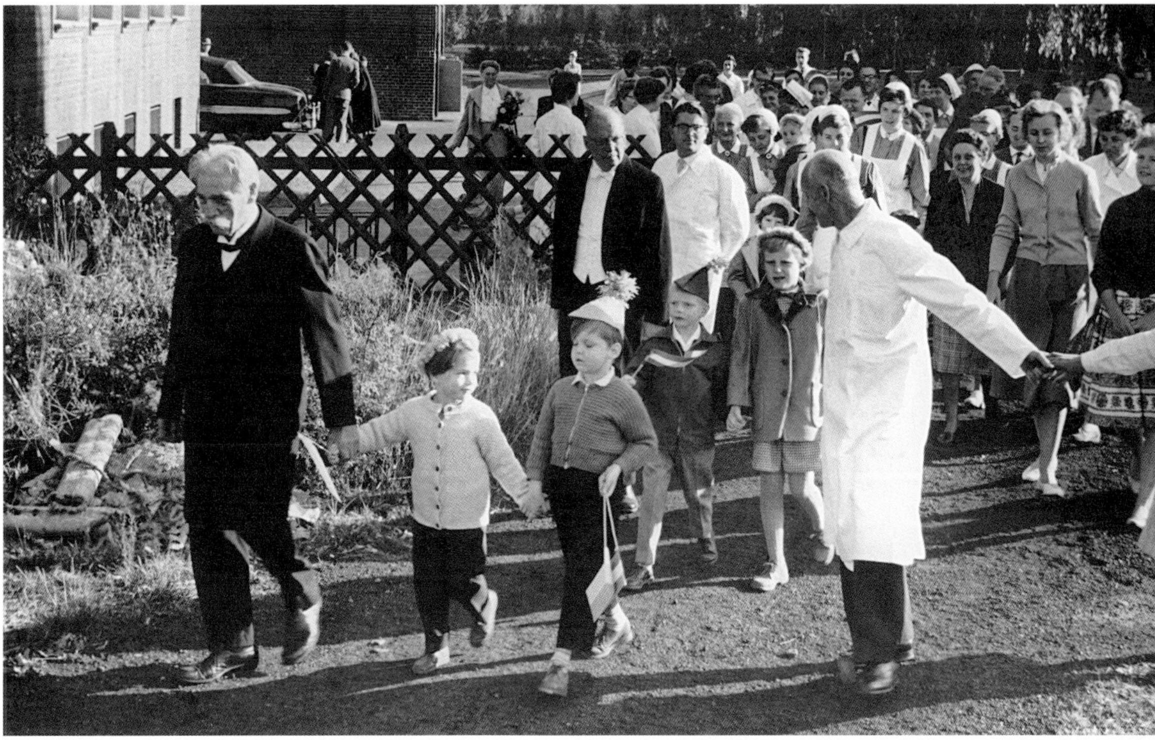

Er war das große Vorbild der europäischen Nachkriegsjugend, der Menschenfreund, Urwaldarzt und Theologe Albert Schweitzer. Er beeindruckte durch Lebensführung und Selbstlosigkeit, durch Friedensliebe und Toleranz. Am 6. Oktober 1959 verlieh ihm die Medizinische Fakultät die Würde eines Ehrendoktors. Rechts ist der Schweitzer gut bekannte Direktor der Kinderklinik Professor Dr. Hermann Mai zu sehen.

Aus Anlass seines Besuches in Münster ehrte die Stadt Dr. Albert Schweitzer mit einem Empfang im Friedenssaal. Der sich volkstümlich und alles andere als unnahbar gebende Nobelpreisträger begrüßte auf dem Weg dorthin die vor dem Rathaus stehende Obstverkäuferin. Von der Aura des Friedenssaales und seiner hohen Symbolik zeigte sich Schweitzer tief beeindruckt.

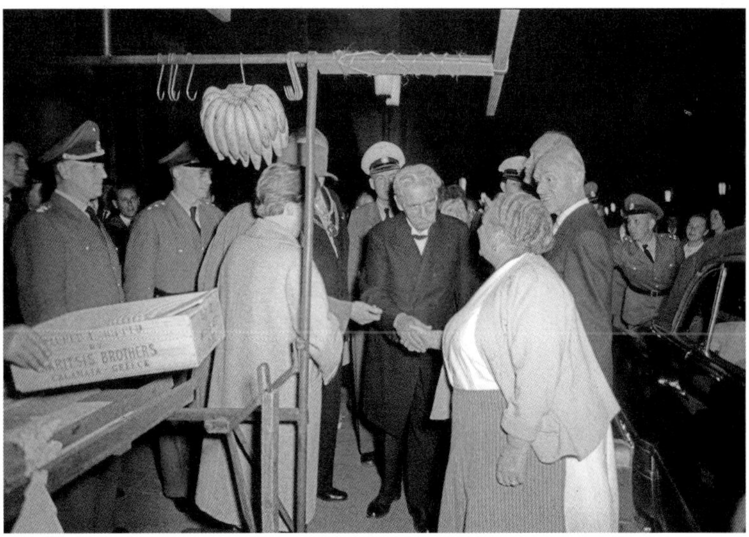

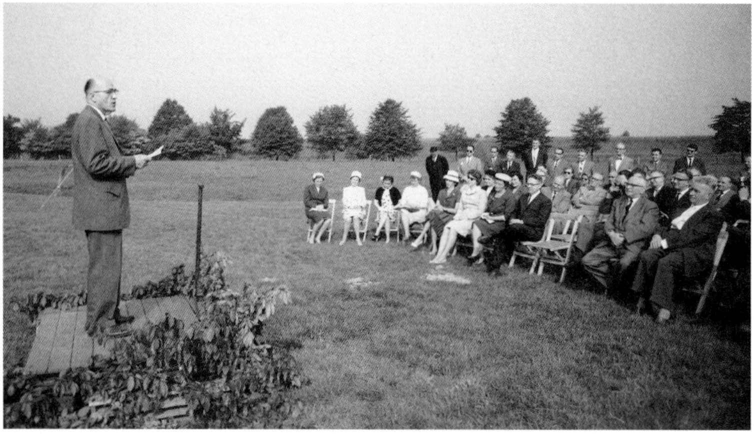

Der 23. Mai 1960 war in der münsterischen Nachkriegsgeschichte ein markantes Datum. An diesem Tag setzte der Vizepräsident des amerikanischen Großkonzerns „Armstrong Cork Company" den Spatenstich zum Bau der ersten deutschen Betriebsstätte des Unternehmens, das weltweit Spezialisolierungen herstellte. Binnen kürzester Zeit entstanden an der Robert-Bosch-Straße über 200 Arbeitsplätze. Armstrong blieb freilich der einzige größere industrielle Arbeitgeber Münsters. Weitere Bemühungen der Stadt um Ansiedlung von Großbetrieben blieben erfolglos.

Die Angst vor einem Atomkrieg beschäftigte die deutsche Gesellschaft über alle Maßen. Die Drohungen Moskaus und Washingtons, entsprechende Waffen im Konfliktfall einzusetzen, lösten vielfach Ängste aus, wozu auch entsprechendes leichtfertiges Reden bundesdeutscher Politiker, etwa des Verteidigungsministers Franz Josef Strauß, beitrug. Die gegen die Atomrüstung auftretende Friedensbewegung der früheren 60er Jahre stellte fraglos eine innenpolitische Größe dar, wurde aber von den Medien bewusst kaum beachtet. Politische Losungen und Forderungen fanden daher oft auf Plakaten Verbreitung wie hier im Juli 1961 vor dem Erbdrostenhof – die zeitlose Erinnerung an das Grauen von Hiroshima.

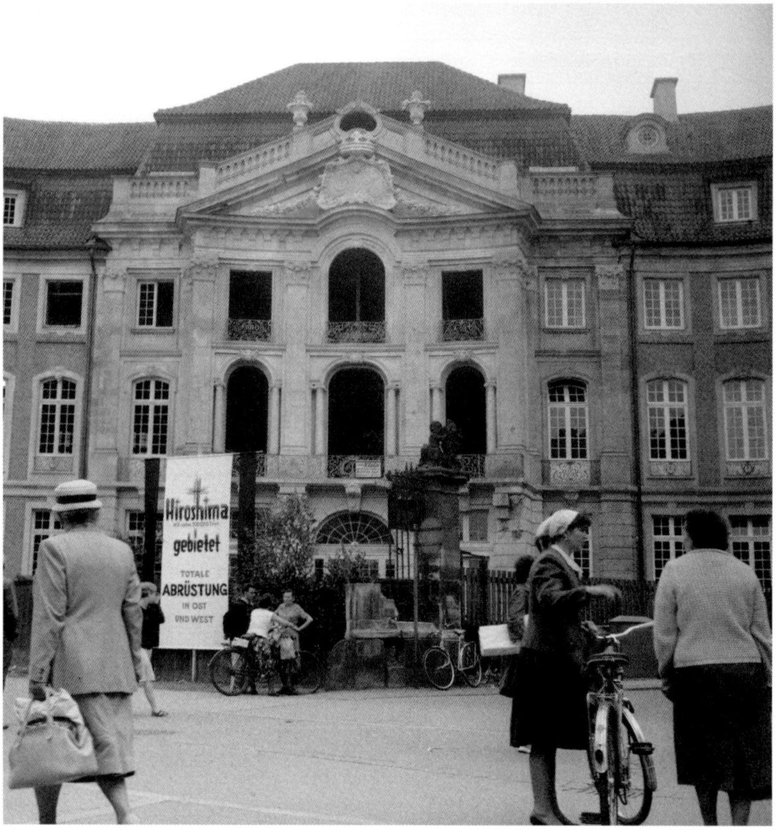

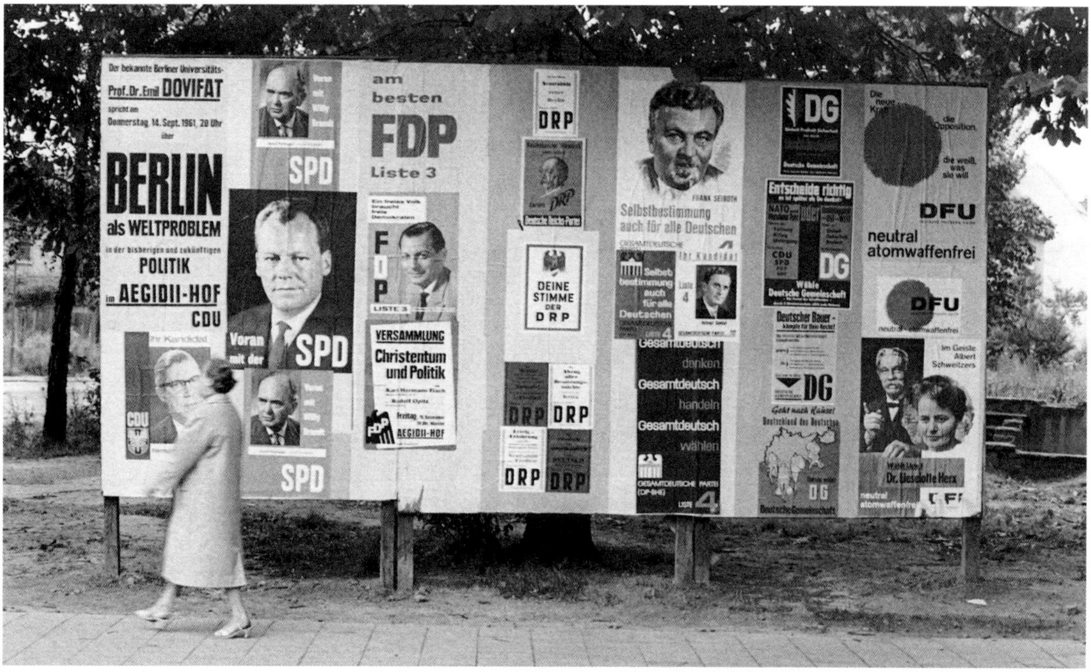

Bei den Wahlen zum vierten Deutschen Bundestag am 17. September 1961 gehörten die Plakatwände der kandidierenden Parteien bereits zum gewohnten Wahlkampfalltag. Für die CDU trat nochmals Bundeskanzler Konrad Adenauer an, für die SPD erstmals Willy Brandt, Regierender Bürgermeister Berlins. Zu einem beherrschenden Thema des Wahlkampfes sollte nach dem 13. August die Abriegelung West-Berlins nach der Errichtung der Mauer werden.

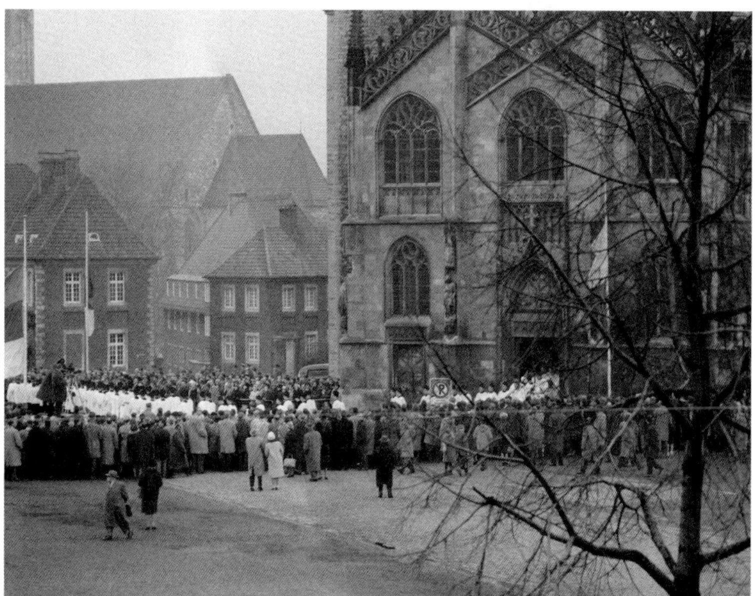

Auf dem Wege der Besserung nach einem ersten Herzinfarkt starb der münsterische Bischof Michael Keller vollkommen überraschend am 7. November 1961 an den Folgen eines weiteren Infarkts. Kellers Tod löste weit über die Grenzen des Bistums Trauer und Bestürzung aus, und mit ihm verlor der deutsche Episkopat einen seiner herausragenden Repräsentanten. Unter großer Anteilnahme wurde Keller am 11. November im Dom beigesetzt.

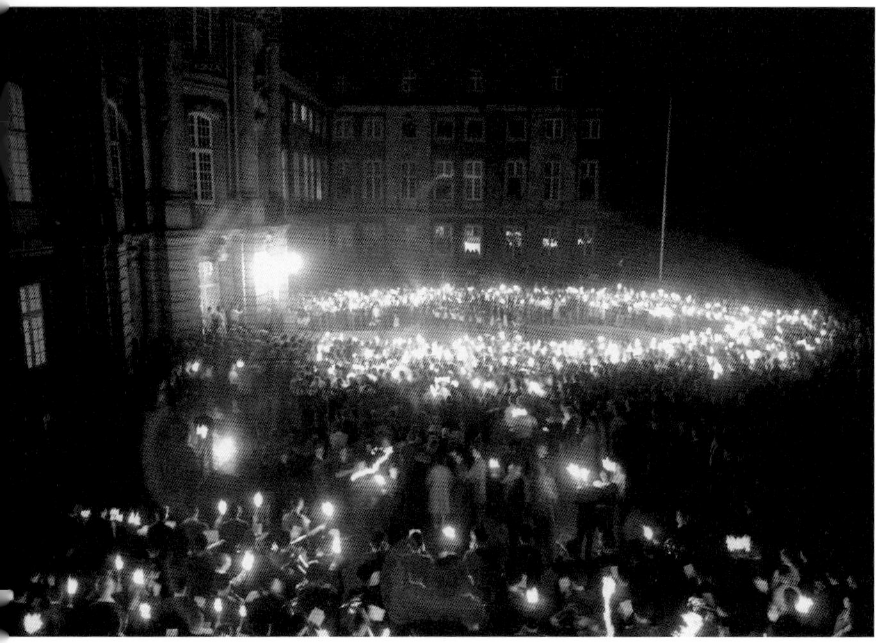

Zum Abschied aus seinem Amt als Universitätsprofessor und Lehrstuhlinhaber für Christliche Sozialwissenschaften brachten 2.000 Studenten aller Fakultäten dem zum Bischof ernannten Joseph Höffner am 25. Juli 1962 einen Fackelzug dar, Ausweis besonderer Wertschätzung gegenüber dem bundesweit bekannten Theologen und Sozialwissenschaftler. Höffner zeigte sich von der Ehrung durch die Studentenschaft tief bewegt und dankte ihr mit herzlichen Worten.

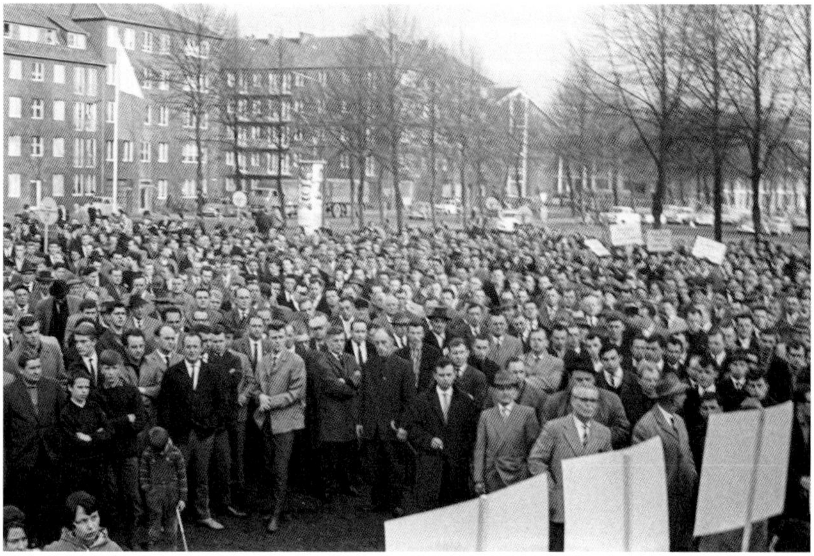

Der Arbeitskampf in der Metallindustrie im Frühjahr 1963 war der bis dahin schwerste in der Geschichte der Bundesrepublik. In Baden-Württemberg streikten die Arbeiter, die Arbeitgeber antworteten mit Aussperrung in großem Umfang. Auf den Kundgebungen zum 1. Mai stand der Arbeitskampf daher auch im Mittelpunkt vieler Reden. In der nicht stark von Industrie geprägten Stadt Münster sprach der damalige Vorsitzende des DGB-Landesbezirks von Nordrhein-Westfalen Georg Neemann auf dem Hindenburgplatz. Ein von Bundeswirtschaftsminister Ludwig Erhard vermittelter Kompromiss beendete schließlich den Arbeitskampf.

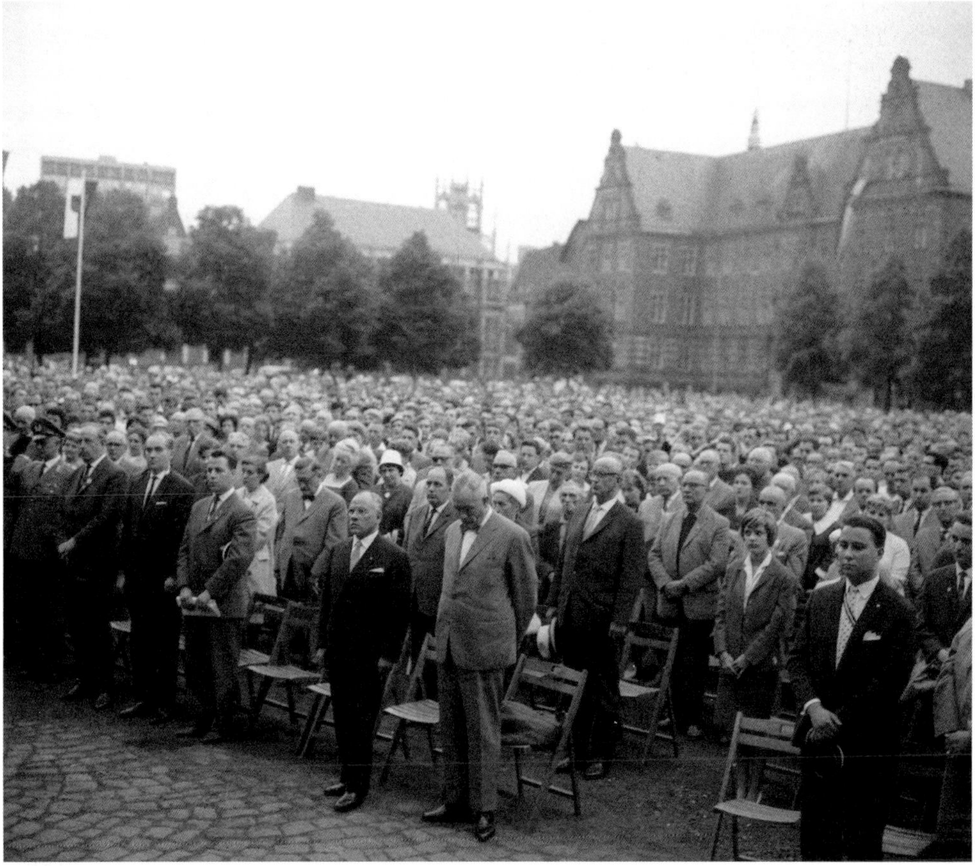

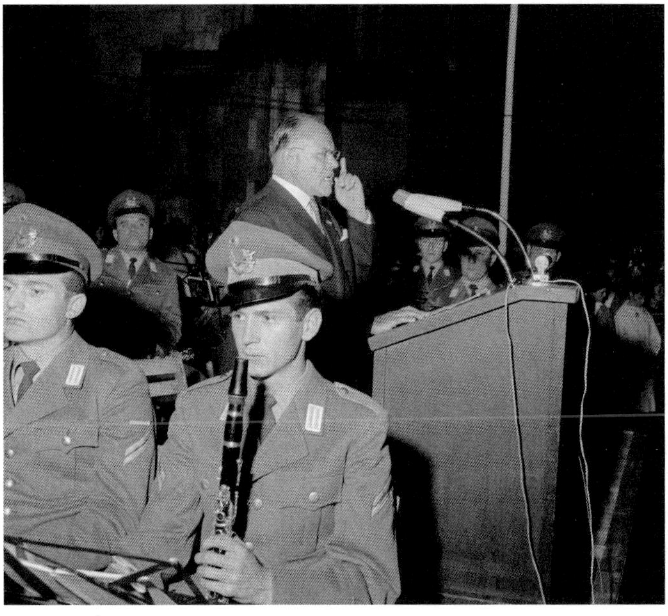

Auf Einladung der Deutschen Burschenschaft, die vom 13. bis 17. Juni 1962 ihren Burschentag in Münster abhielt, sprach am Vorabend des „Tags der Deutschen Einheit" am 17. Juni 1962 Bundestagspräsident Eugen Gerstenmaier auf dem Domplatz. Für seine Ausführungen erhielt der prominente CDU-Politiker viel Beifall. Zu Missstimmigkeiten zwischen der Burschenschaft und der gastgebenden Stadt war es nach dem Absingen aller drei Strophen des Deutschlandliedes gekommen.

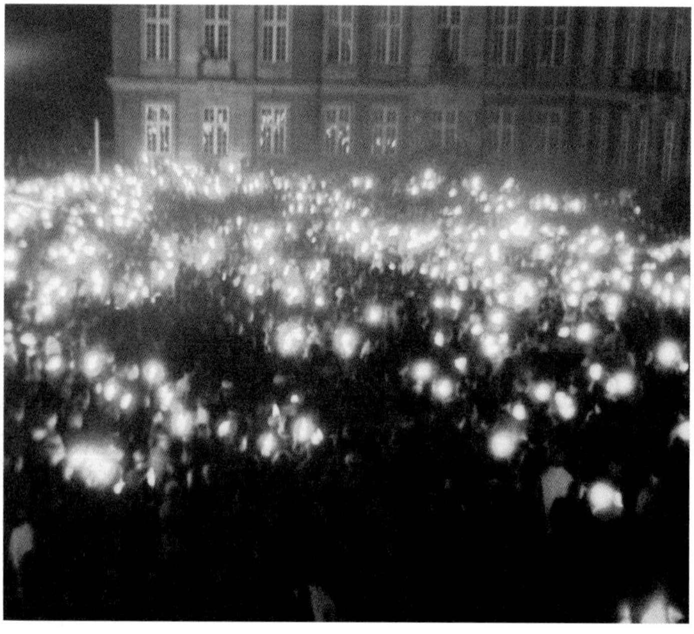

Die Ermordung John F. Kennedys am 22. November 1963 löste weltweit Erschütterung aus. Gerade in Deutschland herrschte große Trauer um diesen Präsidenten, dessen triumphaler Deutschlandbesuch erst wenige Monate zurücklag. Am Abend des 25. November, den der neue Präsident Lyndon B. Johnson zu einem allgemeinen Trauertag erklärt hatte, fand auch in Münster auf Initiative des AStA ein Trauerzug statt, an dem mehr als 10.000 Menschen – überwiegend Studenten und Schüler – teilnahmen. Am Ende der Veranstaltung sangen sie vor dem münsterischen Schloss die amerikanische Nationalhymne.

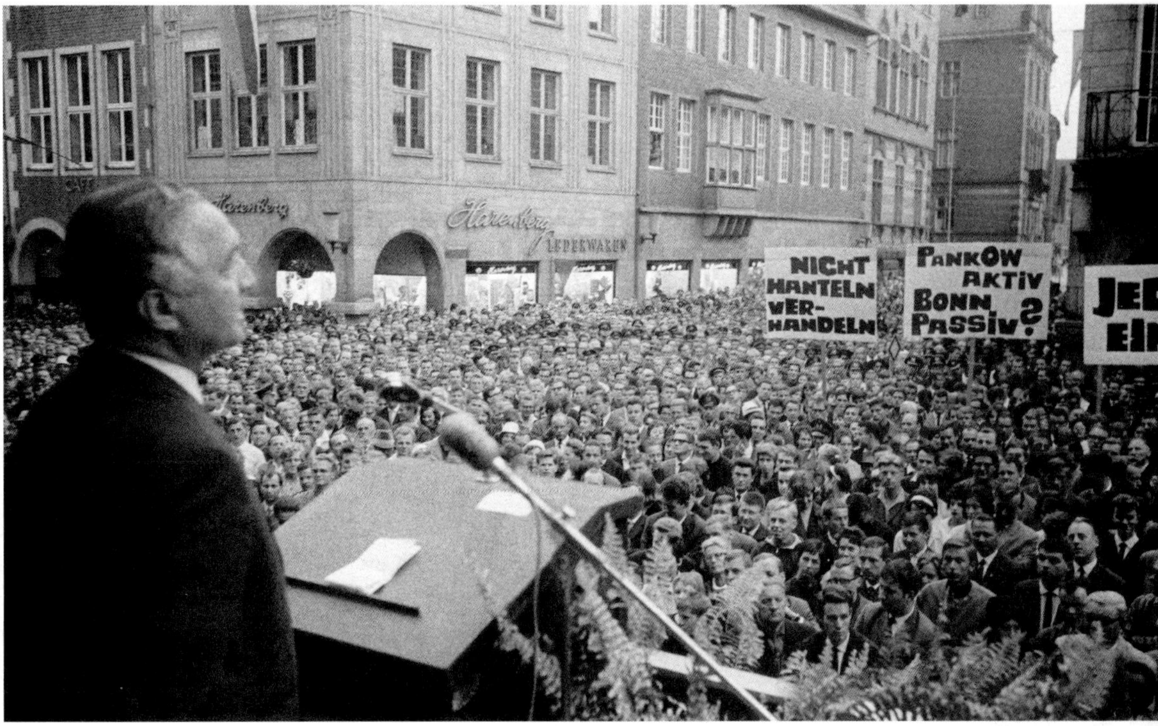

Das in Münster äußerst aktive Kuratorium „Unteilbares Deutschland" organisierte vor allem in den 60er Jahren große Kundgebungen mit prominenten Rednern zum Jahrestag des Volksaufstandes in der DDR am 17. Juni 1953. Der Hauptredner des Jahres 1964, Vizekanzler und Minister für Gesamtdeutsche Fragen Erich Mende, verteidigte vor über 10.000 Menschen auf dem Prinzipalmarkt die Position der Bundesregierung. Einige Teilnehmer warfen nämlich, wie auf Transparenten zu sehen, der Bonner Koalitionsregierung von CDU/CSU und FDP eine zu große Passivität bei Verhandlungen mit Ost-Berlin vor.

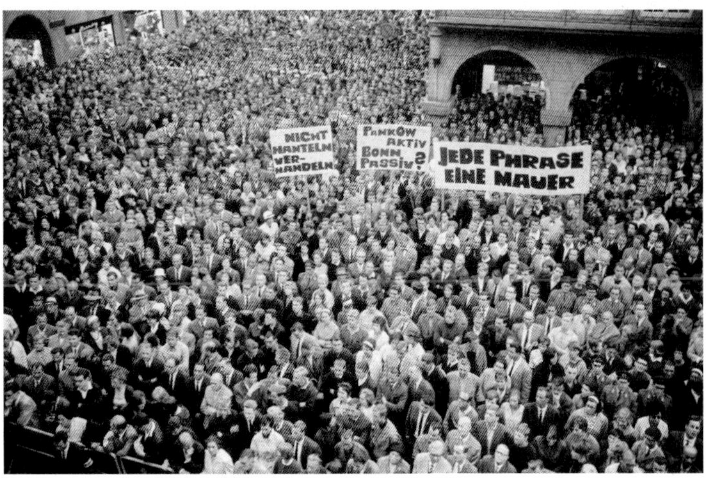

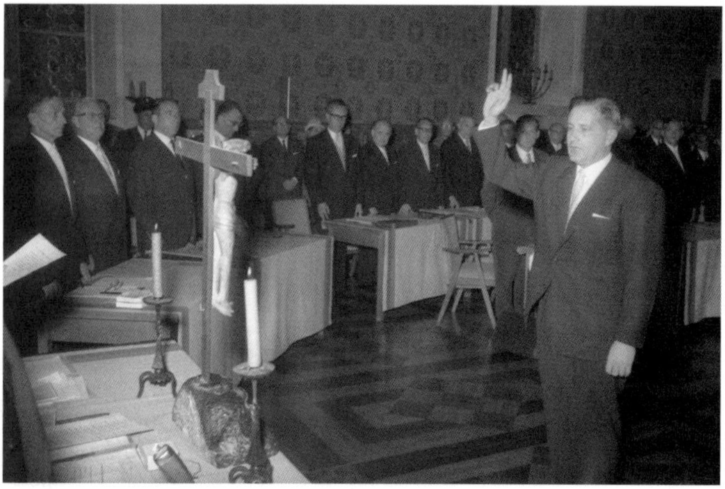

Am 9. Oktober 1964 wählte der Rat der Stadt Münster Dr. Albrecht Beckel, den Direktor der Katholisch-Sozialen Akademie „Franz-Hitze-Haus", zum neuen Oberbürgermeister. Beckel, der mit damals 39 Jahren einer der jüngsten Oberbürgermeister einer deutschen Großstadt war, löste Rechtsanwalt Dr. Busso Peus ab, der zwölf Jahre lang dieses Amt bekleidet hatte. Mit Beckels Wahl war in der CDU-Fraktion auch ein tiefgreifender Generationenwechsel verbunden.

Im Bundestagswahlkampf des Jahres 1965 traten Ludwig Erhard und Willy Brandt gegeneinander an. Am 31. August 1965 sprach Erhard, der Konrad Adenauer 1963 als Bundeskanzler abgelöst hatte, auf dem Domplatz. Trotz des Regens waren mehrere tausend Menschen gekommen, um den „Vater des Wirtschaftswunders" zu sehen und zu hören. Erhard war in der Bevölkerung äußerst populär, sah sich aber in den eigenen Reihen mangels Führungsstärke starker Kritik ausgesetzt. Der große Wahlerfolg der CDU im Jahr 1965 war aber vor allem ihm zu verdanken.

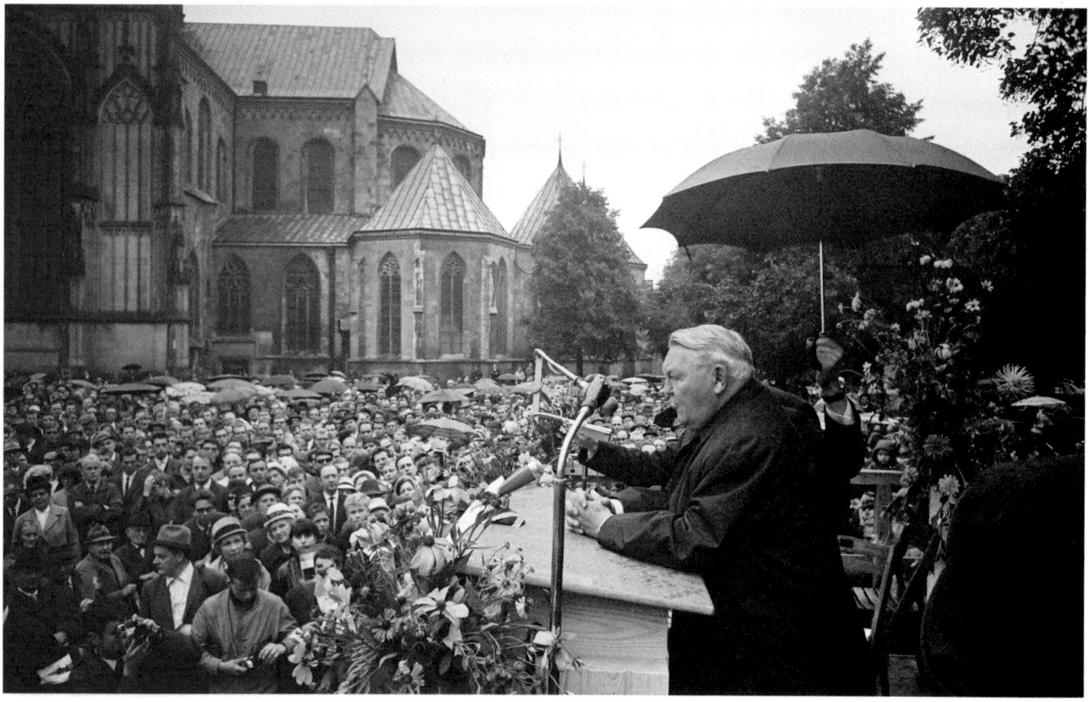

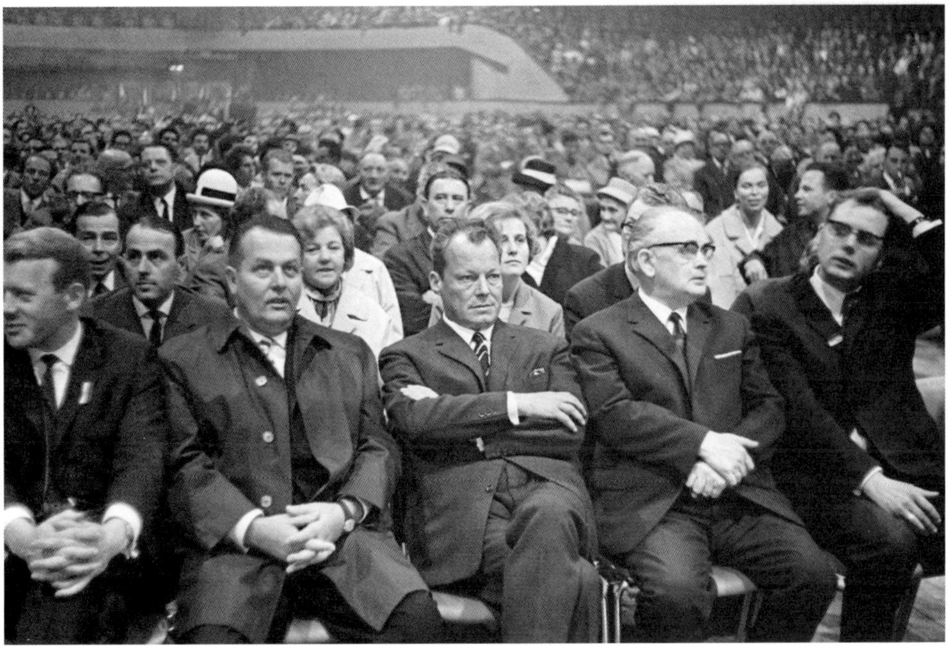

Willy Brandt, seit 1964 Parteivorsitzender der SPD, trat in der Bundestagswahl 1965 zum zweiten Mal als Kanzlerkandidat an. Die SPD erreichte zwar nahezu 40 Prozent – ihr bis dahin bestes Ergebnis –, der Machtwechsel gelang indes nicht. Brandt – hier bei seinem Auftritt in der Halle Münsterland – hatte seinen stark an amerikanischen Vorbildern orientierten Wahlkampf erstmals in großem Umfang mit der Unterstützung von Künstlern und Intellektuellen wie etwa Günter Grass geführt.

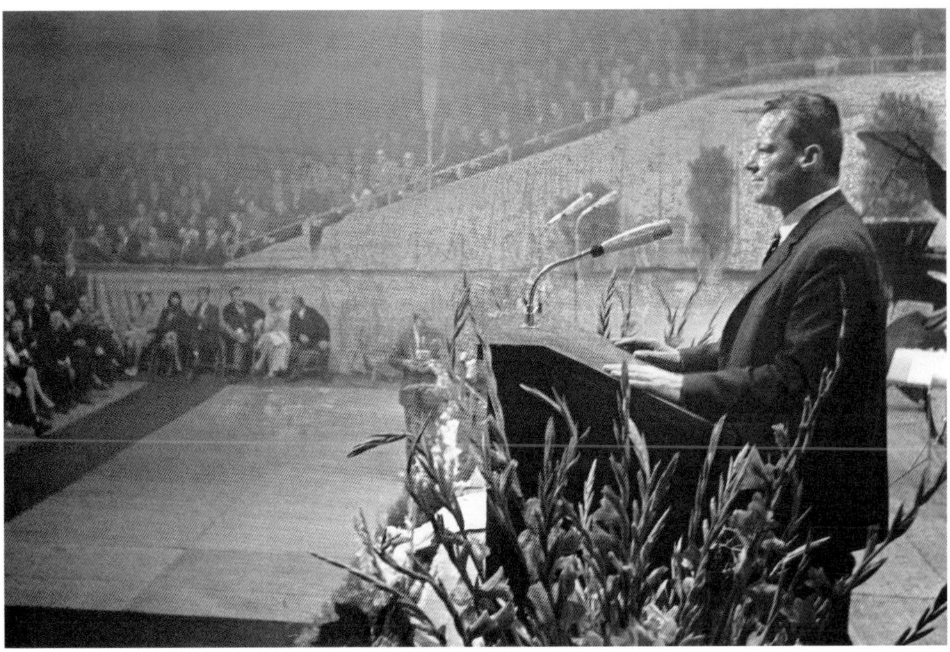

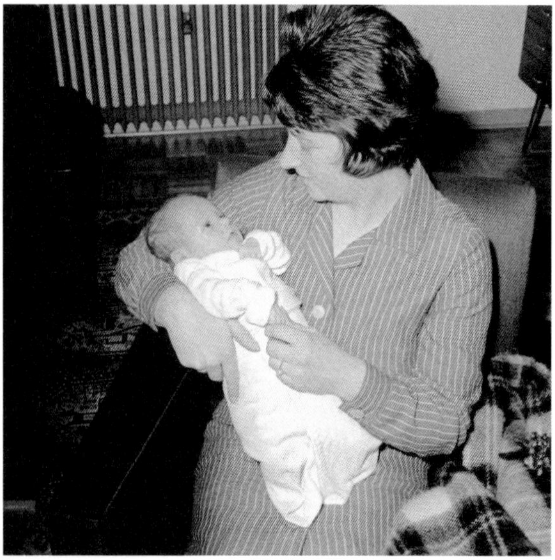

Im November 1966 wird Monika Heilenkötter als 200.000 Bürgerin der Stadt Münster geboren. Münster war nach dem Zweiten Weltkrieg die Stadt Nordrhein-Westfalens mit dem zweitstärksten Bevölkerungszuwachs.

Am Abend des 16. Juni 1967 fand auf dem Prinzipalmarkt wiederum eine Kundgebung des Kuratoriums „Unteilbares Deutschland" zum Gedenken an den 17. Juni 1953 statt. Hauptredner war Herbert Wehner, Minister für Gesamtdeutsche Fragen in der Großen Koalition von CDU und SPD unter Georg Kiesinger. In seiner Rede warb Wehner für die damals beginnende Entspannungspolitik gegenüber der DDR. Die Kundgebung war begleitet von Protesten einiger Studenten, die mit Transparenten auf die Auseinandersetzungen mit der Springer-Presse und die tödlichen Schüsse auf den Studenten Benno Ohnesorg in Berlin hinwiesen.

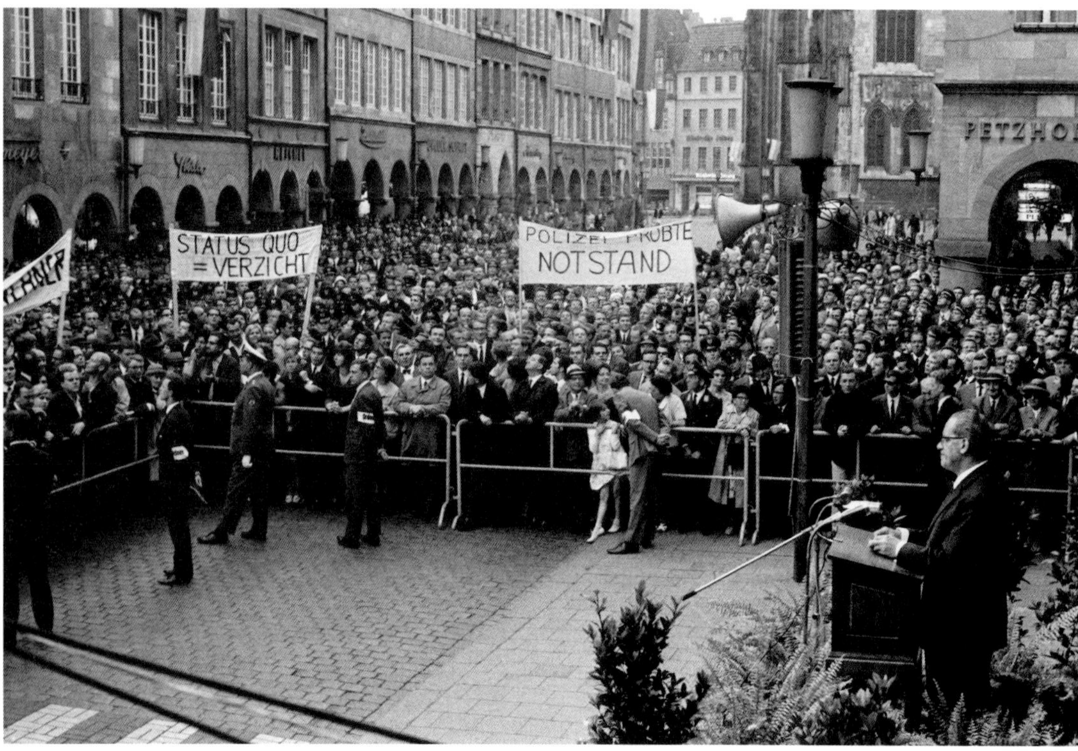

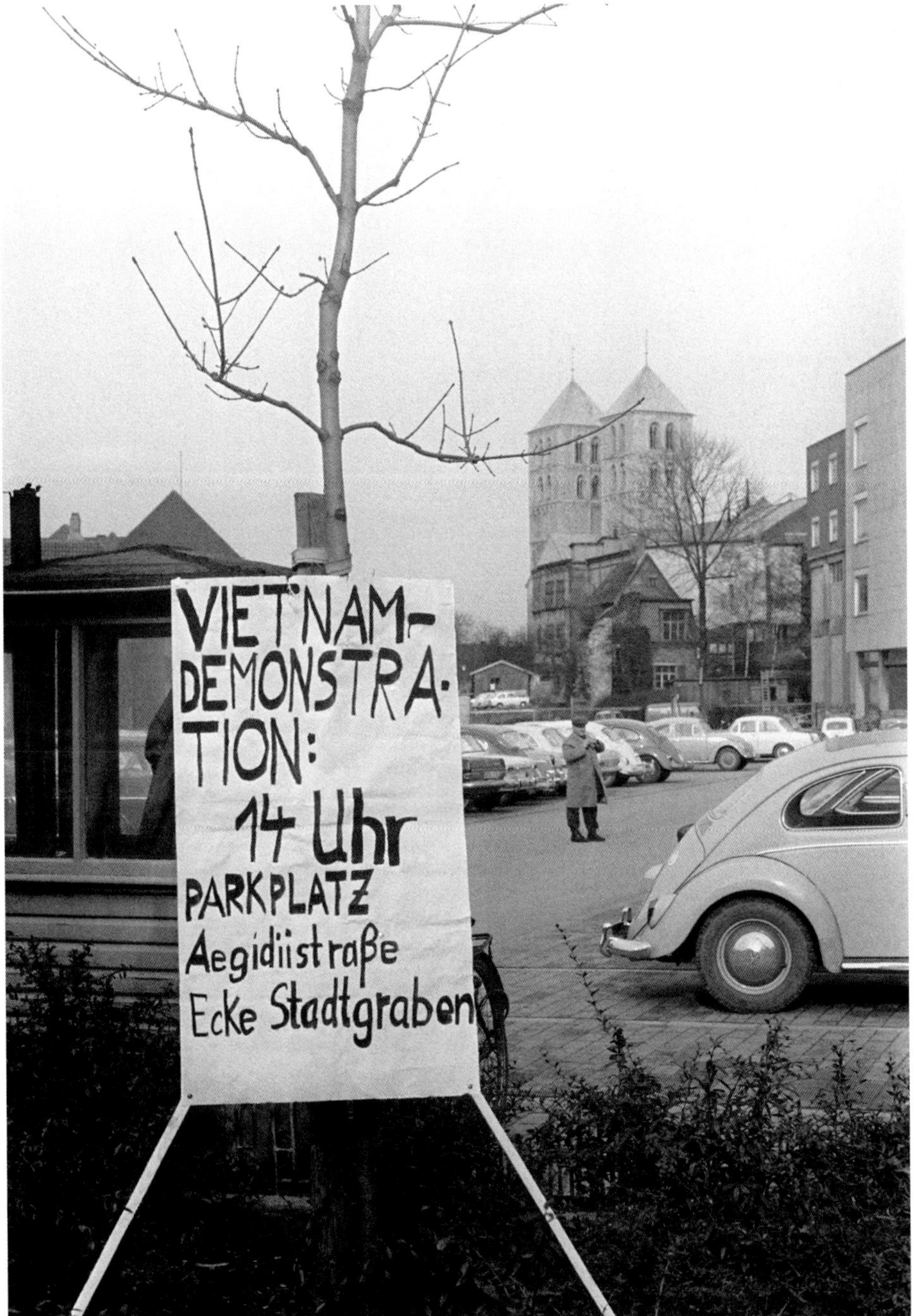

Seit 1964 verstrickten sich die USA immer stärker in den Vietnam-Krieg. Vor allem der Einsatz von Napalmbomben (Brandbomben) und Entlaubungsgift führte bald zu weltweiten Protesten. In den Vereinigten Staaten, aber auch in Westeuropa formierte sich vor allem in der Studentenschaft eine immer stärkere Opposition gegen das Engagement in Ostasien. In der zweiten Hälfte der 60er Jahre gehörten daher Anti-Vietnam-Demonstrationen in Münster wie auch in vielen anderen deutschen Großstädten zum gewohnten Bild.

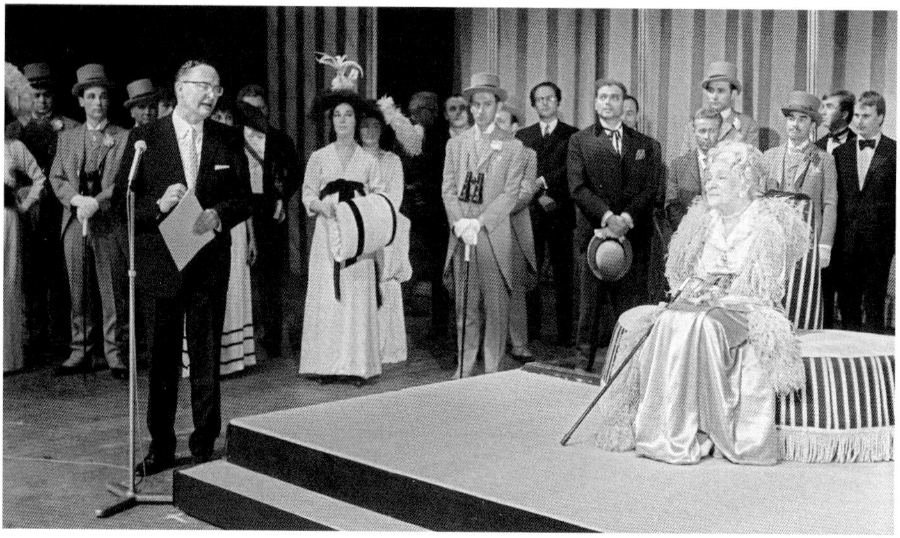

Nach einem bewegten Leben spielte Tilla Durieux, die große alte Dame des deutschen Theaters, in den 60er Jahren an den Städtischen Bühnen in Münster, damals unter der Intendanz Alfred Erich Sistigs. Für mehrere Spielzeiten gehörte sie zum münsterischen Ensemble. Ein weithin beachtetes Bühnenereignis war die Inszenierung von „My Fair Lady" im Jahr 1967, in der sie als Mrs. Higgins brillierte. Hier zu sehen ist der nordrhein-westfälische Kultusminister Fritz Holthoff, der Tilla Durieux in der Pause einer Galavorstellung von „My Fair Lady" zu ihrem 65-jährigen Bühnenjubiläum den Professorentitel verlieh.

Der Biafra-Krieg war der erste Konflikt in der Dritten Welt, der im Sommer 1968 die deutsche Öffentlichkeit durch Bilder hungernder Kinder in einem bis dahin nicht bekannten Maß schockierte und emotionalisierte. In Münster wie im ganzen Land fanden Biafra-Demonstrationen statt, die auch der Sammlung von Spenden und Hilfsgütern dienten. Die damals gegründeten „Biafra-Kreise" waren Ausgangspunkt der Dritte-Welt-Bewegung in Deutschland.

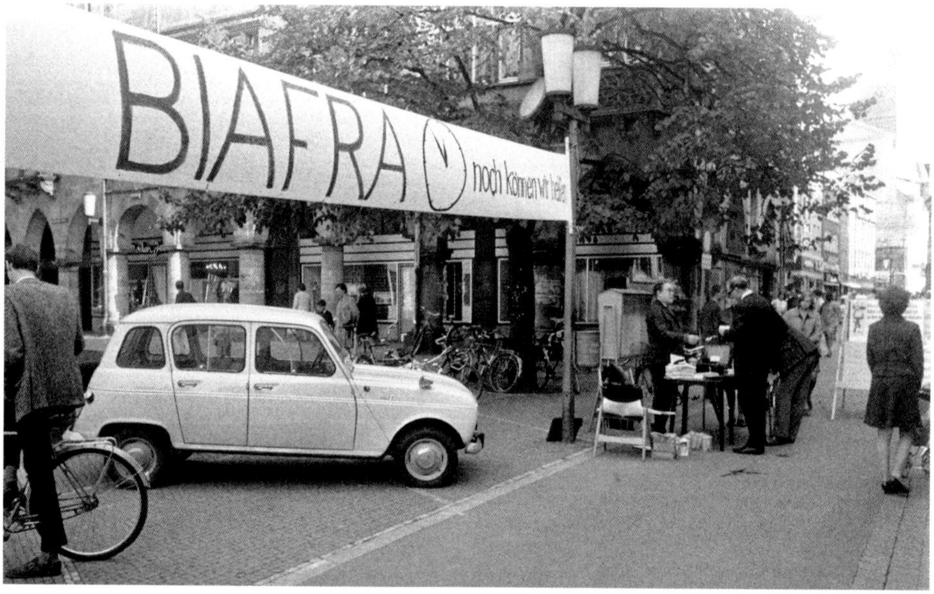

Prozesse: In aller Munde

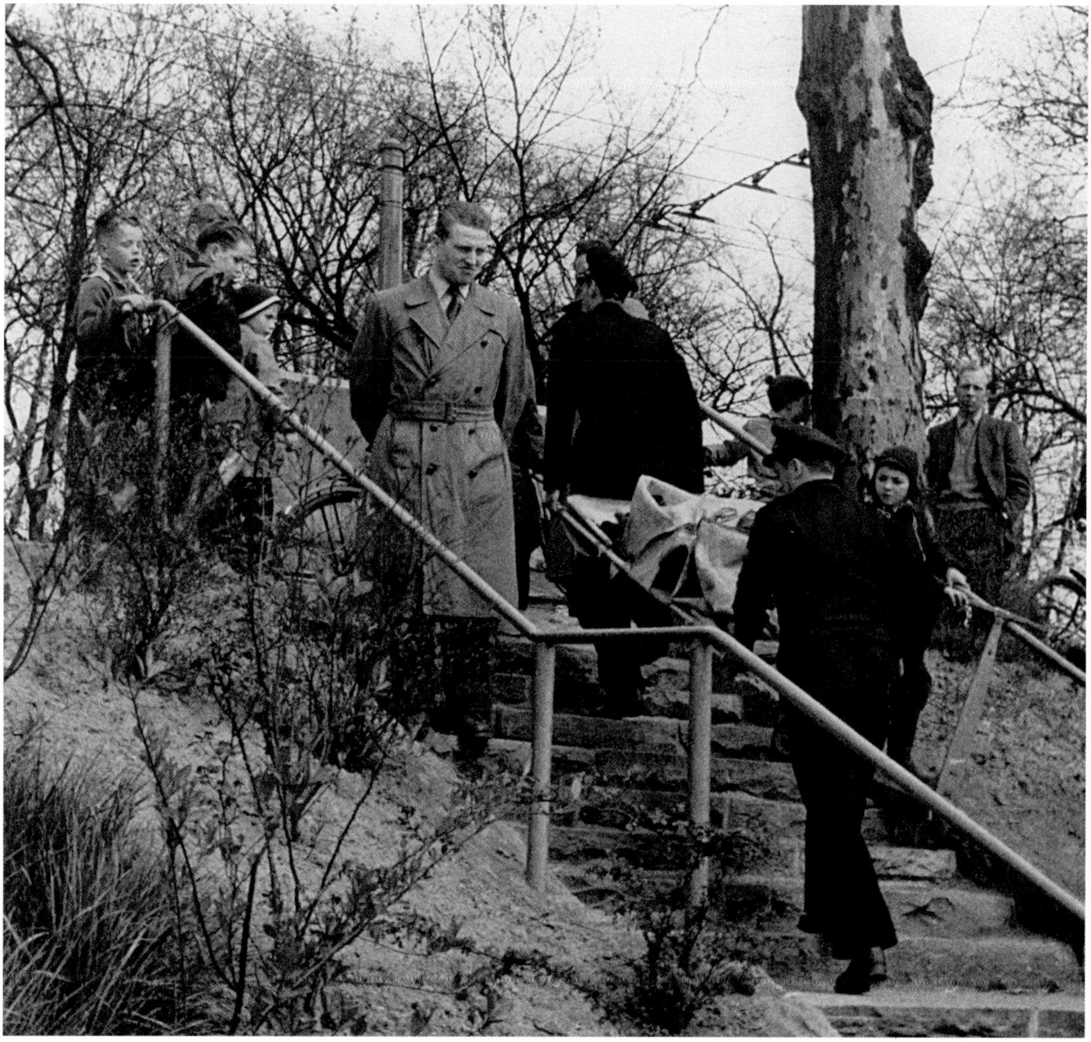

Die Ouvertüre zu einem der spektakulärsten Prozesse der deutschen Nachkriegszeit begann im April 1957 am Aasee. Dort tauchte ein Paket mit Teilen einer Leiche auf. Der Kopf war indes abgetrennt. Der gegen die Hauptangeklagte Maria Rohrbach eröffnete erste Prozess endete 1958 mit lebenslanger Zuchthausstrafe.

Der Münsteraner Dr. Günter Weigand sah sich dazu berufen, einen vermeintlich von Justiz und besserer städtischer Gesellschaft vertuschten Mord aufzuklären. Ausgangspunkt war der Tod des Rechtsanwalts Paul Blomert, ausgerechnet auch noch Sozius in der Rechtsanwaltskanzlei von Oberbürgermeister Dr. Busso Peus, im August 1961. Weigand zog die offizielle Version eines Selbstmordes in Zweifel. Nachdem er Justiz, Polizei und mehrere Privatpersonen in öffentlichen Flugblättern und Beschwerdebriefen über Monate hinweg scharf angegriffen und verunglimpft hatte, eröffnete die münsterische Staatsanwaltschaft 1963 ein Verfahren gegen Weigand. In einem der bis dahin längsten Strafprozesse der Nachkriegsgeschichte wurde Weigand 1966 zu zwei Jahren Gefängnis verurteilt. Der Prozess war 1965 dem „Spiegel" sogar ein Titelblatt wert.

Nachdem der Kopf später gefunden worden war, musste das Verfahren 1961 wieder aufgenommen werden. Vor Gericht entbrannte ein regelrechter Gutachterkrieg. Im zweiten Prozess wurde Maria Rohrbach mangels Beweisen freigesprochen. Das Foto zeigt die Angeklagte im Gespräch mit ihrem Verteidiger Dr. Fritz Gross. Im Jahr 2004 war dieser Aufsehen erregende Prozess Gegenstand eines Dokumentarfilms in der ARD-Serie über Justizirrtümer der deutschen Nachkriegsgeschichte.

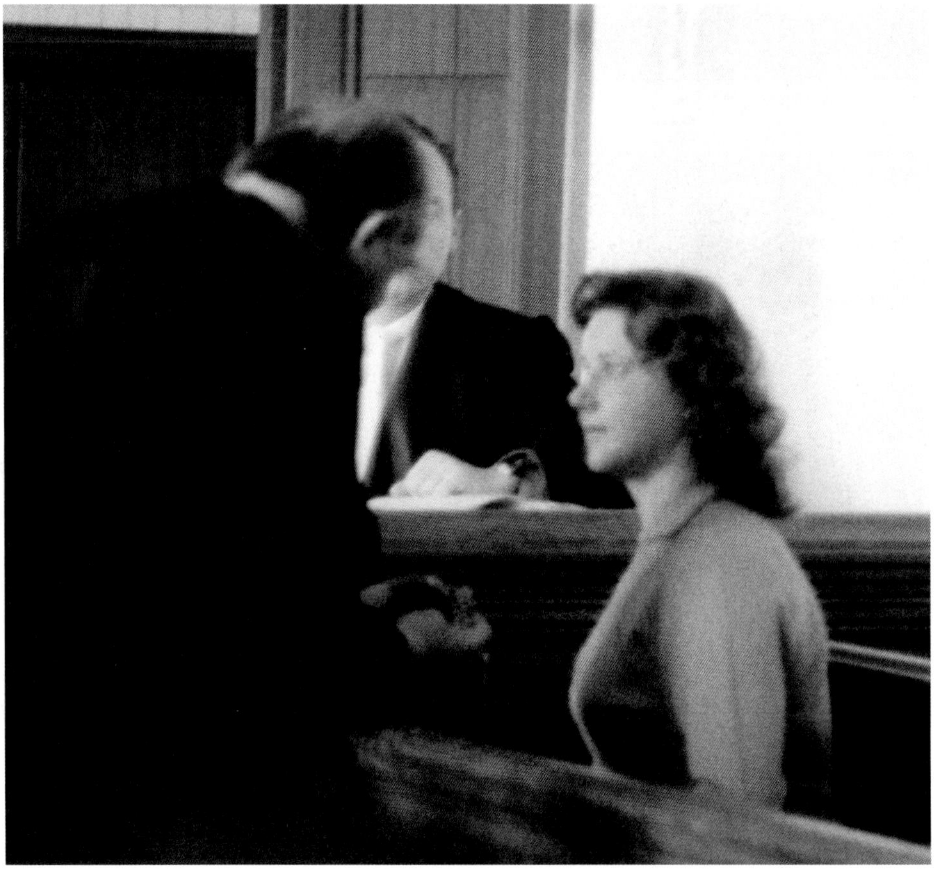

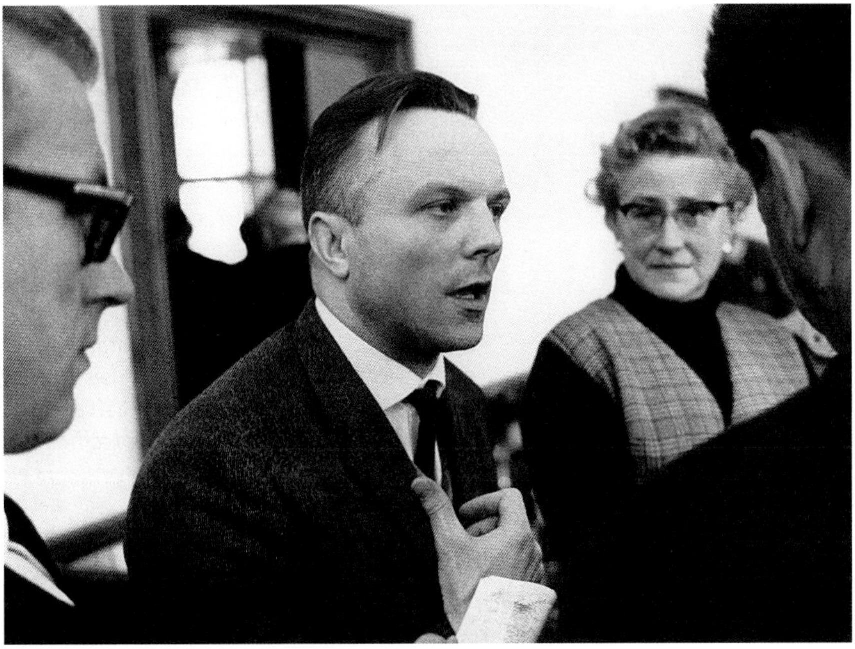

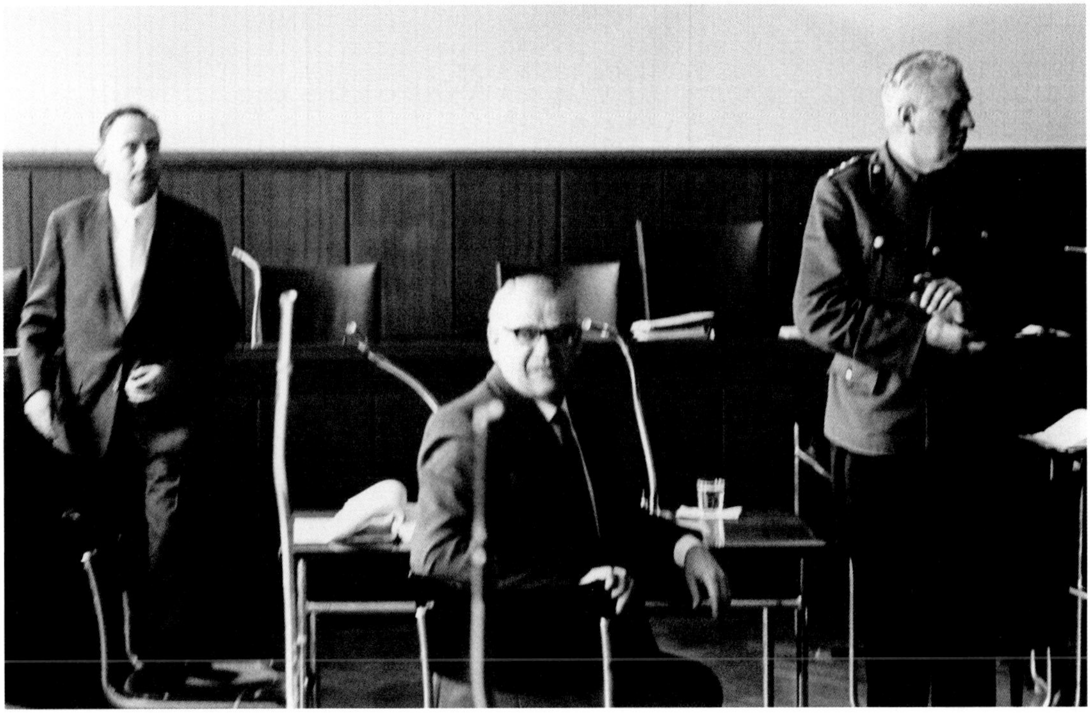

Im so genannten „Krüger-Prozess" ging es vor dem Landgericht Münster um den Mord an Tausenden von Juden im ostgalizischen Stanislau im Jahr 1941. In einem der längsten und aufwändigsten NS-Prozesse der Bundesrepublik verurteilte das Gericht die drei Hauptangeklagten zu lebenslänglicher Haft. Der Prozess erhielt seinen Namen nach Hans Krüger, der in leitender Stellung für die Mordexzesse an den Stanislauer Juden verantwortlich war.

Impressum

Bildnachweis:
Alle Abbildungen, mit Ausnahme des Fotos auf Seite 14: Stadtmuseum Münster

Titelgestaltung: bomholt@muenster.de

Satz und Layout: Burkhard Beyer

Verlag: Aschendorff Verlag GmbH & Co. KG, Münster

Printed in Germany

ISBN 3-402-06520-7

Bernd Haunfelder

Münster – Wiederaufbau und Wandel

320 Seiten, 500 Abbildungen, fester Einband, 20,40 €.
ISBN 3-402-05171-0

Keine Epoche hat Münster derart verändert wie das 20. Jahrhundert. Nicht Pest noch Cholera, Stadtbrände oder mittelalterliche Fehden haben der Stadt so zugesetzt wie der Untergang im Zweiten Weltkrieg. Dieser hat Münster zwar zerstört, aber er hat den Charakter der Stadt nicht verändert. Der überraschend schnelle und in dieser kurzen Zeitspanne nie und nimmer für möglich gehaltene Wiederaufbau hat dann das Vergangene schnell in den Hintergrund gedrängt. Die Einwohner waren zu Recht stolz auf ihre Leistungen. Das Münster kurz nach dem Wiederaufbau ist aber auch schon Vergangenheit. Das Stadtbild hat sich seit dieser Zeit merklich geändert, Häuser und ganze Straßenzüge und nicht zuletzt beliebte Gaststätten verschwanden, demgegenüber entstanden neue Wohnsiedlungen und Gewerbegebiete. Von der Zeit der Zerstörung und des Wiederaufbaus bis hin zu Gestaltung einer modernen Großstadt reicht die Zeitspanne, die in diesem mit 500 Bildern reich illustrierten Band ausführlich dargelegt wird. Es ist eine bebilderte und ausführlich kommentierte Stadtgeschichte der Epoche zwischen Kriegsende 1945 und Wiedervereinigung 1990.

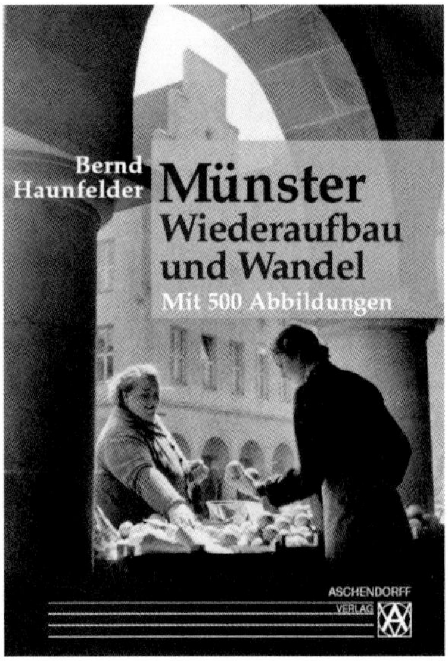

Karl-Heinz Kirchhoff

Das Häuserbuch der Stadt Münster
Band 1: Der Prinzipalmarkt

XVIII u. 460 Seiten, 160 Abb., fester Einband, 50,20 €. ISBN 3-402-06643-2

Mit dem »Häuserbuch der Stadt Münster« beginnt eine neue Serie der Publikationsreihe »Quellen und Forschungen zur Geschichte der Stadt Münster« zur Geschichte von Topographie und Bürgerschaft. Eigentums-, Miet- und Nutzungsgeschichte der Häuser der Altstadt werden chronologisch mit Namen und Beruf aufgelistet, angefangen von den frühesten topographisch fixierbaren Adressen aus dem 13./14. Jahrhundert bis zur Gegenwart.

Der dem Prinzipalmarkt gewidmete erste Band enthält einen Überblick über Entwicklung und Funktionen des Marktzentrums sowie kartographische Rekonstruktionen der mittelalterlichen Bebauung. Zahlreiche Fotos der Gebäude dokumentieren darüber hinaus die Wandlungen des Marktes durch Modernisierung, Kriegszerstörung und Wiederaufbau.

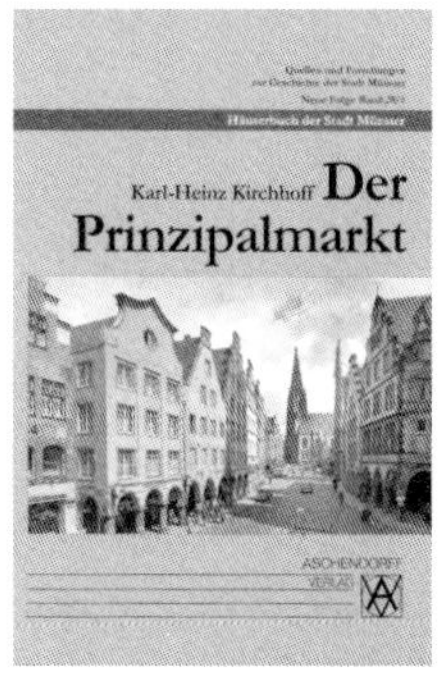

Quellen und Forschungen zur Geschichte der Stadt Münster.
Neue Folge, Band 20/1

Sabine Jarnot

Das Häuserbuch der Stadt Münster
Band 2: Salzstraße

480 Seiten, 160 Abb., fester Einband, 50,20 €. ISBN 3-402-06644-0

Der zweite Band der Reihe »Häuserbuch der Stadt Münster« beschäftigt sich mit einem der ältesten Handelswege und mit einer der heutigen zentralen Geschäftsstraßen Münsters.

Zahlreiche Abbildungen illustrieren die wechselvolle Bewohnergeschichte der Salzstraße und ihrer Nebengassen. Ein umfangreiches Namenregister bietet Recherchemöglichkeiten für Historiker, Genealogen und alle, die sich mit der Geschichte Münsters beschäftigen.

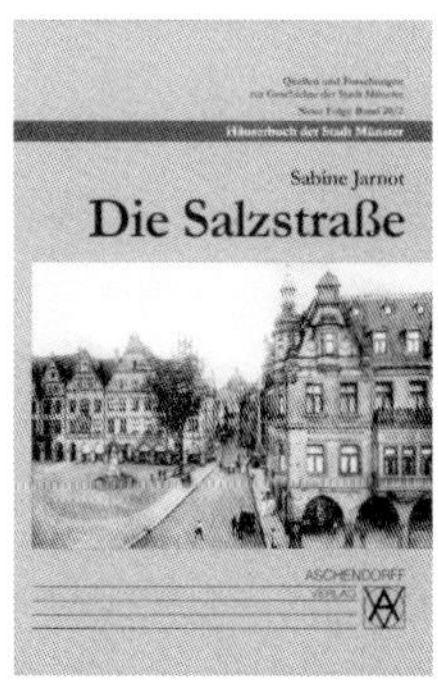

Quellen und Forschungen zur Geschichte der Stadt Münster.
Neue Folge, Band 20/2

ASCHENDORFF VERLAG